21世纪职业教育教材·公共管理系列

劳动人事争议处理

（第三版）

主　编　王彩萍
副主编　贾丙海　程　卉　许广敏

北京大学出版社
PEKING UNIVERSITY PRESS

内 容 简 介

本书遵循高等职业人才培养规律,在精品课程建设的基础上,根据应用型高职人才培养目标的定位,秉承项目导向、任务驱动、工学结合的理念,强调学习型工作任务的职业化特点。在内容的选取上,本着遵守法律、注重实践、知识够用的原则,以《中华人民共和国劳动法》和《中华人民共和国劳动合同法》等为依据,以常见的劳动人事争议典型案例为导入,结合用人单位相关岗位能力需求,设置了劳动关系鉴别争议处理、劳动合同争议处理、群体性劳动争议处理、工时休假争议处理、工资报酬争议处理、特殊劳动保护争议处理、社会保障争议处理和劳动争议处理途径八个项目。每个项目以知识结构为点划分相应的学习情境,每个学习情境均以若干个典型案例所涉及的工作任务为驱动,按照调查事实,研究法律、法规知识,制订处理方案的工作过程和思路来设计学习内容,每个知识点后辅以相应的思考与训练题,以强化对应的基本能力和基本知识。

本书可以作为高等职业院校公共管理类专业的学习教材使用,也可以作为企事业单位人力资源管理人员、行政管理人员和一般劳动者的自学性读本。

图书在版编目(CIP)数据

劳动人事争议处理/王彩萍主编. —3版. —北京:北京大学出版社,2021.4
21世纪职业教育教材. 公共管理系列
ISBN 978-7-301-31665-8

Ⅰ. ①劳… Ⅱ. ①王… Ⅲ. ①劳动争议–处理–中国–高等职业教育–教材 Ⅳ. ①D922.591

中国版本图书馆CIP数据核字(2020)第183047号

书　　　名	劳动人事争议处理(第三版)
	LAODONG RENSHI ZHENGYI CHULI (DI-SAN BAN)
著作责任者	王彩萍　主编
策 划 编 辑	周　伟
责 任 编 辑	周　伟
标 准 书 号	ISBN 978-7-301-31665-8
出 版 发 行	北京大学出版社
地　　　址	北京市海淀区成府路205号　100871
网　　　址	http://www.pup.cn　新浪微博:@北京大学出版社
电 子 信 箱	zyjy@pup.cn
电　　　话	邮购部 010-62752015　发行部 010-62750672　编辑部 010-62754934
印 刷 者	北京虎彩文化传播有限公司
经 销 者	新华书店
	787毫米×1092毫米　16开本　16印张　401千字
	2011年9月第1版　2015年6月第2版
	2021年4月第3版　2023年5月第3次印刷
定　　　价	48.00元

未经许可,不得以任何方式复制或抄袭本书之部分或全部内容。
版权所有,侵权必究
举报电话:010-62752024　电子信箱:fd@pup.pku.edu.cn
图书如有印装质量问题,请与出版部联系,电话:010-62756370

第三版前言

一、本书的修改原因

《劳动人事争议处理》一书从2011年出版至今已近10年,其中,第二版入选"十二五"职业教育国家规划教材,先后被众多院校和企业用作学习教材。这期间,我国历经了《中华人民共和国劳动合同法》《中华人民共和国劳动法》的修改和《中华人民共和国民法典》若干法律、法规的出台,党的十九大以来依法治国基本方略的确定,使全社会法治观念明显增强。2020年年初,新冠肺炎疫情的爆发导致劳动争议更加纷繁复杂,更突显了用人单位是劳动关系和谐与否的基本主体,也是推动和谐社会关系的核心力量。为了更好地保护劳动者和用人单位的合法权益,更好地梳理劳动关系的规范管理和劳动争议处理在实践中的应用,本书作者总结过去多年的教学和实践经验,认真查找书中存在的一些缺点和错误,对本书进行了修改和调整,使全书更加完善、合理。

二、本书的修改内容

本书是在《劳动人事争议处理》(第二版)的基础上修订和完善成稿的,兼取了学术与实务之长,侧重于实务能力培养,有别于普通高校学科型教育。全书根据现有法律、法规的修订和劳动争议处理的动态发展特点,通过较为系统的法律知识分析、应用职业岗位能力需求和典型案例剖析,为读者介绍了劳动争议处理的原理和法律依据。与第二版相比,本书在理论部分做了较大幅度的修改完善,新增或替换了部分典型案例,增添了部分思考与训练题,使本书更具有可读性,更适合高职教学需要。

本书在进行课堂教学时,建议教学时间不少于68学时,并适当组织学生进行案例探讨分析,以促进法律知识和实践的结合,有效提升学生实际应用的职业能力。

三、本书的编写分工

本书由上海城建职业学院的王彩萍、贾丙海、程卉和许广敏编写,具体分工如下:贾丙海编写项目一"劳动关系鉴别争议处理"和项目四"工时休假争议处理";王彩萍编写项目二"劳动合同争议处理"和项目六"特殊劳动保护争议处理";许广敏编写项目三"群体性劳动争议处理"和项目五"工资报酬争议处理";程卉编写项目七"社会保障争议处理"和项目八"劳动争议处理途径"。王彩萍进行了全书的统稿工作。

本书在编写过程中得到多方专业人士的大力帮助和支持,在此向上海市劳动人事争议仲裁院原院长周国良,上海市总工会法律部原副部长黄琦,北京中科航天人才服务有限公司上海分公司、华东大区总经理王红峰等表示衷心的感谢。

我国是世界上最大的发展中国家,劳动关系的和谐实为国家发展的重中之重。时代为每一位劳动者和每一个企业提供了不可多得的历史机遇。让我们携手并肩,努力为和谐社会、和谐劳动关系作出我们最大的贡献。

王彩萍
2020年8月

目 录

项目一 劳动关系鉴别争议处理 ………………………………………………… (1)
 学习情境1 劳动关系确认争议处理 ……………………………………… (2)
  一、劳动关系 ………………………………………………………… (2)
  二、劳动法律关系 …………………………………………………… (4)
  三、事业单位的人事制度 …………………………………………… (7)
 学习情境2 劳务派遣争议处理 …………………………………………… (10)
  一、劳务派遣 ………………………………………………………… (10)
  二、劳务派遣的主体 ………………………………………………… (12)
  三、劳务派遣主体的法律关系 ……………………………………… (13)
  四、劳务派遣三方的权利和义务 …………………………………… (15)
 学习情境3 与劳动关系易混淆的争议处理 ……………………………… (18)
  一、劳务关系 ………………………………………………………… (18)
  二、雇佣关系 ………………………………………………………… (21)
  三、承揽关系 ………………………………………………………… (22)
  四、代理关系 ………………………………………………………… (24)

项目二 劳动合同争议处理 ………………………………………………………… (27)
 学习情境1 劳动合同的订立 ……………………………………………… (28)
  一、劳动合同概要 …………………………………………………… (28)
  二、劳动合同的效力 ………………………………………………… (30)
  三、劳动合同的订立 ………………………………………………… (32)
  四、劳动合同主体的特别情况 ……………………………………… (47)
 学习情境2 劳动合同的履行与变更 ……………………………………… (50)
  一、劳动合同的履行 ………………………………………………… (50)
  二、支付令的应用 …………………………………………………… (54)
  三、劳动合同的变更 ………………………………………………… (55)
 学习情境3 劳动合同的解除与终止 ……………………………………… (62)
  一、劳动合同的解除与终止概述 …………………………………… (62)
  二、劳动合同解除与劳动合同终止的经济补偿 …………………… (75)
  三、劳动合同解除与劳动合同终止的后果 ………………………… (80)

项目三 群体性劳动争议处理 …………………………………………………… (83)
 学习情境1 群体性利益争议处理 ………………………………………… (84)
  一、工会制度 ………………………………………………………… (84)

(1) 范畴不同。

劳动关系是生产关系的组成部分,属于经济基础的范畴;而劳动法律关系则是思想意志的组成部分,属于上层建筑的范畴。

(2) 前提不同。

劳动关系的形成以劳动为前提,发生在现实社会劳动过程之中;劳动法律关系的形成则是以劳动法律规定的存在为前提,发生在劳动法律规定调整劳动关系的范围之内。

(3) 内容不同。

劳动关系的内容是劳动,而劳动法律关系的内容则是劳动关系双方当事人的法定权利和法定义务。

(二) 劳动法律关系与事实劳动关系的区别

劳动法律关系与事实劳动关系的区别表现在以下三个方面:

(1) 劳动法律关系是符合法定形式的劳动关系。而事实劳动关系则完全或部分不符合法定形式,尤其是缺乏劳动法律关系赖以确立的法律事实的有效要件,如未签订劳动合同或劳动合同无效等。

(2) 劳动法律关系的内容即劳动权利和劳动义务,是双方当事人所预期和设定的。而事实劳动关系的双方当事人之间虽然存在一定的权利和义务,但这一般不是双方当事人所预期的,更不是由双方当事人所设定的。

(3) 劳动法律关系由法律来保障其存续。而事实劳动关系如果不能依法转化为劳动法律关系,就应当强制其终止,但事实劳动关系中的劳动者的利益仍然受《中华人民共和国劳动法》(以下简称《劳动法》)的保护。

(三) 劳动法律关系的构成要素

 **不具备合法经营资格的企业能否建立劳动关系**

小黄在张某的家具厂工作。一日,小黄在切割木条时不慎被电动木锯切到左手的大拇指,造成左手的大拇指断裂,经治疗后康复出院。小黄向张某索要医疗费和工伤保险赔偿金,遭到了张某的拒绝。小黄遂到当地的劳动争议仲裁委员会申请仲裁,要求张某承担给付医疗费和工伤保险赔偿金的责任。后小黄被告知张某的家具厂属无照经营,他应向人民法院起诉。

工作任务

(1) 请你分析:在本案中,张某的家具厂属于无照经营,是否能与劳动者建立劳动关系?小黄的权益应当如何给予法律保障?

(2) 请你了解我国关于非法用工主体的法律措施规定。

劳动法律关系的构成要素是指构成各种劳动法律关系不可缺少的组成部分。其构成要素包括劳动法律关系的主体、劳动法律关系的客体和劳动法律关系的内容。

二、职工代表大会制度 …………………………………………………… (87)
　　三、集体合同制度 ………………………………………………………… (89)
　学习情境2　企业规章制度争议处理 ………………………………………… (96)
　　一、企业规章制度概要 …………………………………………………… (97)
　　二、劳动规章制度概要 …………………………………………………… (98)

项目四　工时休假争议处理 ………………………………………………… (102)
　学习情境1　工作时间争议处理 ……………………………………………… (103)
　　一、工作时间 ……………………………………………………………… (103)
　　二、延长工作时间 ………………………………………………………… (109)
　学习情境2　休息休假争议处理 ……………………………………………… (113)
　　一、休息休假的含义 ……………………………………………………… (114)
　　二、休假的种类 …………………………………………………………… (116)

项目五　工资报酬争议处理 ………………………………………………… (126)
　学习情境1　工资构成争议处理 ……………………………………………… (127)
　　一、工资的含义与特征 …………………………………………………… (127)
　　二、工资构成与非工资的范围 …………………………………………… (128)
　学习情境2　工资保障争议处理 ……………………………………………… (135)
　　一、最低工资保障 ………………………………………………………… (135)
　　二、工资支付保障 ………………………………………………………… (139)

项目六　特殊劳动保护争议处理 …………………………………………… (145)
　学习情境1　女职工劳动保护 ………………………………………………… (146)
　　一、劳动保护概述 ………………………………………………………… (146)
　　二、女职工特殊劳动保护 ………………………………………………… (147)
　学习情境2　未成年工劳动保护 ……………………………………………… (153)
　　一、未成年工特殊劳动保护 ……………………………………………… (153)
　　二、未成年工禁忌从事的劳动范围 ……………………………………… (154)
　　三、未成年工定期健康检查制度 ………………………………………… (155)
　　四、未成年工使用和特殊保护登记 ……………………………………… (155)

项目七　社会保障争议处理 ………………………………………………… (158)
　学习情境1　社会保险争议处理 ……………………………………………… (159)
　　一、社会保险概述 ………………………………………………………… (159)
　　二、社会保险的种类 ……………………………………………………… (160)
　　三、社会保险争议 ………………………………………………………… (164)
　学习情境2　工伤保险争议处理 ……………………………………………… (165)
　　一、工伤保险认定 ………………………………………………………… (165)
　　二、申请工伤认定流程 …………………………………………………… (169)
　　三、劳动能力鉴定 ………………………………………………………… (170)
　　四、工伤保险待遇 ………………………………………………………… (171)
　　五、工伤待遇的停止与承继 ……………………………………………… (175)

六、劳务派遣工伤待遇制度 …………………………………………………… (175)
项目八　劳动争议处理途径 ………………………………………………………… (178)
　学习情境1　劳动争议的协商与调解 ……………………………………………… (179)
　　一、劳动争议概述 ……………………………………………………………… (179)
　　二、劳动争议的范围 …………………………………………………………… (182)
　　三、劳动争议协商 ……………………………………………………………… (184)
　　四、劳动争议调解 ……………………………………………………………… (186)
　学习情境2　劳动争议的法律救济 ………………………………………………… (189)
　　一、劳动争议仲裁概要 ………………………………………………………… (190)
　　二、劳动争议仲裁机构和参加人 ……………………………………………… (190)
　　三、劳动争议仲裁管辖 ………………………………………………………… (193)
　　四、劳动争议仲裁时效 ………………………………………………………… (194)
　　五、劳动争议仲裁程序 ………………………………………………………… (197)
　　六、劳动诉讼 …………………………………………………………………… (202)
　　七、举证责任与证据规则 ……………………………………………………… (204)
附录1　中华人民共和国劳动合同法 …………………………………………………… (208)
附录2　中华人民共和国劳动合同法实施条例 ……………………………………… (221)
附录3　中华人民共和国劳动争议调解仲裁法 ……………………………………… (226)
附录4　企业职工患病或非因工负伤医疗期规定 …………………………………… (232)
附录5　常用损害赔偿计算公式 ……………………………………………………… (233)
附录6　典型案例部分参考答案 ……………………………………………………… (235)
附录7　思考与训练部分参考答案 …………………………………………………… (240)
附录8　部分法律、法规的二维码 …………………………………………………… (244)
参考文献 ………………………………………………………………………………… (245)

项目一

劳动关系鉴别争议处理

学习情境1 劳动关系确认争议处理

教学目标

【能力目标】通过学习,能够鉴别容易与劳动关系相混淆的事实劳动关系,能够掌握劳动者和用人单位的认定方法,能够掌握劳动关系认定的基本标准。

【知识目标】通过学习,能够了解劳动关系的特征和劳动法律关系的构成要素。

知识与实践

一、劳动关系

典型案例1-1　劳动关系是否建立的争议

小张、小李和小王是高中同班同学。2016年高中毕业后,已年满18周岁的小张因高考成绩不理想便直接就业,他与本市A餐饮公司(以下简称A公司)经平等协商后签订了劳动合同,进入该公司从事餐厅服务员工作。小李考上大学后通过学校勤工俭学办公室的介绍,到A公司担任实习服务员。小王高中毕业后则与一家劳务派遣公司签订了劳动合同,由劳务派遣公司派遣至A公司工作,岗位为洗碗工。2017年8月初,由于小李未经过系统的培训,在工作中多次出现了差错,A公司决定不再聘用小李。小李不服,与A公司的经理进行交涉,小张和小王也帮小李求情。A公司认为,小李无法胜任工作,小张和小王不服从公司的领导,遂将三人全部辞退。随后,小张、小李和小王向当地的劳动争议仲裁委员会申请仲裁,认为A公司辞退三人属违法解除劳动合同,要求A公司支付违法解除劳动合同的经济补偿。

工作任务

(1)小张与A公司是否建立了劳动关系?为什么?
(2)小李与A公司是否建立了劳动关系?为什么?
(3)小王与A公司是否建立了劳动关系?为什么?

(一)劳动关系的概念

《中华人民共和国劳动合同法》(以下简称《劳动合同法》)第二条规定:"中华人民共和国境内的企业、个体经济组织、民办非企业单位等组织(以下称用人单位)与劳动者建立劳动关系,订立、履行、变更、解除或者终止劳动合同,适用本法。国家机关、事业单位、社会团体和与其建立劳动关系的劳动者,订立、履行、变更、解除或者终止劳动合同,依照本法执行。"该规定对劳动关系进行了法律界定。

由此可见,首先,劳动关系体现为一种用人单位和劳动者之间建立的法律关系。其次,这种法律关系中的权利和义务是在劳动的过程中实现的,即劳动者在劳动能力实现中体现出来的一种用人单位和劳动者之间的社会关系。最后,劳动关系还体现为用人单位向劳动者按其所提供的劳动而支付劳动报酬的有偿关系。

因此,劳动关系是指用人单位和劳动者建立的,在实现劳动的过程中体现的,以劳动权利和劳动义务为内容的社会关系。

(二) 劳动关系的特征

劳动关系是人和物、劳动力和生产资料相结合的过程。劳动者和用人单位建立劳动关系,接受用人单位的劳动安排,在劳动过程中与生产资料相结合,使劳动对象发生形态的变化、位置的转移以及价值的增加,形成法律意义上的劳动关系。劳动关系作为一种重要的社会关系,主要具有以下四个特征:

1. 劳动关系的特定性

(1) 主体特定。

主体特定,即一方为劳动力的所有者和支出者,称劳动者;另一方为生产资料的占有者和劳动力的使用者,称用人单位。

(2) 劳动过程特定。

劳动过程特定,表现为要想完成劳动过程,必须是劳动者的劳动力和用人单位提供的生产资料相结合,这是劳动关系产生的条件。如果在劳动的过程中不是劳动者和用人单位之间发生的关系,而是劳动者之间发生的关系,或者是用人单位之间的协作关系,这就不是劳动法意义上的劳动关系。同样,劳动者用自己的劳动工具为自己提供劳动,也不产生劳动法意义上的劳动关系。

2. 劳动关系的人身性

人身关系是指具有人身属性的社会关系,是与公民的人身密切联系的社会关系。劳动首先表现为人体的一种生理机能,是人的大脑、神经、肌肉等的耗费。劳动力存在于劳动者的机体内须臾不能分离,劳动者在向用人单位提供劳动力时也将其人身在一定的限度内交给了用人单位。劳动者提供劳动的过程,也是劳动者劳动的实现过程。因此,劳动关系是一种人身关系。

劳动者以让渡劳动力的使用权来换取生活资料,用人单位要向劳动者支付工资等物质待遇,这是一种等量的劳动交换。因此,劳动关系也必然体现为劳动力的让渡和劳动报酬的交换关系。

3. 劳动关系的平等性

用人单位和劳动者之间通过相互选择和平等协商,以合同的形式确立劳动关系,并可以通过协商来延续、变更、暂停、终止劳动关系,这表明劳动关系是一种平等关系,即横向关系。

4. 劳动关系的隶属性

劳动关系的双方当事人在劳动力市场上处于实质上的不平等状态,即劳动者处于弱者地位。劳动关系一经缔结,劳动者就成为用人单位的职工,用人单位就成为劳动力的支配者和劳动者的管理者,这使得劳动关系又具有隶属性,即成为一种隶属主体之间的以指挥和服从为特征的管理关系。

(三)劳动关系认定的基本标准

从内容来看,劳动关系以劳动给付为标的,这使得劳动关系区别于加工承揽等以劳动成果为给付内容的民事关系。

从当事人的地位来看,劳动关系强调双方当事人的隶属关系,这使得劳动关系不同于当事人地位平等的传统雇佣关系。

从主体的身份来看,劳动关系是雇员和雇主之间的关系,劳动关系的主体具有特定性。

在实践中,确认劳动关系争议的处理流程参见图1-1。

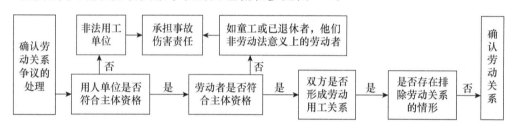

图 1-1 确认劳动关系争议的处理流程

二、劳动法律关系

(一)劳动法律关系的概念

劳动法律关系是指劳动法律规定在调整劳动关系的过程中形成的法律上的劳动权利和劳动义务关系。劳动法律关系是劳动关系在法律上的表现形式,是劳动关系被劳动法律规定调整的结果。劳动法律规定是指调整劳动关系中的劳动权利和劳动义务的法律规则。

1. 劳动关系与劳动法律关系的联系

劳动关系建立后,劳动者就有权利取得劳动报酬、休息休假、获得劳动安全卫生保护、享受社会保险和福利以及接受职业技能培训等;同时也有遵守用人单位的劳动规章制度、完成劳动任务的义务。这种劳动者和用人单位之间建立的劳动关系受到劳动法律关系的调整,因此,劳动关系与劳动法律关系具有十分密切的联系:

(1)劳动关系是劳动法律关系产生的基础,劳动法律关系是劳动关系在法律上的表现形式;

(2)劳动法律关系不仅反映劳动关系,而且当其形成后便给具体的劳动关系以积极的影响,即现实的劳动关系为有效的劳动法律关系的形式,其运行过程才有法律保障。

2. 劳动关系与劳动法律关系的区别

劳动关系与劳动法律关系也有一定的区别,具体表现在以下三个方面:

1. 劳动法律关系的主体

劳动法律关系的主体是指参与劳动法律关系,享有劳动权利和承担劳动义务的当事人。劳动法律关系的主体是权利的享有者和义务的承担者,因此具有特定性,包括劳动者和用人单位。

劳动者是指达到法定年龄,具有劳动能力,以从事某种社会劳动获得收入为主要生活来源,依据《劳动法》的规定,在用人单位的管理下从事劳动并获取劳动报酬的自然人。劳动者包括具有劳动能力的我国公民、外国人和无国籍人,即不仅包括在中华人民共和国境内的企业、个体经济组织、民办非企业单位等组织的劳动者,还包括在国家机关、事业单位、社会团体等组织的工勤人员,以及实行企业化管理的事业单位的非工勤人员中的与用人单位建立劳动关系的劳动者。劳动者作为劳动法律关系的主体,必须具备一定的资格,应具有劳动权利能力和劳动行为能力。劳动权利能力是指劳动者能够享有劳动权利并承担劳动义务的资格。劳动行为能力是指劳动者能够以自己的行为行使劳动权利并承担劳动义务的能力。劳动者的劳动权利能力和劳动行为能力在公民年满16周岁时同时产生。

用人单位是指与劳动者建立劳动关系的我国境内的企业、个体经济组织、民办非企业单位以及国家机关、事业单位、社会团体等组织。用人单位为了实现劳动的过程,必然要使用劳动者的劳动力。为了保障劳动者的人身权益,法律规定用人单位应当为劳动者提供必要的劳动条件并保障劳动者利益的实现。因此,用人单位必须具备一定的条件:

(1) 独立支配的生产资料,包括生产工具和生产设备、生产材料和劳动对象;

(2) 健全的劳动组织;

(3) 相应的技术条件等。

2. 劳动法律关系的客体

劳动法律关系的客体是指劳动法律关系主体双方的权利和义务共同指向的对象,即劳动行为。它是劳动者和用人单位在实现劳动的过程中所实施的行为,具体包括劳动者与生产资料结合直接从事生产活动的行为,职工完成单位所交付的工作任务的行为,以及用人单位对全部劳动过程实行劳动管理的行为等。

3. 劳动法律关系的内容

劳动法律关系的内容是指劳动法律关系的主体依法享有的权利和义务。劳动法律关系主体的权利和义务具有统一性和对应性。劳动法律关系主体的权利和义务是相辅相成、密切联系的:劳动者和用人单位之间的权利和义务存在于同一劳动法律关系之中,是统一的、不可分割的主体;没有只享有权利而不承担义务的主体,也没有只承担义务而没有权利的主体。在劳动法律关系中,劳动者的权利对应的就是用人单位的义务,同时,劳动者的义务对应的就是用人单位的权利。

劳动者享有的权利如下:

(1) 劳动者享有平等就业的权利,即具有劳动能力的公民享有获得职业的权利。

(2) 劳动者享有选择职业的权利,即劳动者根据自己的意愿选择适合自己才能、爱好的职业。

（3）劳动者享有取得劳动报酬的权利,即劳动者对付出的劳动,有依照劳动合同及国家有关法律取得报酬的权利。

（4）劳动者享有休息休假的权利,国家依法规定职工的工作时间和休假制度。

（5）劳动者享有获得劳动安全卫生保护的权利,以保证劳动者在劳动中的生命安全和身体健康。这是对享受劳动权利的主体切身利益最直接的保护。

（6）劳动者享有接受职业技能培训的权利。

（7）劳动者享有享受社会保险和福利的权利,主要包括基本养老保险、基本医疗保险、工伤保险、失业保险、生育保险等。

（8）劳动者享有提请劳动争议处理的权利,即当用人单位和劳动者发生劳动争议时,劳动者既可以依法申请调解、仲裁,也可以提起诉讼。

用人单位享有的权利如下：

（1）用人单位享有自主选择劳动者及用工形式的权利,如用人单位可以根据自己的生产和用工岗位特点,依法自主选择使用全日制用工、非全日制用工、劳务派遣、承揽用工、委托代理等用人方式,以避免不必要的风险。

（2）用人单位享有要求劳动者如实告知的权利,即用人单位有权了解劳动者与劳动合同直接相关的基本情况,劳动者应当如实说明。

（3）用人单位享有与劳动者协商订立劳动合同的权利,主要包括用工形式、期限、薪酬、试用期、违约责任、集体合同等。

（4）用人单位享有依法建立企业规章制度,对劳动者进行劳动管理的权利,即用人单位可以就劳动纪律、奖惩制度、绩效评定办法、保密及竞业限制制度、薪酬调整制度、劳动定额制度等依法建立企业的规章制度,以明确双方的权利和义务,依法对劳动者进行劳动管理。

（5）用人单位享有劳动者违反法律规定或劳动合同约定时要求赔偿的权利,如在劳动者违法解除劳动合同时,用人单位有权要求劳动者赔偿损失或支付违约金等。若涉及新的用人单位违法招用未解除劳动合同的劳动者或共同侵犯商业秘密时,用人单位还可以要求其承担连带赔偿责任。

（6）用人单位享有依法解除或终止劳动合同的权利。

（7）用人单位享有要求劳动者履行解除或终止劳动合同善后义务的权利,如要求劳动者办理工作交接的手续,并可以在办结之前拒付经济补偿。

三、事业单位的人事制度

事业单位是指国家以社会公益为目的,由国家机关举办或者其他组织利用国有资产举办,从事教育、科技、文化、卫生等活动,不以营利为目的的社会服务组织。

事业单位是相对于企业单位而言的,二者有很大的不同：事业单位具有公益性质,是为社会提供公共服务的组织;而企业一般是以营利为目的,从事生产、流通或服务活动的独立核算经济单位。事业单位的绩效工资和企业的绩效工资最主要的不同点在于经费来源和经济保障：企业的绩效工资完全取决于企业的营利情况,根据企业的薪酬战略及绩效考核结果进行发放;而事业单位实施绩效工资所需的经费,按单位类型的不同,分别由财政和事业单位负担。现行的《事业单位人事管理条例》自2014年7月1日起施行。

(一) 签订聘用合同

聘用合同由聘用单位的法定代表人或者其委托的人与受聘人员以书面形式订立。聘用合同必须具备下列条款:

(1) 聘用合同期限;

(2) 岗位及其职责要求;

(3) 岗位纪律;

(4) 岗位工作条件;

(5) 工资待遇;

(6) 聘用合同变更和终止的条件;

(7) 违反聘用合同的责任。

经双方当事人协商一致,可以在聘用合同中约定试用期、培训和继续教育、知识产权保护、解除提前通知时限等条款。

关于聘用合同,《事业单位人事管理条例》第十二条至第十九条作出以下有关规定:

(1) 事业单位与工作人员订立的聘用合同,期限一般不低于3年。

(2) 初次就业的工作人员与事业单位订立的聘用合同期限3年以上的,试用期为12个月。

(3) 事业单位工作人员在本单位连续工作满10年且距法定退休年龄不足10年,提出订立聘用至退休的合同的,事业单位应当与其订立聘用至退休的合同。

(4) 事业单位工作人员连续旷工超过15个工作日,或者1年内累计旷工超过30个工作日的,事业单位可以解除聘用合同。

(5) 事业单位工作人员年度考核不合格且不同意调整工作岗位,或者连续2年年度考核不合格的,事业单位提前30日书面通知,可以解除聘用合同。

(6) 事业单位工作人员提前30日书面通知事业单位,可以解除聘用合同,但是,双方对解除聘用合同另有约定的除外。

(7) 事业单位工作人员受到开除处分的,解除聘用合同。

(8) 自聘用合同依法解除、终止之日起,事业单位与被解除、终止聘用合同人员的人事关系终止。

(二) 人事关系与劳动关系的关联

人事关系是事业单位通过国家人事行政机关依据人事政策规定而建立的关于劳动权利义务以及非劳动权利义务的社会关系。劳动关系是由用人单位和劳动者根据劳动法律法规的规定,通过劳动合同建立的关于劳动权利义务的社会关系。

《事业单位人事管理条例》规定了事业单位聘用合同的权利和义务等内容,第三十七条规定"事业单位工作人员与所在单位发生人事争议的,依照《中华人民共和国劳动争议调解仲裁法》(以下简称《劳动争议调解仲裁法》)等有关规定处理"。《劳动合同法》第二条第二款规定"国家机关、事业单位、社会团体和与其建立劳动关系的劳动者,订立、履行、变更、解除或者终止劳动合同,依照本法执行"。第九十六条又规定"事业单位与实行聘用制的工作人员订立、履行、变更、解除或者终止劳动合同,法律、行政法规或者国务院另有规定的,依照其规定;未作规定的,依照本法有关规定执行"。

(三) 人事争议与劳动争议的区别

人事争议也称人事纠纷,是指具有人事关系的事业单位与其所属工作人员之间,因执行人事政策法规或履行聘用合同,持不同的主张和要求而产生的争执。

劳动争议也称劳动纠纷,是指基于劳动关系的用人单位和劳动者,因实现劳动权利和履行劳动义务而发生的纠纷。

1. 合同的名称不同

在人事争议中,用人单位与其所属工作人员之间签订的一般是聘用合同;而在劳动争议中,用人单位与劳动者之间签订的一般是劳动合同。

2. 争议的范围不同

(1) 人事争议的范围。

根据中共中央组织部、人事部、总政治部于 2007 年 8 月 9 日联合印发的《人事争议处理规定》第二条的规定,人事争议主要包括:

① 实施公务员法的机关与聘任制公务员之间、参照《中华人民共和国公务员法》(以下简称《公务员法》)管理的机关(单位)与聘任工作人员之间因履行聘任合同发生的争议;

② 事业单位与工作人员之间因解除人事关系、履行聘用合同发生的争议;

③ 社团组织与工作人员之间因解除人事关系、履行聘用合同发生的争议;

④ 军队聘用单位与文职人员之间因履行聘用合同发生的争议;

⑤ 依照法律、法规规定可以仲裁的其他人事争议。

(2) 劳动争议的范围。

根据《劳动争议调解仲裁法》第二条的规定,劳动争议的范围包括:

① 因确认劳动关系发生的争议;

② 因订立、履行、变更、解除和终止劳动合同发生的争议;

③ 因除名、辞退和辞职、离职发生的争议;

④ 因工作时间、休息休假、社会保险、福利、培训以及劳动保护发生的争议;

⑤ 因劳动报酬、工伤医疗费、经济补偿或者赔偿金等发生的争议;

⑥ 法律、法规规定的其他劳动争议。

3. 适用法律不同

处理人事争议,法律、行政法规或者国务院另有规定的,依照其规定;未作规定的,依照《劳动合同法》的有关规定执行。处理劳动争议案件则均适用劳动法律规定。

根据《事业单位人事管理条例》第三十七条、第三十八条和第四十条的规定,事业单位工作人员与所在单位发生人事争议的,依照《劳动争议调解仲裁法》等有关规定处理;事业单位工作人员对涉及本人的考核结果、处分决定等不服的,可以按照国家有关规定申请复核、提出申诉;对事业单位人事管理工作中的违法违纪行为,任何单位或者个人可以向事业单位人事综合管理部门、主管部门或者监察机关投诉、举报,有关部门和机关应当及时调查处理。

思考与训练

一、单项选择题

1. 白小姐是某民办大学的专职司机,该民办大学属于( )。
   A. 企业　　　　B. 个体经济组织　　　C. 民办非企业　　　D. 合伙组织

2. 李女士从家政公司请了一位保姆,保姆与李女士家的关系属于( )。
   A. 劳务关系　　B. 劳动关系　　　　　C. 聘用关系　　　　D. 代理关系

3. 下列( )不是劳动合同的内容。
   A. 工作时间　　B. 休息休假　　　　　C. 劳动安全　　　　D. 股息分红

4. 足球俱乐部招用未满( )周岁以下的未成年人,必须依照国家规定履行行政审批手续,并保障其接受义务教育的权利。
   A. 8　　　　　B. 10　　　　　　　　C. 16　　　　　　　D. 18

5. 事业单位、政府机关与劳动者建立劳动关系的,应当适用( )。
   A. 公务员法　　B. 法官法　　　　　　C. 民法典　　　　　D. 劳动法

二、拓展训练

请了解我国的事业单位、政府机关关于劳动合同的法律适用规定。

学习情境 2　劳务派遣争议处理

教学目标

【能力目标】通过学习,能够正确地理解劳务派遣"三性"规则,能够正确地分析劳务派遣关系中所体现的三方法律关系。

【知识目标】通过学习,能够了解劳务派遣的概念、劳务派遣当事人的权利和义务。

知识与实践

一、劳务派遣

典型案例 1-3　劳务派遣公司与劳动者签订 1 年的劳动合同

陈某与 A 劳务派遣公司签订了为期 1 年的劳动合同。A 劳务派遣公司安排陈某到一家房地产公司工作,担任销售助理。劳动合同到期后,陈某被告知不需要再去房地产公司工作了。陈某于是向当地的劳动争议仲裁委员会申请仲裁,提出 A 劳务派遣公司、房地产公司支付赔偿金 1.05 万元等请求。劳动争议仲裁委员会在审理期限内未审结,陈某遂以相同的理由诉至人民法院。

陈某认为，A劳务派遣公司对自己的用工模式是劳务派遣，根据相关法律的规定，劳务派遣单位应当与被派遣劳动者订立2年以上的固定期限劳动合同，所以涉讼合同到期后，A劳务派遣公司理应与自己续订合同，但A劳务派遣公司却违法终止了双方的劳动合同，应承担相应的法律责任。A劳务派遣公司则认为，公司与陈某签订的劳动合同期限是1年，此系陈某签字认可的。如果陈某提出签订2年以上的固定期限劳动合同的要求，公司就不会录用陈某。A劳务派遣公司在劳动合同期限届满后按正常程序与陈某终止劳动合同，不存在违法终止劳动合同的情形，因此不应支付赔偿金1.05万元。A劳务派遣公司请求人民法院依法进行判决。接受劳务派遣用工的房地产公司则认为，作为用工单位，招聘人员用工岗位的期限是1年，陈某当时明知并自愿签约，因此劳动合同具有法律效力。A劳务派遣公司因劳动合同期限届满，按正常程序与陈某终止劳动合同，并无违法之处。

一审人民法院经审理后认为，根据相关法律规定，劳务派遣单位应当与被派遣劳动者订立2年以上的固定期限劳动合同。本案中，陈某与A劳务派遣公司签订了为期1年的劳动合同，该合同约定的期限未达到法律规定的最低标准，且合同到期后A劳务派遣公司未与陈某续订劳动合同，双方的劳动关系已终止，故A劳务派遣公司应向陈某支付违法终止劳动合同的赔偿金，陈某要求A劳务派遣公司支付赔偿金的诉讼请求，于法有据，予以支持。一审人民法院判决后，A劳务派遣公司不服，向二审人民法院提起上诉。二审人民法院经审理后认为，A劳务派遣公司作为劳务派遣单位，其与被派遣劳动者陈某建立劳动关系，双方订立、履行、变更、解除或终止劳动合同，应适用《劳动合同法》。为了保护被派遣劳动者的利益，该法明确规定，劳务派遣单位应当与被派遣劳动者订立2年以上的固定期限劳动合同，按月支付劳动报酬；被派遣劳动者在无工作期间，劳务派遣单位应当按照所在地人民政府规定的最低工资标准，向其按月支付报酬。本案涉讼劳动合同约定的期限未及法定最低期限标准，而约定期限届满后，A劳务派遣公司未与劳动者陈某续订劳动合同，且在陈某无工作期间亦未向其支付报酬，却单方面终止了与陈某之间的劳动合同，显属违法，一审人民法院依法判令A劳务派遣公司向陈某支付因其违法终止劳动合同的赔偿金，并无不妥。最后，二审人民法院判决驳回上诉，维持原判。

工作任务

(1) 请你分析：在本案中，劳动者陈某的主张是否合法？
(2) 请你了解我国的法律对劳务派遣用工方式的劳动合同期限有何规定。

（一）劳务派遣的概念

劳务派遣是指劳务派遣单位（即用人单位）与被派遣劳动者订立劳动合同后，由劳务派遣单位与接受劳务派遣用工的单位（即用工单位）通过签订劳务派遣协议，将被派遣劳动者派遣到用工单位工作，用工单位实际使用被派遣劳动者，并向用人单位支付管理费而形成的一种特殊用工形式。

(二)劳务派遣的特点

劳务派遣与其他的劳务形式相比,体现出以下两个显著特点:

(1)劳动者是劳务派遣单位的职工,与劳动派遣单位存在劳动合同关系,这与劳务中介、劳务代理不同;

(2)劳务派遣单位只从事劳务派遣业务,不承包项目,这与劳务承包不同。

(三)劳务派遣的法律依据

我国的《劳动合同法》是劳务派遣制度的主要法律依据。2012年12月28日新修正的《劳动合同法》对劳务派遣制度作了一些修改。人力资源和社会保障部于2014年1月24日公布的《劳务派遣暂行规定》,针对劳务派遣制度又作了更加详细的规定。劳务派遣行政许可办事流程如图1-2所示。

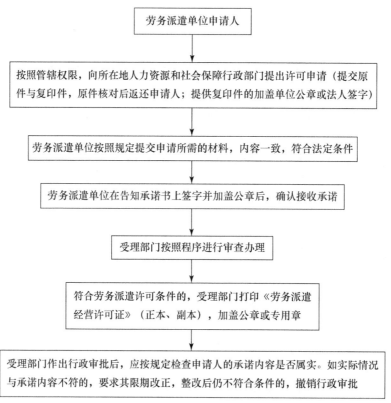

图1-2 劳务派遣行政许可办事流程

二、劳务派遣的主体

劳务派遣有三个主体,即劳务派遣单位、被派遣劳动者和接受劳务派遣用工的单位。劳务派遣三角关系如图1-3所示。

(一)劳务派遣单位

劳务派遣单位按照接受劳务派遣用工的单位的条件和要求招聘职工,并与其签订劳动合同,建立劳动关系。依照《劳动合同法》第五十七条的规定,经营劳务派遣业务,应当向劳动行政部门依法申请行政许可;经许可的,依法办理相应的公司登记。未经许可,任何单位和个人不得经营劳务派遣业务。也即在我国经营劳务派遣业务实施双许可制度,且经营劳务派遣业务注册资本不得少于人民币200万元。

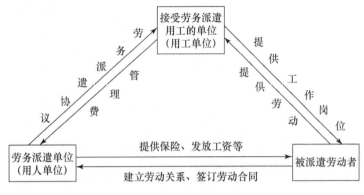

图1-3 劳务派遣三角关系

(二)被派遣劳动者

被派遣劳动者同时接受劳务派遣单位和接受劳务派遣用工的单位对其岗位的双重管理,按照接受劳务派遣用工的单位要求的数量和质量完成任务。

(三)接受劳务派遣用工的单位

接受劳务派遣用工的单位只管使用劳务派遣单位派遣来的职工,但不与其签订劳动合同,双方不建立劳动关系。

三、劳务派遣主体的法律关系

(一)劳务派遣单位与被派遣劳动者之间的关系

劳务派遣单位与被派遣劳动者之间依法建立劳动关系,根据有关规定,劳务派遣下的劳动关系主要涉及以下内容:

1. 劳动合同条款

劳务派遣单位应当与被派遣劳动者订立劳动合同,履行用人单位对劳动者的义务。劳动合同的必备条款包括劳务派遣单位和劳动者双方的具体信息,劳动合同期限,被派遣劳动者的用工单位及派遣期限,被派遣的工作岗位、工作内容和工作地点、工作时间和休息休假,劳动报酬,社会保险,劳动保护和劳动条件以及职业危害防护,法律、法规规定应当纳入劳动合同的其他事项;劳动合同的选择性条款包括试用期、培训、保守秘密、补充保险和福利待遇等其他条款。其中,劳务派遣单位与同一被派遣劳动者只能约定一次试用期。

2．劳动合同的期限

劳务派遣单位应当与被派遣劳动者订立2年以上的固定期限劳动合同。

3．报酬支付及保障

劳务派遣单位应按月支付劳动报酬,被派遣劳动者被用工单位退回后在无工作期间,劳务派遣单位应当按照所在地人民政府规定的最低工资标准,向其按月支付报酬。

4．适用"三性"岗位

我国企业的基本用工形式是劳动合同用工,劳务派遣用工只是劳动合同用工的补充形式,只能在临时性、辅助性或者替代性的工作岗位上实施。

（1）临时性工作岗位。

临时性工作岗位是指在用工单位存续时间不超过6个月的岗位。

（2）辅助性工作岗位。

辅助性工作岗位是指为用工单位主营业务岗位提供服务的非主营业务岗位。用工单位决定使用被派遣劳动者的辅助性工作岗位,应当经职工代表大会或者全体职工讨论,提出方案和意见,与工会或者职工代表平等协商确定,并在用工单位内公示。

（3）替代性工作岗位。

替代性工作岗位是指用工单位的劳动者因脱产学习、休假等原因无法工作的一定期间内,可以由其他劳动者替代工作的岗位。用工单位应当严格控制劳务派遣用工数量,使用的被派遣劳动者数量不得超过其用工总量的10%（用工总量指用工单位订立劳动合同人数与使用的被派遣劳动者人数之和）。

（二）劳务派遣单位与接受劳务派遣用工的单位之间的关系

根据《劳务派遣暂行规定》第七条的规定,劳务派遣单位派遣劳动者应当与接受劳务派遣用工的单位订立劳务派遣协议。劳务派遣协议应当载明下列内容：

（1）派遣的工作岗位名称和岗位性质；

（2）工作地点；

（3）派遣人员数量和派遣期限；

（4）按照同工同酬原则确定的劳动报酬数额和支付方式；

（5）社会保险费的数额和支付方式；

（6）工作时间和休息休假事项；

（7）被派遣劳动者工伤、生育或者患病期间的相关待遇；

（8）劳动安全卫生以及培训事项；

（9）经济补偿等费用；

（10）劳务派遣协议期限；

（11）劳务派遣服务费的支付方式和标准；

（12）违反劳务派遣协议的责任；

（13）法律、法规、规章规定应当纳入劳务派遣协议的其他事项。

（三）工伤责任主体

根据《劳务派遣暂行规定》第十条的规定,被派遣劳动者在用工单位因工作遭受事故伤害的,劳务派遣单位应当依法申请工伤认定,用工单位应当协助工伤认定的调查核实工作。劳务派遣单位承担工伤保险责任,但可以与用工单位约定补偿办法。

被派遣劳动者在申请进行职业病诊断、鉴定时,用工单位应当负责处理职业病诊断、鉴定事宜,并如实提供职业病诊断、鉴定所需的劳动者职业史和职业危害接触史、工作场所职业病危害因素检测结果等资料,劳务派遣单位应当提供被派遣劳动者职业病诊断、鉴定所需的其他材料。

(四) 劳务派遣期限与退工

根据《劳动合同法》第五十九条第二款的规定,用工单位应当根据工作岗位的实际需要与劳务派遣单位确定派遣期限,不得将连续用工期限分割订立数个短期劳务派遣协议。

根据《劳务派遣暂行规定》第十二条的规定,有下列情形之一的,用工单位可以将被派遣劳动者退回劳务派遣单位:

(1) 用工单位有《劳动合同法》第四十条第三项、第四十一条规定情形的;

(2) 用工单位被依法宣告破产、吊销营业执照、责令关闭、撤销、决定提前解散或者经营期限届满不再继续经营的;

(3) 劳务派遣协议期满终止的。

被派遣劳动者退回后在无工作期间,劳务派遣单位应当按照不低于所在地人民政府规定的最低工资标准,向其按月支付报酬。

 **用工单位单方退工的做法有效吗**

赵某与A劳务派遣公司建立了劳动关系,同日被派遣至美国B公司驻北京办事处。劳动合同期满后,A劳务派遣公司与赵某再续订为期3年的劳动合同,其中劳动合同第二条第三款约定:"经乙方(劳动者)同意,用工单位或甲方(用人单位)可以根据其工作表现和能力或经营需要而对其工作内容、工作岗位、工作地点进行调整。"之后,用工单位以赵某的工作岗位不复存在为由将赵某退回至A劳务派遣公司,赵某认为用工单位单方退工的行为违法,拒绝了A劳务派遣公司的待岗决定,双方之间的争议由此发生。

工作任务

(1) 请你熟悉本案的案情,并分析劳务派遣中涉及的法律关系。
(2) 请你掌握在劳务派遣中各主体的权利和义务。

四、劳务派遣三方的权利和义务

(一) 劳务派遣单位对被派遣劳动者的权利和义务

1. 劳务派遣单位对被派遣劳动者的权利

劳务派遣单位依照《劳动合同法》的规定,可以依法与被派遣劳动者签订或解除劳动合同。

2. 劳务派遣单位对被派遣劳动者的义务

根据《劳务派遣暂行规定》第八条的规定,劳务派遣单位应当对被派遣劳动者履行的义务主要有:

(1) 如实告知被派遣劳动者《劳动合同法》第八条规定的事项(如工作内容、工作条件、工作地点、职业危害、安全生产状况、劳动报酬,以及被派遣劳动者要求了解的其他情况)、应遵守的规章制度以及劳务派遣协议的内容;

(2) 建立培训制度,对被派遣劳动者进行上岗知识、安全教育培训;

(3) 按照国家规定和劳务派遣协议约定,依法支付被派遣劳动者的劳动报酬和相关待遇;

(4) 按照国家规定和劳务派遣协议约定,依法为被派遣劳动者缴纳社会保险费,并办理社会保险相关手续;

(5) 督促用工单位依法为被派遣劳动者提供劳动保护和劳动安全卫生条件;

(6) 依法出具解除或者终止劳动合同的证明;

(7) 协助处理被派遣劳动者与用工单位的纠纷;

(8) 法律、法规和规章规定的其他事项。

(二) 用工单位的权利和义务

1. 用工单位对被派遣劳动者的权利

用工单位对被派遣劳动者依法享有退工权。退工权是指用工单位在被派遣劳动者符合法定情形时,享有可以将被派遣劳动者退回劳务派遣单位的权利。根据《劳动合同法》第六十五条的规定,用工单位可以将被派遣劳动者退回劳务派遣单位的情形主要包括:

(1) 被派遣劳动者在试用期间被证明不符合录用条件的;

(2) 被派遣劳动者严重违反用人单位的规章制度的;

(3) 被派遣劳动者严重失职,营私舞弊,给用人单位造成重大损害的;

(4) 被派遣劳动者同时与其他用人单位建立劳动关系,对完成本单位的工作任务造成严重影响,或者经用人单位提出,拒不改正的;

(5) 被派遣劳动者以欺诈、胁迫的手段或者乘人之危,使用人单位在违背真实意思的情况下订立或者变更劳动合同,致使劳动合同无效的;

(6) 被派遣劳动者被依法追究刑事责任的;

(7) 被派遣劳动者患病或者非因工负伤,在规定的医疗期满后不能从事原工作,也不能从事由用人单位另行安排的工作的;

(8) 被派遣劳动者不能胜任工作,经过培训或者调整工作岗位,仍不能胜任工作的。

2. 用工单位对被派遣劳动者的义务

根据《劳动合同法》第六十二条的规定,用工单位对被派遣劳动者应当履行下列义务:

(1) 执行国家劳动标准,提供相应的劳动条件和劳动保护;

(2) 告知被派遣劳动者的工作要求和劳动报酬;

（3）支付加班费、绩效奖金，提供与工作岗位相关的福利待遇；
（4）对在岗被派遣劳动者进行工作岗位所必需的培训；
（5）连续用工的，实行正常的工资调整机制；
（6）用工单位不得将被派遣劳动者再派遣到其他用人单位；
（7）用工单位不得向被派遣劳动者收取费用；
（8）用工单位应当按照同工同酬原则，对被派遣劳动者与本单位或所在地同类或相近岗位的劳动者实行相同的劳动报酬分配办法。

（三）被派遣劳动者的权利和义务

1．被派遣劳动者的权利

被派遣劳动者的权利包括：

（1）被派遣劳动者享有与用工单位的劳动者同工同酬的权利；
（2）被派遣劳动者有权在劳务派遣单位或者用工单位依法参加或者组织工会，维护自身的合法权益；
（3）被派遣劳动者按照国家规定享受社会保险待遇；
（4）被派遣劳动者可以根据《劳动合同法》第三十六条、第三十八条的规定与劳务派遣单位解除劳动合同。

2．被派遣劳动者的义务

被派遣劳动者的义务包括：

（1）遵守劳务派遣单位和用工单位的规章制度；
（2）遵守职业道德，履行劳动合同。

劳务派遣争议的处理流程参见图1-4。

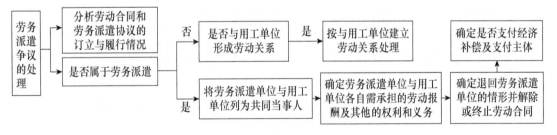

图1-4 劳务派遣争议的处理流程

思考与训练

一、是非判断题

1．劳务派遣协议由劳务派遣单位与用工单位签订。（　　）
2．劳务派遣用工的劳动合同期限最长不超过2年。（　　）
3．劳务派遣用工的临时性是指在用工单位存续时间不超过6个月。（　　）
4．用工单位与被派遣劳动者建立了劳动关系。（　　）
5．用工单位招用被派遣劳动者不得将其退回劳务派遣单位。（　　）

二、单项选择题

1. 劳务派遣单位派遣劳动者应当与接受以劳务派遣形式用工的单位订立（　　）。
   A. 劳动合同　　　B. 劳务派遣协议　　　C. 劳务合同　　　D. 用工协议

2. 劳务派遣单位与被派遣劳动者订立的劳动合同,除应当载明《劳动合同法》规定的事项外,还应当载明被派遣劳动者的用工单位、派遣期限以及（　　）等情况。
   A. 试用期　　　B. 培训事项　　　C. 保守秘密　　　D. 工作岗位

3. 被派遣劳动者在无工作期间,劳务派遣单位应当按照所在地人民政府规定的（　　）标准,向其按月支付报酬。
   A. 最低工资　　　　　　　　　　B. 最低生活保障
   C. 行业工资指导线　　　　　　　D. 失业保险金

4. 劳务派遣的劳动合同期限不得低于（　　）。
   A. 1年　　　B. 2年　　　C. 3年　　　D. 5年

5. 劳务派遣中的劳动合同当事人指（　　）。
   A. 劳务派遣单位与被派遣劳动者
   B. 接受被派遣劳动者的用工单位与被派遣劳动者
   C. 劳动者与企业工会
   D. 劳务派遣单位与接受被派遣劳动者的用工单位

学习情境3　与劳动关系易混淆的争议处理

教学目标

【能力目标】 通过学习,能够掌握劳务关系、雇佣关系、承揽关系、代理关系的认定,能够区别劳动关系与劳务关系。

【知识目标】 通过学习,能够了解劳务关系、雇佣关系、承揽关系、代理关系的概念。

知识与实践

一、劳务关系

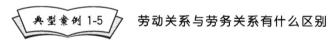

典型案例1-5　劳动关系与劳务关系有什么区别

小张原系A实业有限责任公司的职工,具有护士执业资格证,与单位签订的劳动合同期限从1997年10月1日至2018年10月1日。因公司破产,小张的劳动合同从2011年2月28日起终止,其基本养老保险和基本医疗保险等已按国有企业破产相关规定得到保障。2011年6月,A疾病预防控制中心决定将预防门诊正常工作时间之外的工作以劳务的形式交给非本单位职工。2011年6月9日,小张接受A疾病预防控制中心的条件到预防门诊承担该单位正式职工休息时间之外的工作。次月,小张领取报酬1000元,在A疾病预防控制中心的财务中是以劳务费的形式支出劳务费1000元。3个月后,小张领取的报酬数额增加到1200元。从2011年8月起,小张的劳务费发票均由她到税务机关开具,发票的内容均为劳务费。2013年4月,因工作职责发生变化,A疾病预防控制中心不再需要小张提供正式职工休息时间之外的工作,并于4月25日告知小张。2013年4月28日,A疾病预防控制中心正式通知小张离开。

2013年6月26日,小张向当地的劳动争议仲裁委员会申请仲裁,劳动争议仲裁委员会以双方之间是劳务关系为由不予受理。之后,小张向区人民法院提起诉讼,要求确认其与A疾病预防控制中心之间存在劳动关系。

原审人民法院认为,原告与被告之间系劳务关系,依法判决驳回原告小张的诉讼请求。

小张不服一审判决,提出上诉,称上诉人与被上诉人之间是劳动关系而非劳务关系。上诉人提供的《护士注册申请表》和工作服、门诊登记本、诊断证明书等证据足以证明自己的身份是被上诉人的医务人员,上诉人与被上诉人之间的关系符合《劳动和社会保障部关于确立劳动关系有关事项的通知》所规定的认定劳动关系的情形。且上诉人与被上诉人签订了劳动合同,由被上诉人保管。原审人民法院认定上诉人与被上诉人系劳务关系不当。上诉人请求撤销原判,改判支持上诉人一审的诉讼请求,并由被上诉人承担一审、二审的诉讼费用。

被上诉人A疾病预防控制中心答辩称,上诉人与被上诉人之间是劳务关系而不是劳动关系。上诉人在被上诉人处领取的报酬是劳务费,充分证明了双方之间为劳务关系。

二审人民法院认为,上诉人与被上诉人之间的关系,根据双方当时的意思表示及实际履行情况为劳务关系,上诉人主张与被上诉人系劳动关系,证据不足,理由不成立,不予支持。一审判决适用劳动法律规定不当,应适用民事法律的有关规定。一审判决程序合法,法律依据正确,判决驳回上诉,维持原判。本判决为终审判决。

工作任务

(1) 请你熟悉本案的案情,并分析在本案中争议双方当事人之间属于什么用人关系。

(2) 请你熟悉关于劳务关系的有关知识,并明确劳务关系和劳动关系是否相同。

(3) 请你总结本案给我们的启示。

(一) 劳务关系的概念

劳务关系是指提供劳务的一方为需要的一方以劳动形式提供劳动活动,而需要的一方支付约定报酬的社会关系。劳务关系是民事关系,由民事法律的一般规则进行规范和调整。建立和存在劳务关系的当事人之间是否签订书面劳务合同,由双方当事人协商确定,法律不做强制性规定。

劳务关系是由两个或两个以上的平等主体,通过劳务合同建立的一种民事权利义务关系。劳务合同可以是书面形式,也可以是口头形式或其他形式,其适用的法律依据主要是《中华人民共和国民法典》(以下简称《民法典》)的一般规定。

(二) 劳动关系与劳务关系的区别

1. 主体的特定性不同

劳动关系的主体一方为劳动者,另一方为用人单位,其主体具有特定性。劳动者是指达到法定年龄,具有劳动能力,以从事某种社会劳动获得收入为主要生活来源,依据《劳动法》的相关规定,在用人单位的管理下从事劳动并获取劳动报酬的自然人。用人单位是指与劳动者建立劳动关系的我国境内的企业、个体经济组织、民办非企业单位以及国家机关、事业单位、社会团体等组织。

在劳务关系中,其主体不具有特定性,劳务的提供方既可以是自然人,也可以是法人或其他组织,劳务提供者的资格不受劳动法律、法规的限制;而在劳动关系中,劳动者的主体资格受劳动法律、法规的限制,如年龄方面的限制等。

2. 主体的地位不同

劳动关系的主体双方具有平等性和隶属性。在建立劳动关系之前,即在劳动力市场中,劳动者与用人单位是平等的主体,双方是否建立劳动关系,以及建立劳动关系的条件,由双方按照平等、自愿、协商一致的原则依法确定。劳动关系建立后,劳动者是用人单位的职工,处于提供劳动力的被领导地位,用人单位与劳动者形成领导与被领导的隶属关系。劳动者应当遵守用人单位的规章制度,接受用人单位的管理。

劳务关系的主体双方无论在劳务合同签订前或者劳务合同签订后,其地位都是平等的。

3. 报酬保护不同

在劳动关系中,劳动者的工资分配适用按劳分配的原则。此外,为了保障劳动者的合法权益,国家在工资支付制度、最低工资制度方面制定一定的规范,即国家通过立法直接干预工资分配。

在劳务关系中,主体双方的权利和义务受民事法律规定的约束,其数额确定需遵循商品定价规则,即成本(费用)加合法的利润,其支付方式是一次支付或分次支付。对于劳务费用,国家不采取直接干预的办法。

4. 法律适用不同

劳动关系是依据劳动法律、法规产生的法律关系,受劳动法律、法规的调整。劳动关系中的劳动者与用人单位之间存在附随义务,如用人单位应当为劳动者办理社会保险,劳动者应当遵守用人单位的内部规章制度等。劳动关系中的劳动风险由用人单位承担,如果劳动者在劳动的过程中受到了意外伤害或者患职业病,劳动者属于工伤事故的,那么劳动风险完全由用人单位承担。

劳务关系是依据民事法律相关规定产生的法律关系,由《民法典》来调整。劳务关系中的风险由双方当事人自行约定,不存在最低工资、工伤认定等法律责任。

(三) 劳动关系和劳务关系区分标准问题

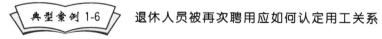

典型案例 1-6 退休人员被再次聘用应如何认定用工关系

2018年7月,江某在甲单位办理了退休手续,开始享受基本养老保险待遇。2019年2月,江某应聘到乙单位工作,岗位为保安,月工资为3000元,双方未签订劳动合同。

2020年1月,乙单位通知江某将不再留用他。江某向当地的劳动争议仲裁委员会申请仲裁,要求乙单位支付终止劳动关系的赔偿金3000元/月×1个月×2倍=6000元,并支付2019年3月至2020年1月(未签订劳动合同期间)的2倍工资,扣减已支付的1倍工资,还应当支付1倍的工资3000元×11个月=33 000元。劳动争议仲裁委员会驳回了江某的仲裁请求。

工作任务

(1) 请你分析:本案中江某与乙单位是否属于劳动关系?
(2) 请你解读我国关于用人单位聘用已退休人员的相关法律规定。
(3) 请你为本案中的江某做一个合法的咨询解答。

1. 关于劳动者是否是用人单位内部成员的问题

原劳动部于1995年8月4日印发的《关于贯彻执行〈中华人民共和国劳动法〉若干问题的意见》第二条规定:"中国境内的企业、个体经济组织与劳动者之间,只要形成劳动关系,即劳动者事实上已成为企业、个体经济组织的成员,并为其提供有偿劳动,适用劳动法。"这一规定明确了劳动关系构成的两个条件:劳动者的成员身份和劳动的有偿性。另外,这一规定也揭示了劳动关系两个方面的本质:

第一,在劳动关系下,劳动者通过自己的劳动力和用人单位的生产资料相结合进行劳动,在为用人单位创造利润的同时,也从用人单位获得收入,以此作为自己生活的主要来源,其劳动是有偿的。

第二,在劳动关系下,劳动者的劳动具有隶属性,劳动者成为用人单位的内部成员,要遵守用人单位的劳动规章和劳动纪律,在用人单位的管理下进行劳动。

2. 用人单位聘用退休人员法律关系的问题

根据《劳动合同法》第四十四条的规定,劳动者开始依法享受基本养老保险待遇的,劳动合同终止。根据《中华人民共和国劳动合同法实施条例》(以下简称《劳动合同法实施条例》)第二十一条的规定:"劳动者达到法定退休年龄的,劳动合同终止。"根据《最高人民法院关于审理劳动争议案件适用法律若干问题的解释(一)》第三十二条的规定:"用人单位与其招用的已经依法享受养老保险待遇或者领取退休金的人员发生用工争议而提起诉讼的,人民法院应当按劳务关系处理。"

已经享受养老保险待遇的退休人员不再是《劳动法》上合法的用工主体,其与用人单位签订的聘用合同不属于劳动合同,而应属于劳务合同。如果劳动者办理了退休手续但没有享受养老保险待遇,即使劳动合同期限未满,也应终止劳动关系,不再发放经济补偿,劳动者开始享受退休待遇。因此,用人单位聘用退休人员,一般应作为劳务关系来处理,而不应作为劳动关系来看待。

二、雇佣关系

(一)雇佣关系的概念

雇佣关系是指受雇人利用雇主提供的条件,在雇主的指导和监督下,以自身的技能或劳力为雇主提供劳动,并由雇主支付劳动报酬的民事法律关系。其中,按照雇主的指示或要求,利用雇主提供的条件,以自己的技能为雇主提供各种劳务的人,称为雇员或受雇人;接受劳务并按约支付劳动报酬的一方,称为雇主。

雇佣关系在我国法律中没有明确规定,但在相关司法解释中有所表述。

(二)雇佣关系与劳动关系的区别

在实践中,雇佣关系与劳动关系的区别主要有以下五个方面:

1. 主体范围是否具有单一性

从主体范围来看,雇佣关系的主体范围相当广泛,凡平等主体的公民之间、公民与法人之间均可形成雇佣关系。而劳动关系的主体具有单一性,即一方只能是劳动者个人,另一方只能是用人单位。如社会上普遍存在的家庭雇佣保姆、农村承包经营户雇人抢收庄稼等雇佣劳动,因用工一方既不是企业,也不是个体经济组织,不属于劳动关系的主体范围,所以应按雇佣关系来对待。

2. 用人单位与劳动者之间是否具有隶属性

在雇佣关系中,尽管雇员在一定程度上也要接受雇主的监督、管理和支配,但雇主的各项规章制度对雇员通常不具有约束力,且其人身依附程度也没有劳动关系那样强烈。如家庭教师在与学生家长形成的雇佣关系中,他的地位是独立的,他既不成为学生家庭中的一员,也不受学生家长的管理和约束,只要他按约定的时间完成约定的教学任务即可。在劳动关系中,用人单位与劳动者之间具有隶属关系,有管理与被管理的关系,劳动者的劳动必须在用人单位的管理下进行,这一点与雇佣关系中雇员的主体地位显然不同。

3. 用人单位对劳动力是否享有支配权

在雇佣关系中,劳动者可以身兼数职;而在劳动关系中,用人单位享有劳动力的支配权,劳动者在为用人单位服务时,要严格地受用人单位的劳动纪律或规章制度的管束。

4. 劳动人员是否长期、连续、稳定地从事工作

一般来说,在雇佣关系中,劳务人员一般具有临时性;而在劳动关系中,劳动者具有长期、持续、稳定地在用人单位工作的主观意图。

5. 是强调劳动成果还是强调劳动过程

雇佣关系强调劳动成果的给付,主体之间的权利和义务并不涉及实现劳动过程的问题。而劳动关系则强调劳动者的劳动力与用人单位的生产资料相结合的劳动过程。如木工受他人雇佣制作家具、菜贩按指定时间向饭店供货等,虽然也与劳动相联系,但其主体之间的权利和义务决定于劳动成果,权利与义务的发生与劳动过程无关,所以双方只能是雇佣关系而非劳动关系。

三、承揽关系

典型案例 1-7　承揽安装不幸摔伤应由谁负责

A 电器商行以经营空调销售业务为主,同时负责免费为客户进行安装调试。一天,

张某从 A 电器商行购买了空调。在 A 电器商行为张某家安装空调时,因公司的人手不够,便临时请来专门从事家电安装服务的个体户赵某帮忙,说好了赵某自备安装工具,报酬为 100 元/台。天有不测风云,赵某在安装空调的过程中因保险绳脱落不慎坠楼摔成重伤。

事后,赵某就此次意外向 A 电器商行要求赔偿医疗费、误工费、护理费、伤残赔偿金等各项损失共计 35 万元。

工作任务

(1) 请你分析:本案中的双方当事人是否属于劳动关系?
(2) 请你了解我国关于加工承揽的法律规定。
(3) 通过学习,请你为本案当事人的争议指出一条合法的维权途径。

(一) 承揽关系的概念

承揽关系是指承揽人按照定作人的要求完成一定的工作,交付工作成果,定作人接受工作成果并给付报酬而在双方当事人之间形成的法律关系。它是一种典型的完成工作的法律关系。承揽关系是基于承揽合同,在定作人和承揽人之间产生的关系。承揽关系具体包括加工、定作、修理、复制、测试、检验等工作。除了另有约定以外,承揽人应当以自己的设备、技术和劳动完成主要工作,定作人一般不介入工作过程。

承揽关系与雇佣关系、劳动关系最主要的区别在于承揽关系的双方当事人之间是平等关系,不具有隶属性。在承揽合同中,用工方式、用工程度、操作规程和劳动过程全都由承揽人自行确定,定作人接受承揽人物化的劳动成果,此劳动成果是定作人付酬的直接对象。

(二) 承揽关系与劳动关系的区别

1. 法律依据不同

承揽关系是一般民事关系,由民事法律相关规定进行规范和调整。根据《民法典》第七百七十条第一款的规定:"承揽合同是承揽人按照定作人的要求完成工作,交付工作成果,定作人支付报酬的合同。"建立和存在承揽关系的当事人之间是否签订书面合同,由双方当事人协商确定,法律不做强制性规定。而劳动关系由《劳动法》和《劳动合同法》进行规范和调整,双方当事人之间建立劳动关系必须签订书面劳动合同。

2. 管理权限不同

在承揽关系中,定作人注重的是工作成果,而非工作过程,定作人并不享有对提供劳务的劳动者施以纪律处分等权利。而在劳动关系中,用人单位注重的是劳动者的劳动过程,具有对劳动者的违章或违纪行为进行处理的管理权。

3. 支付报酬的依据不同

在承揽关系中,一方向另一方支付的报酬是双方当事人根据权利与义务平等、公平等原则事先约定的报酬;而在劳动关系中,用人单位向劳动者支付的工资应遵守按劳分配、同工同酬的原则,必须遵守当地人民政府规定的最低工资标准。

四、代理关系

(一)代理的含义

代理是指代理人在代理权限内,以被代理人名义向第三人为意思表示或受领意思表示,而该意思表示直接对被代理人生效的民事法律行为。根据《民法典》第一百六十二条的规定,代理人在代理权限内,以被代理人名义实施的民事法律行为,对被代理人发生效力。代理行为所产生的民事权利义务关系为代理关系。自然人和法人均可充当代理人。

代理涉及三方当事人:(1)在设定、变更或者终止民事权利义务关系时需要得到别人帮助的人,即被代理人;(2)能够给予被代理人帮助,代替被代理人实施意思表示或者受领意思表示的人,即代理人;(3)代理关系之第三人。

(二)代理关系与劳动关系的区别

1. 目的不同

代理关系虽然包含了劳动的提供,但劳动的提供并非代理的目的,代理的目的在于处理被代理人的委托事务,给付劳务报酬是为了实现委托人目的的手段;而劳动关系则是以完成劳动为目的的。

2. 支配权不同

在代理关系中,代理人有权独立地处理委托事务;而在劳动关系中,劳动者没有独立的支配权,劳动者的行为完全由用人单位来决定。

3. 对外代表的身份不同

在代理关系中,代理人虽然以被代理人的名义处理委托事务,但代理人会出示授权委托书表明自己的代理身份;而在劳动关系中,劳动者的劳动是用人单位业务组成的一部分,对外是以用人单位职工的身份代表用人单位来处理事务的。

4. 资格要求不同

在用人主体上,代理关系中的代理人一般具备某种特定的身份、资格或者技能,凭借特定的身份、资格或者技能来完成被代理人委托的事务;而在劳动关系中,劳动者是否必须具备特定的身份、资格或者技能不是劳动关系是否成立的必备要件。

5. 法律依据不同

代理关系是一般民事关系,由民事法律相关规定进行规范和调整,如我国《民法典》第七章对代理制度作了专章规定;而劳动关系则受《劳动法》和《劳动合同法》等专门法律、法规的调整。

思考与训练

1. 从法律关系的构成要素来分析并区别劳动关系与劳务关系、雇佣关系、承揽关系。

2. 拓展训练。

📥 案情简介

疫情期间"共享用工"如何处理

张某为A餐饮公司的服务员,双方签订了劳动合同。2020年春节期间,因新冠肺炎疫情的影响,A餐饮公司停止营业,多名职工滞留当地。而B电商公司则业务量持续爆发增长,送货、拣货等岗位人员紧缺。B电商公司遂与A餐饮公司签订了"共享用工协议",约定张某从2020年2月3日至5月4日借用到B电商公司从事拣货员工作,每月B电商公司将工资交给A餐饮公司后,由A餐饮公司支付给张某。张某同意临时到B电商公司工作,并经该公司培训后上岗。然而,A餐饮公司于3月20日依法宣告破产,通知张某双方的劳动合同终止,同时告知B电商公司将无法继续履行"共享用工协议"。B电商公司仍安排张某工作并支付工资。4月16日,张某向劳动争议仲裁委员会申请仲裁,要求确认与B电商公司从2020年2月3日至4月16日存在劳动关系。

📥 法理评析

本案的争议焦点是借出企业无法继续履行"共享用工协议",借入企业继续用工的,劳动者与借入企业之间是否存在劳动关系。

根据《关于贯彻执行〈中华人民共和国劳动法〉若干问题的意见》第七条的规定:"用人单位应与其长期被外单位借用的人员、带薪上学人员、以及其他非在岗但仍保持劳动关系的人员签订劳动合同,但在外借和上学期间,劳动合同中的某些相关条款经双方协商可以变更。"因此,我国《劳动法》并不禁止用人单位之间对劳动者的借用。

《劳动合同法》第四十四条规定:"有下列情形之一的,劳动合同终止:……(四)用人单位被依法宣告破产的。"本案因"共享用工协议"的履行以劳动者与借出企业存在劳动关系为前提,"共享用工"的用工方式自借出企业宣告破产时被打破。借入企业在明知劳动者与借出企业已终止劳动关系的情况下继续用工,应根据有关法律和政策规定建立劳动关系。

本案中,A餐饮公司与B电商公司签订并履行了"共享用工协议",张某同意被借用到B电商公司工作,应认定A餐饮公司与张某口头变更了劳动合同中的工作地点、工作内容等事项。因A餐饮公司于2020年3月20日依法宣告破产,张某与A餐饮公司的劳动合同终止,B电商公司与A餐饮公司原有的权利和义务不再存在。而B电商公司明知A餐饮公司依法宣告破产,双方之间的"共享用工协议"无法履行,仍然安排张某从事业务工作,对其进行劳动管理并发放劳动报酬,符合《劳动和社会保障部关于确立劳动关系有关事项的通知》的规定,张某与B电商公司自2020年3月20日起建立劳动关系。

"共享用工"是借出企业与借入企业之间自行调配人力资源、解决特殊时期用工问题的应急措施。其本质是企业在不同行业之间短期调配人力资源,以应对各行业因淡(旺)季或特殊事件带来的人力资源需求差异,从而实现各方受益。借出和借入员工是企业之间的行为,可以通过签订民事协议明确双方的权利义务关系。"共享用工"属于特殊情况下的灵活用工方式,在法律主体认定、劳动报酬支付、社会保险缴纳等方面还存在制度盲点,但需要明确的是,借出企业不得以营利为目的借出员工,也不得以"共享用工"之名,进行违法劳务派遣,或诱导劳动者注册个体工商户以规避用工责任。此外,劳动者在企业停工停产等特殊情况下,自主选择为其他企业提供劳动,不属于"共享用工",应根据相关法律和政策认定是否建立"双重劳动关系"。

法条链接

《劳动合同法》第四十四条：有下列情形之一的，劳动合同终止：

（一）劳动合同期满的；

（二）劳动者开始依法享受基本养老保险待遇的；

（三）劳动者死亡，或者被人民法院宣告死亡或者宣告失踪的；

（四）用人单位被依法宣告破产的；

（五）用人单位被吊销营业执照、责令关闭、撤销或者用人单位决定提前解散的；

（六）法律、行政法规规定的其他情形。

《关于贯彻执行〈中华人民共和国劳动法〉若干问题的意见》第七条：用人单位应与其长期被外单位借用的人员、带薪上学人员、以及其他非在岗但仍保持劳动关系的人员签订劳动合同，但在外借和上学期间，劳动合同中的某些相关条款经双方协商可以变更。

《劳动和社会保障部关于确立劳动关系有关事项的通知》：一、用人单位招用劳动者未订立书面劳动合同，但同时具备下列情形的，劳动关系成立：

（一）用人单位和劳动者符合法律、法规规定的主体资格；

（二）用人单位依法制定的各项劳动规章制度适用于劳动者，劳动者受用人单位的劳动管理，从事用人单位安排的有报酬的劳动；

（三）劳动者提供的劳动是用人单位业务的组成部分。

项目二

劳动合同争议处理

学习情境1 劳动合同的订立

教学目标

【能力目标】通过学习,能够把握劳动合同的订立规则;能够根据实际情况确定劳动合同的必备条款和选择条款;能够明确无效劳动合同与不订立劳动合同的法律后果;能够依法处理劳动合同订立的争议。

【知识目标】通过学习,能够了解法定劳动合同的订立主体、形式与罚则规定以及订立劳动合同的如实告知、如实说明义务;熟悉劳动合同的种类、劳动合同的必备条款和选择条款、劳动合同无效的法律规定。

知识与实践

一、劳动合同概要

(一)劳动合同的概念

合同是指双方当事人之间为实现一定的目的,根据法律规定,订立、变更或解除双方权利义务关系的协议。

劳动合同也称劳动契约,是指劳动者与用人单位建立劳动关系、明确双方的权利和义务的协议。其中,用人单位包括我国境内的企业、个体经济组织、民办非企业单位以及国家机关、事业单位、社会团体等组织。

劳动者与用人单位建立劳动关系应当订立劳动合同,通过订立劳动合同,在法律上确立劳动者与用人单位之间的劳动关系,使之特定化、具体化和法制化。根据劳动合同,劳动者成为用人单位的一员,有义务完成用人单位的生产任务、工作任务,并有义务遵守用人单位的劳动纪律和内部规章制度。而用人单位则有义务根据劳动合同的约定,按照劳动者的劳动数量和质量支付劳动报酬,提供劳动条件、劳动保护、社会保险和福利等待遇。

(二)劳动合同的特征

与一般的民事合同相比,劳动合同具有以下明显的法律特征:

1. 特定性

《劳动合同法》第二条规定:"中华人民共和国境内的企业、个体经济组织、民办非企业单位等组织(以下称用人单位)与劳动者建立劳动关系,订立、履行、变更、解除或者终止劳动合同,适用本法。国家机关、事业单位、社会团体和与其建立劳动关系的劳动者,订立、履行、变更、解除或者终止劳动合同,依照本法执行。"《劳动合同法实施条例》第三条规定:"依法成立的会计师事务所、律师事务所等合伙组织和基金会,属于劳动合同法规定的用人单位。"

此外,劳动合同主体必须是年满16周岁以上的劳动者本人。根据《劳动法》第十五条的规定,禁止用人单位招用未满16周岁的未成年人。文艺、体育和特种工艺单位招用未满16周岁的未成年人,必须遵守国家有关规定,并保障其接受义务教育的权利。

此外,用人单位必须是具有法定资格的合法主体。《劳动合同法》第九十三条规定:"对不具备合法经营资格的用人单位的违法犯罪行为,依法追究法律责任;劳动者已经付出劳动的,该单位或者其出资人应当依照本法有关规定向劳动者支付劳动报酬、经济补偿、赔偿金;给劳动者造成损害的,应当承担赔偿责任。"根据《劳动合同法实施条例》第四条的规定,《劳动合同法》规定的用人单位设立的分支机构,依法取得营业执照或者登记证书的,可以作为用人单位与劳动者订立劳动合同;未依法取得营业执照或者登记证书的,受用人单位委托可以与劳动者订立劳动合同。

2. 隶属性

遵守劳动纪律是《中华人民共和国宪法》(以下简称《宪法》)规定的公民义务。《劳动法》第三条第二款规定:"劳动者应当完成劳动任务,提高职业技能,执行劳动安全卫生规程,遵守劳动纪律和职业道德。"《劳动合同法》第三条第二款规定:"依法订立的劳动合同具有约束力,用人单位与劳动者应当履行劳动合同约定的义务。"劳动合同依法订立后,劳动者即成为用人单位的成员,产生人身隶属性,必须遵守用人单位的规章制度,受用人单位的劳动管理支配,对内享受用人单位劳动者的权利并承担本单位劳动者的义务,对外以用人单位的名义从事生产经营活动。

3. 有偿性

在劳动合同中,劳动者必须为用人单位提供劳动,而用人单位则必须为劳动者支付劳动报酬,故为双务有偿合同。

4. 法定性

为了稳定社会秩序,使劳动关系更加和谐,保护劳动者的合法权益,我国的法律对劳动合同的必备条款(如工作内容、工作地点、工时时间、休息休假、劳动报酬、社会保险、劳动保护等)都作出了明确规定。同时,我国的法律也对试用期、培训、保守秘密、补充保险和福利待遇等其他选择约定事项做了明确限定,劳动合同当事人必须遵照执行。

(三)我国劳动法的建设现状

自1995年1月1日起生效施行的《劳动法》是我国劳动法中的法典式法律,这部法律原则性很强,但却缺乏足够的可操作性。自2008年1月1日起生效施行的《劳动合同法》则在坚持《劳动法》立法目的和基本精神的基础上,对劳动合同制度做了进一步完善,具有较强的可操作性,对于我国《劳动法》的发展具有里程碑的意义。根据新法优于旧法的原则,此前的《劳动法》及其配套法规中与《劳动合同法》不相抵触的规定,继续有效适用。

《中华人民共和国就业促进法》(以下简称《就业促进法》)、《劳动争议调解仲裁法》、《中华人民共和国社会保险法》(以下简称《社会保险法》)与《劳动法》《劳动合同法》等法律、法规形成了我国劳动法律体系的系列制度,标志着我国劳动法律体系的进一步完善和成熟。

二、劳动合同的效力

 公司高管学历造假，劳动合同被认定无效

几年前，徐女士持某名牌大学双学士学位证书与一家高科技企业 A 公司签订了劳动合同，约定每月工资为 9000 元，在劳动合同履行的过程中增加到 1.3 万元。2019 年 2 月，A 公司因故提出与徐女士解除劳动合同，并与徐女士签订了解除劳动合同协议，支付给徐女士相当于 4 个月工资标准的经济补偿和提前 30 日通知期的月工资，共计 6.5 万元。同年 8 月，徐女士向当地的劳动争议仲裁委员会申请仲裁，要求 A 公司支付竞业限制补偿金 22 万余元。9 月，A 公司得知徐女士的学历纯属伪造，遂向劳动争议仲裁委员会提起反诉，诉称徐女士侵犯了用人单位的知情权，要求认定该劳动合同无效，徐女士向 A 公司返还经济补偿和多得的工资，并赔偿 A 公司相应的经济损失，合计 7 万余元。

工作任务

(1) 请你分析并解读我国关于无效劳动合同的法定条件及无效后果的法律规定。
(2) 作为用人单位的人力资源管理工作人员，请你根据本案的案情和有关法律规定，起草一份《无效劳动合同认定书》，其中注意关于无效原因、是否解除劳动合同、劳动报酬、经济补偿以及赔偿金的说明。

(一) 劳动合同的生效

《劳动合同法》第三条第二款规定："依法订立的劳动合同具有约束力，用人单位与劳动者应当履行劳动合同约定的义务。"第十六条第一款规定："劳动合同由用人单位与劳动者协商一致，并经用人单位与劳动者在劳动合同文本上签字或者盖章生效。"

1. 劳动合同的生效

劳动合同应当具备以下条件才能产生双方当事人预期的法律效力：
(1) 主体合法。
主体合法即订立劳动合同的用人单位与劳动者的主体资格符合法律规定的要求。
(2) 程序合法。
程序合法即订立劳动合同的用人单位与劳动者双方的意思表示应当真实、自愿，且双方协商一致。
(3) 内容合法。
内容合法即劳动合同的内容不违反我国法律的强制性规定。
(4) 形式合法。
形式合法即劳动合同的双方当事人建立劳动关系应当签订书面劳动合同。

2. 劳动合同的成立与生效

劳动合同的成立不等同于劳动合同的生效。劳动合同的成立是指双方当事人就劳

动合同的内容协商一致,表明劳动合同已经存在。劳动合同的生效是指劳动合同发生双方当事人所预期的法律后果,表明劳动合同对双方当事人具有法律约束力,双方当事人应当履行劳动合同约定的义务。

根据《劳动合同法》第七条的规定,用人单位自用工之日起即与劳动者建立劳动关系。第十条规定,建立劳动关系,应当订立书面劳动合同。已建立劳动关系,未同时订立书面劳动合同的,应当自用工之日起1个月内订立书面劳动合同。用人单位与劳动者在用工前订立劳动合同的,劳动关系自用工之日起建立。

一般情况下,依法成立且符合法定生效条件的劳动合同,成立时即生效。特殊情况下,劳动合同成立后,须在符合劳动合同所附条件或所附期限界至时才能生效。当事人之间签订有劳动合同,或形成社会保险缴费关系,或存放档案,是确认劳动关系的主要依据之一。但是,未签订劳动合同,或未缴纳社会保险费,或未存放档案,并不等于没有建立劳动关系,如事实劳动关系等;而签订劳动合同,或缴纳社会保险费,或存放档案,也不等于建立了劳动关系,如挂靠劳动关系等。

(二)劳动合同的无效

无效劳动合同是指双方当事人所订立的劳动合同不符合法定条件,而全部或部分不能发生当事人预期的法律后果的劳动合同。根据《劳动合同法》第二十六条第一款的规定,下列劳动合同无效或者部分无效:

(1)以欺诈、胁迫的手段或者乘人之危,使对方在违背真实意思的情况下订立或者变更劳动合同的;

(2)用人单位免除自己的法定责任、排除劳动者权利的;

(3)违反法律、行政法规强制性规定的。

(三)无效劳动合同的确认及其法律后果

根据《劳动合同法》第二十六条第二款的规定,对劳动合同的无效或者部分无效有争议的,由劳动争议仲裁机构或者人民法院确认。也就是说,用人单位与劳动者对劳动合同的无效无争议时,可以自行确认无效,而无须通过劳动争议仲裁机构或者人民法院确认。劳动合同的无效,从订立时起就没有法律约束力。劳动合同的部分无效如果不影响其余部分效力的,其余部分仍然有效。

1. 劳动合同订立至劳动合同被确认无效期间的法律后果

(1)劳动合同被确认无效,劳动者已付出劳动的,用人单位应当向劳动者支付劳动报酬。劳动报酬的数额,参照本单位相同或者相近岗位劳动者的劳动报酬确定。

(2)对因不具备合法经营资格的用人单位的违法犯罪行为而被确认无效的劳动合同,劳动者已经付出劳动的,该单位或者其出资人应当依照《劳动合同法》的规定向劳动者支付劳动报酬、经济补偿、赔偿金;给劳动者造成损害的,应当承担赔偿责任。

2. 劳动合同被确认无效后的法律后果

(1)根据《劳动合同法》第三十八条和第四十六条的规定,因用人单位的过错导致劳动合同无效的,劳动者可以即时辞职,并获得经济补偿。

(2) 根据《劳动合同法》第三十九条的规定,因劳动者的过错导致用人单位的意思表示不真实而使劳动合同无效的,用人单位可以即时辞退劳动者。

(3) 因前两项原因导致劳动合同无效,劳动者不辞职或不被辞退的,原劳动关系将可以存续,但必须变更原劳动合同或者依法重新订立劳动合同,以纠正原劳动合同的无效条款。

(4) 劳动合同被依法确认无效,给对方造成损害的,有过错的一方应当承担赔偿责任。

三、劳动合同的订立

 **未签订书面劳动合同应如何认定劳动关系**

王某是本市的一名失业人员。2014年8月,本市A机械装备公司(以下简称A公司)的销售员刘某持该公司开具的介绍信到王某所在的居委会要求招聘一名设备维修工,居委会与就业援助员将失业的王某介绍给刘某。刘某让王某从9月起开始到A公司工作,并一直工作至2019年4月。2015年8月之前,王某与A公司一直没有签订劳动合同,但依据口头约定,王某一直担任A公司的设备维修工,月工资为3000元,A公司以现金的方式进行支付。2019年4月15日,A公司以王某给公司造成了重大损失为由将其辞退,并发放了当月工资。王某承认确实因自己工作不当给A公司造成了重大损失,但他认为A公司一直未与自己签订书面劳动合同,也没有提前1个月通知自己解除劳动合同,违反了法律规定,遂申请劳动仲裁,要求A公司支付从2014年9月至2015年8月期间未签订书面劳动合同的2倍工资差额,并支付1个月的工资作为补偿金。A公司认为王某系刘某个人招用的兼职设备维修工,与A公司并无劳动关系,不同意王某的请求。

工作任务

(1) 作为自然人,刘某能否与王某建立劳动关系?为什么?

(2) 王某与A公司之间是否存在劳动关系?为什么?

(3) 王某要求A公司支付1个月的工资作为补偿金的请求能否得到劳动争议仲裁委员会的支持?为什么?

(4) 作为用人单位的人力资源管理工作人员,你认为应该怎么处理本案?

(一)劳动合同的订立与阶段性工作

劳动合同的订立是指劳动者与用人单位经过相互选择和平等协商,就劳动合同条款达成协议,从而确立劳动关系和明确相互的权利和义务的法律行为。《劳动合同法》第三条第一款规定:"订立劳动合同,应当遵循合法、公平、平等自愿、协商一致、诚实信用的原则。"

订立劳动合同的阶段性工作主要包括以下内容:

1. 确定劳动合同当事人的阶段

这个阶段的工作主要包括以下六个方面:

(1) 用人单位公布招聘简章,说明录用条件、录用后的基本权利和基本义务、报名办法、考核方式等。

(2) 求职者应聘报名,提交有关本人的身份、职业技术、学历、是否在职等基本情况证明文件。

(3) 应聘考核,用人单位依法对求职者进行考核,并公布考核结果。

(4) 择优录用,用人单位对于考核合格的求职者,择优确定录用的人员,向其发出书面签约通知或公布录用名单。

(5) 用人单位与求职者签订劳动合同。

(6) 用人单位建立职工名册,以起到备查和证明当事人之间建立劳动关系的证据作用。根据《劳动合同法》及《劳动合同法实施条例》的规定,建立职工名册是用人单位与劳动者建立劳动关系的法定义务。职工名册一般包括劳动者的姓名、性别、公民身份号码、户籍地址及现住址、联系方式、用工形式、用工起始时间、劳动合同期限等内容。

2. 确定劳动合同内容的阶段

这个阶段的工作主要包括以下三个方面:

(1) 用人单位提供劳动合同草案。在实践中,一般由用人单位来提供劳动合同草案。

(2) 用人单位介绍本单位的劳动规章制度。用人单位要向劳动者介绍本单位的劳动规章制度,这体现了用人单位的告知义务。

(3) 当事人商定劳动合同的内容。劳动合同的内容需要用人单位与劳动者在如实告知和平等协商的基础上依法而定。《劳动合同法》第八条规定:"用人单位招用劳动者时,应当如实告知劳动者工作内容、工作条件、工作地点、职业危害、安全生产状况、劳动报酬,以及劳动者要求了解的其他情况;用人单位有权了解劳动者与劳动合同直接相关的基本情况,劳动者应当如实说明。"

其实,劳动者频繁地跳槽或离职,损失最大的是用人单位。因为每个劳动者都是用人单位花费了一定的招聘成本招聘进来的,用人单位需要花费一定的时间对其进行一定的专业岗位培训。如果劳动者跳槽或离职,用人单位就必须重新找人,重新花费一次招聘成本和进行一次岗位培训。所以,用人单位在招聘求职者的时候,应当依法把单位的真实情况如实地告知求职者,让求职者谨慎地作出选择。求职者在知情的情况下依然愿意被录用,入职后一般会比较稳定,因为求职者已经有了足够的思想准备。因此,满足求职者的知情权对用人单位来说是利大于弊。另外,用人单位在行使知情权时要注意不要侵犯求职者与工作无关的个人隐私权,否则,可能会产生一些不必要的民事纠纷。

3. 劳动合同生效阶段

如前所述,用人单位与劳动者协商一致,并经用人单位与劳动者在劳动合同文本上签字或者盖章时起,劳动合同即产生法律效力。依法订立的劳动合同具有约束力,用人单位与劳动者应当履行劳动合同约定的义务。

(二)劳动合同的内容

劳动合同的内容是用人单位与劳动者协商合意的结果,是劳动关系双方当事人权利和义务的固定化和具体化。劳动合同的条款是劳动合同内容的文字表述,一般可以分为必备条款和选择条款。必备条款是指法律、法规规定用人单位与劳动者必须协商约定的条款;选择条款是指用人单位与劳动者根据工种、岗位的不同特点,以及各自的具体情况,由双方选择协商约定的具体条款。选择条款应在法律、法规、政策的指导下商定。另外,除合同文本外,有时还需要制定附件,在附件中明确双方的权利和义务的具体内容。如通过附件中的上岗合同明确具体的岗位责任,通过附件中的规章制度来明确用人单位的具体权利、职工的具体义务等。

1. 必备条款

必备条款是由法律、法规直接规定而不是由当事人约定的,根据《劳动合同法》第十七条第一款的规定,劳动合同应当具备以下条款:

(1)用人单位的名称、住所和法定代表人或者主要负责人;
(2)劳动者的姓名、住址和居民身份证或者其他有效身份证件号码;
(3)劳动合同期限;
(4)工作内容和工作地点;
(5)工作时间和休息休假;
(6)劳动报酬;
(7)社会保险;
(8)劳动保护、劳动条件和职业危害防护;
(9)法律、法规规定应当纳入劳动合同的其他事项。

根据新法优于旧法的原则,《劳动合同法》关于劳动合同必备条款的强制性规定是对《劳动法》第十九条劳动合同必备条款的替代和覆盖。

根据《中华人民共和国职业病防治法》(以下简称《职业病防治法》)第三十三条第一款的规定,用人单位与劳动者订立劳动合同(含聘用合同)时,应当将工作过程中可能产生的职业病危害及其后果、职业病防护措施和待遇等如实告知劳动者,并在劳动合同中写明,不得隐瞒或者欺骗。即把用人单位如实告知有关职业病事项的义务作为劳动合同的必备条款。《中华人民共和国安全生产法》(以下简称《安全生产法》)第四十九条第一款规定:"生产经营单位与从业人员订立的劳动合同,应当载明有关保障从业人员劳动安全、防止职业危害的事项,以及依法为从业人员办理工伤保险的事项。"

2. 选择条款

选择条款是在法定必备条款之外按双方当事人或一方的要求所必备的条款,是劳动合同个性的体现,是劳动合同当事人意思自治的表现,并非所有的劳动合同都具有。一般来说,选择条款有试用期、培训、保守秘密、补充保险和福利待遇等事项。选择条款的应用不得违反法律、法规相关限制性规定。

3. 招用劳动者严禁扣押证件

根据《劳动合同法》第九条的规定,用人单位招用劳动者,不得扣押劳动者的居民身份证和其他证件,不得要求劳动者提供担保或者以其他名义向劳动者收取财物。用人单位违反《劳动合同法》第九条的规定,扣押劳动者居民身份证等证件的,由劳动行政部门责令限期退还劳动者本人,并依照有关法律规定给予处罚。用人单位违反《劳动合同法》第八十四条第二款的规定,以担保或者其他名义向劳动者收取财物的,由劳动行政部门责令限期退还劳动者本人,并以每人500元以上2000元以下的标准处以罚款;给劳动者造成损害的,应当承担赔偿责任。

在实践中,用人单位在劳动合同履行期间,对于劳动者占有用人单位价值较高的财物,为了防止财物灭失或被轻易毁坏,与劳动者约定设置相应的合理担保,法律没有禁止。

(三)劳动合同的形式、罚则及应对策略

典型案例2-3　人事行政总监事实劳动关系2倍工资纠纷

2019年6月24日,A公司聘请了一位人事行政总监王某,试用期为3个月,月薪为9.6万元。刚开始的时候,A公司的老板与新来的王某彼此都互相欣赏,工作中合作得也比较愉快。但是,随着时间的推移,老板发现王某的实际调控和应变能力比较差,工作中随意性比较大,有点夸夸其谈的感觉。同时,王某也感觉到A公司与自己的预期有一些差距,对于A公司的企业文化有点不适应。同年10月17日,老板与王某进行了一次谈话,王某答应结算工资后离职,之后也未留下任何离职申请和辞职报告等文字性资料。王某离开A公司后,于10月底向当地的劳动争议仲裁委员会申请仲裁,称自己入职A公司4个多月,A公司一直未与自己签订劳动合同,要求A公司从7月24日起开始支付其2倍工资,并支付解除劳动合同经济补偿。A公司经咨询法律顾问后,在仲裁答辩书中答辩道:王某本身就全面负责A公司人事方面的事务,申诉人作为A公司的人事行政总监,在入职后1个月内没有按照《劳动合同法》的要求及时办理签订劳动合同的有关事宜,在入职的第四个月时(试用期满)既不向A公司提出转正申请,也未从A公司的角度办理试用期满给予转正的手续,一系列事实证明王某从事人事行政总监的工作不称职,且其在工作中存在重大失误,给A公司造成了较大的损失,按照《劳动合同法》的规定,A公司可以与其解除劳动关系,无须向其支付经济补偿。

工作任务

(1)请你熟悉本案的案情,并分析争议焦点,明确A公司是否需要向王某支付2倍工资?A公司与王某解除劳动关系是否需要支付经济补偿?

(2)请你正确地解读我国的法律、法规中关于签订劳动合同以及故意不签订劳动合同的具体措施规定。

(3)为了防范故意不签订劳动合同的法律风险,请你从用人单位的人力资源管理工作人员的角度设计一份关于新招录人员签订与解除劳动合同的流程方案。

(4)请你从人力资源管理的角度设计一份岗位说明书,并说明岗位说明书的法律意义。

1. 劳动合同的形式

用人单位与劳动者建立劳动关系应当订立劳动合同,劳动合同应采用书面形式,且由劳动合同当事人各持一份。劳动合同是处理劳动争议的直接证据和认定事实的依据。《劳动合同法》第十条第二款明确规定:"已建立劳动关系,未同时订立书面劳动合同的,应当自用工之日起1个月内订立书面劳动合同。"用工之日是指劳动者在本单位工作的第一天开始,双方的劳动关系即已建立。未同时订立书面劳动合同则是指用人单位与劳动者双方通过口头形式约定了劳动关系并已经开始用工,也即事实劳动关系。

2. 罚则规定

根据《劳动合同法》和《劳动合同法实施条例》的有关规定,事实劳动关系行为属于违法行为,用人单位必须承受相应的违法成本:

(1) 用人单位自用工之日起超过1个月不满1年未与劳动者订立书面劳动合同的,应当向劳动者每月支付2倍的工资,其追诉时效为1年;

(2) 自用工之日起1个月内,经用人单位书面通知后,劳动者不与用人单位订立书面劳动合同的,用人单位可以支付其实际工作时间的劳动报酬后,在1个月内书面通知劳动者终止劳动关系,且无须向劳动者支付经济补偿;

(3) 劳动者不与用人单位订立书面劳动合同,而用人单位在用工1个月后才书面通知劳动者终止劳动关系的,须依法支付劳动者相应的经济补偿;

(4) 用人单位自用工之日起满1年不与劳动者订立书面劳动合同的,视为用人单位与劳动者已订立无固定期限劳动合同。

用人单位与劳动者因未订立书面劳动合同而产生2倍工资争议的处理流程参见图2-1。

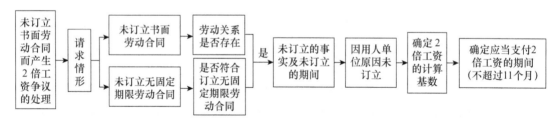

图2-1 用人单位与劳动者因未订立书面劳动合同而产生2倍工资争议的处理流程

3. 应对策略

用人单位需正确地对待劳动者不签订劳动合同的情况,依法把握证据规则,避免不必要的法律风险。用人单位在实际运作中应该注意以下三个方面:

(1) 注意劳动合同的签订及时间的选择,可以在劳动者入职前一天,最晚在用工之日起1个月内与劳动者签订书面劳动合同,但一定要在劳动合同中载明正式用工的起始日期;

(2) 注意做好劳动合同台账管理,定期整理每月到期的劳动合同名单,经与相关部门沟通续订与否的意见后,须于劳动合同到期日前书面通知劳动者是否续订劳动合同的意向,以免延期而导致不必要的法律风险;

（3）收集劳动者不签订劳动合同的有利证据,可以通过邮寄或快递的方式,并在邮寄或快递资料的封面上写明类似"劳动合同"等提示内容,以便有据可查;如果相关资料邮寄或快递不到劳动者的手中,可以考虑劳动者提供的详细资料是否真实、是否如实说明了相关重要信息等。

通过以上做法,用人单位在一定程度上就可以及时地预防劳动者不签订劳动合同或到期不及时续订劳动合同所产生的法律风险。

（四）如实告知义务和知情权

典型案例 2-4　如实告知义务和知情权的行使

小梅一直在学校里埋头苦读,对社会上的事了解不多。等到毕业找工作时,她不知道自己该何去何从。有一天,她看到一家大型生产企业的产品广告做得非常好,就梦想着去这家企业工作。功夫不负有心人,通过层层选拔,小梅终于成为这家大型生产企业的职工。

上班第一天,小梅被安排在生产车间工作。一进生产车间,小梅顿时傻眼了,工作环境又脏又乱,空气中还弥漫着呛人的气味,管理制度也不健全。小梅很后悔在求职时没有仔细地了解这家大型生产企业的实际情况,看着眼前的一切,小梅一分钟都不想多待。几天以后,她就离开了这家自己曾经梦寐以求的用人单位。

工作任务

（1）请你了解本案的案情,并分析产生本案问题的主要原因以及用人单位的做法是否违法。

（2）作为用人单位的人力资源管理工作人员,请你从法律角度分析类似问题的防范及补救办法。

（3）根据上述案例,请你设计一份用人单位招聘、面试劳动者的问卷,以实现彼此的如实告知义务和知情权。

典型案例 2-5　假文凭与劳动合同无效的争议

A 公司进行招聘,要求应聘者具备硕士以上学历,并说明应聘者应当如实填写相关资料,如有欺骗和隐瞒,一经发现立即解除劳动合同。葛女士和韩女士同时被 A 公司录用,该公司与她们签订的劳动合同期限为 3 年,试用期为 6 个月。她们两人在试用期工作都很认真,但工作 3 个月后,A 公司发现葛女士的毕业证书是伪造的,于是开除了她。但是,葛女士拿出医院的证明,表明自己已经怀孕,A 公司并不理会,仍然解除了与葛女士的劳动合同。同月,韩女士开始出现呕吐、恶心和全身不适等症状,经医院诊断为"妊娠反应 2 个月"。韩女士持医院开具的病假证明到 A 公司请假,A 公司认为韩女士在应聘时没有如实地填写个人情况,隐瞒了自己已经怀孕的事实,也解除了与韩女士的劳动合同。葛女士和韩女士与 A 公司交涉未果,遂以怀孕期间单位不能解除劳动合同为由向当地的劳动争议仲裁委员会申请仲裁。

 工作任务

(1) 请你分析本案的争议焦点以及 A 公司对这两位女职工的处理是否合法。
(2) 请你解读我国关于用人单位如实告知与劳动者如实说明相关的法律规定。
(3) 请你为本案中的两位女职工分别设计合法合理的处理方案。

《劳动合同法》第八条规定:"用人单位招用劳动者时,应当如实告知劳动者工作内容、工作条件、工作地点、职业危害、安全生产状况、劳动报酬,以及劳动者要求了解的其他情况;用人单位有权了解劳动者与劳动合同直接相关的基本情况,劳动者应当如实说明。"由此可见,用人单位在录用劳动者时的询问与告知是十分重要的。

1. 用人单位的如实告知义务

用人单位在招用劳动者时,有义务如实告知劳动者关于工作内容、工作条件、工作地点、职业危害、安全生产状况、劳动报酬,以及劳动者要求了解的其他情况。同时,用人单位也有了解劳动者的知情权,即用人单位有权了解劳动者与劳动合同直接相关的基本情况,劳动者应当如实说明。根据《劳动合同法》第二十六条第一款第一项和第九十一条的有关规定,以欺诈的手段使对方在违背真实意思的情况下订立的劳动合同无效或者部分无效;用人单位招用与其他用人单位尚未解除或者终止劳动合同的劳动者,给其他用人单位造成损失的,应当承担连带赔偿责任。

2. 劳动者的如实说明义务

用人单位在招用劳动者时,有权了解劳动者与劳动合同直接相关的基本情况,劳动者应如实说明。如求职者的简历的真实性以及劳动合同中从事与本工作直接相关的内容,或者由于劳动者提供给用人单位的具体住址等资料不详或者有误而造成的后果,应由劳动者自己来承担。用人单位未予问询的情况,劳动者无义务主动如实说明。

3. 入职登记表的制作

《劳动合同法》第七条规定:"用人单位自用工之日起即与劳动者建立劳动关系。用人单位应当建立职工名册备查。"入职登记表作为新进职工填写的基本资料,是用人单位建立职工名册的重要信息来源,其目的在于帮助用人单位了解新进职工的基本情况,对劳动合同双方当事人均具有警示意义。如果劳动者提供虚假信息,用人单位可以通过入职登记表举证证明劳动者提供了虚假信息,依法促使劳动合同无效。

在实践中,入职登记表一般包括以下信息:

(1) 职工的基本信息,包括姓名、年龄、性别、国籍、婚姻状况、居民身份证号码等。其中,年龄信息可以帮助用人单位防止录用童工,国籍信息可以帮助用人单位审查是否符合外国人就业的相关条件和是否具有在中国合法的居住或逗留的相关证件等。

(2) 教育背景信息,包括教育经历、专业、学历、学位、职业资格证书、专业职称、技术操作水平等。

(3) 工作经历信息,工作经历既是职工信息中比较重要的组成部分,也是决定职工薪资的重要标准和重要依据。

（4）家庭成员、紧急联络人以及通信地址等信息。

（5）入职信息，包括入职时间、试用期时间、试用期工资、正式期工资等。

（6）健康信息，包括是否从事过井下、高空、高温、特别繁重体力劳动以及有毒有害工种，是否曾被认定工伤或持有残疾人证明，是否被劳动能力鉴定委员会鉴定为具有伤残等级以及何级伤残，是否有传染性疾病、最近6个月内接受过的医学检查与治疗等。

（7）前工作单位信息，包括离职原因、离职时间、是否与前工作单位约定有保密协议与竞业限制协议、是否与前工作单位有未尽法律事宜等。

（8）其他信息，包括参加工作时间、累计工作时间、是否有连续工作12个月的事实、是否享受过婚假、是否正处在"三期"中、应聘信息的来源等。

（9）声明信息，包括以下三个方面：

① 职工确认，用人单位已如实告知工作内容、工作条件、工作地点、职业危害、安全生产状况、劳动报酬，以及职工要求了解的情况。

② 职工提供的个人信息、学历证明、资格证明、身份证明、工作经历等个人资料均真实，职工充分了解上述资料的真实性是双方订立劳动合同的前提条件，如有弄虚作假或隐瞒的情况，属于严重违反用人单位的规章制度，同意用人单位有权解除劳动合同或对劳动合同做无效认定处理，用人单位因此遭受的损失，职工有对此进行赔偿的义务。

③ 职工确认，本部分所填写的通信地址为邮寄送达地址，用人单位向该通信地址寄送的文件或物品，如果发生收件人拒绝签收或其他无法送达的情形的，职工同意从用人单位寄出之日起视为用人单位已经送达。

（10）职工签字信息，即在入职登记表每一页的最下方设置职工签字信息栏。

为了配合入职登记表的作用，用人单位在为职工办理入职手续时需要职工提供以下有关证件或证明资料：

① 居民身份证原件及复印件并进行核对，核对无误后在居民身份证复印件上签署"与原件一致，由×××提供"并要求职工签字确认；

② 学历证书、学位证书、职业资格证书的原件及复印件并进行核对，核对无误后在复印件上签署"与原件一致，由×××提供"并要求职工签字确认；

③ 医院出具的体检证明并要求职工签字确认；

④ 解除或终止劳动合同证明、失业证明或提供单位同意兼职的证明等。

（五）劳动合同的种类

以劳动合同的期限进行划分，劳动合同可以分为三个种类，即固定期限劳动合同、无固定期限劳动合同和以完成一定工作任务为期限的劳动合同。

1. 固定期限劳动合同

固定期限劳动合同是指用人单位与劳动者约定合同终止时间的劳动合同。用人单位与劳动者可以根据各自的需求，自行协商一定期限的劳动合同。

2. 无固定期限劳动合同

无固定期限劳动合同是指用人单位与劳动者约定合同无确定终止时间的劳动合同。根据《劳动合同法》第十四条第二款和第三款的规定，用人单位与劳动者协商一致，可以订立无固定期限劳动合同。有下列情形之一,劳动者提出或者同意续订、订立劳动合同的,除劳动者提出订立固定期限劳动合同外,应当订立无固定期限劳动合同:

(1) 劳动者在该用人单位连续工作满10年的;

(2) 用人单位初次实行劳动合同制度或者国有企业改制重新订立劳动合同时,劳动者在该用人单位连续工作满10年且距法定退休年龄不足10年的;

(3) 连续订立2次固定期限劳动合同,且劳动者没有《劳动合同法》第三十九条和第四十条第一项、第二项规定情形,续订劳动合同的。

用人单位自用工之日起满1年不与劳动者订立书面劳动合同的,视为用人单位与劳动者已订立无固定期限劳动合同。

连续订立固定期限劳动合同的次数是指《劳动合同法》自2008年1月1日起施行以后用人单位与劳动者双方续订固定期限劳动合同的次数,该时间之前续订的次数不计算在内。《劳动合同法》第八十二条第二款对用人单位应当与劳动者订立无固定期限劳动合同而不与劳动者订立无固定期限劳动合同的违法行为规定了高额的成本代价,即"用人单位违反本法规定不与劳动者订立无固定期限劳动合同的,自应当订立无固定期限劳动合同之日起向劳动者每月支付2倍的工资"。

签订无固定期限劳动合同争议的处理流程参见图2-2。

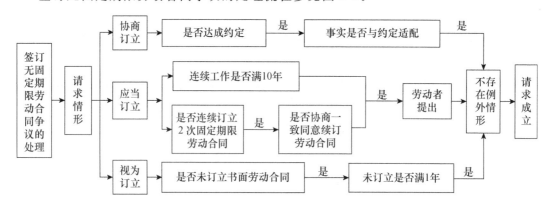

图2-2 签订无固定期限劳动合同争议的处理流程

3. 以完成一定工作任务为期限的劳动合同

以完成一定工作任务为期限的劳动合同是指用人单位与劳动者约定以某项工作的完成为合同期限的劳动合同。一般来说,有下列情形之一的,用人单位与劳动者可以签订以完成一定工作任务为期限的劳动合同:

(1) 以完成单项工作任务为期限的劳动合同。如用人单位要求劳动者完成一个单项工作的时候,就可以用这种方式与劳动者签订合同。

(2) 以项目承包方式完成承包任务的劳动合同。如果某个项目采用承包方式,要求劳动者完成承包任务的,用人单位也可以以完成一定工作任务为期限,与劳动者签订劳动合同。

(3) 因季节原因临时用工的劳动合同。有些用人单位受季节变化的影响比较大,如生产冷饮的用人单位,一到夏天就进入销售旺季,一到冬天就进入销售淡季。存在这种情况的用人单位会在销售旺季的时候增加一些工人,以完成一定工作任务期限来订立劳动合同,这是法律允许的。

(4)其他双方约定的以完成一定工作任务为期限的劳动合同,只要双方当事人同意,就可以以完成一定工作任务为期限来作为劳动合同的期限。

(六)试用期的应用

 **职工离职后再入职,重新约定试用期获法院支持**

2019年3月4日,张鑫进入A房地产公司工作,担任业务顾问。双方签订了为期2年的劳动合同,试用期为2个月。2020年1月6日,张鑫提出辞职,并签订了离职交接单。2020年3月9日,张鑫再次进入A房地产公司工作,双方签订了新的劳动合同,工作内容和薪资与他离职前的劳动合同完全相同,可重新签订的劳动合同中又约定了2个月的试用期。没想到,还没过试用期张鑫就被A房地产公司以试用期内不符合录用条件为由解除了劳动合同。张鑫以"2次约定试用期是违法的"为由向劳动争议仲裁委员会提出申诉,要求A房地产公司支付违法约定试用期的赔偿金1.35万元。经劳动争议仲裁委员会裁决,对张鑫的请求不予支持;张鑫不服,向人民法院提起诉讼。人民法院经审理后判决驳回了张鑫的诉讼请求。

工作任务

(1)请你分析:在本案中A房地产公司的做法是否违法?你认为应当怎样处理劳动者的试用期问题?

(2)请你解读我国关于试用期的法律规定,并分析如果用人单位违反了试用期的规定将承担什么法律责任。

(3)作为用人单位的人力资源管理工作人员,你将如何说服本案中的劳动者有关试用期的问题。

试用期是指用人单位与劳动者建立劳动关系后为了相互了解、相互选择而约定不超过6个月的考察期。试用期是整个劳动合同期限的组成部分,它有助于双方当事人彼此防范用工风险和劳动风险,但在此期间双方也最容易出现纠纷。

根据《劳动合同法》第十七条第二款的规定,试用期是劳动合同的选择条款、非法定必备条款,用人单位与劳动者双方可以根据实际情况约定是否选择适用试用期条款。如果双方同意约定试用期,则应当根据不同的劳动合同期限约定不同的试用期(参见表2-1)。

表2-1 劳动合同期限与试用期

序号	劳动合同期限	试用期
1	以完成一定工作任务为期限	不得约定
2	非全日制用工	不得约定
3	不满3个月	不得约定

续表

序号	劳动合同期限	试用期
4	3个月以上不满1年	不得超过1个月
5	1年以上不满3年	不得超过2个月
6	3年以上固定期限	不得超过6个月
7	无固定期限	不得超过6个月

适用试用期的法律限制包括以下五个方面：

1. 不得约定试用期的情形

根据《劳动合同法》第十九条第三款和第七十条的规定，以完成一定工作任务为期限的劳动合同或者劳动合同期限不满3个月的劳动合同、非全日制用工的劳动合同不得约定试用期。

2. 不能重复约定试用期的情形

根据《劳动合同法》第十九条第二款的规定，同一用人单位与同一劳动者只能约定1次试用期。即劳动者在同一用人单位工作，即使岗位发生变更，或者劳动合同期满后续订，或者劳动合同解除、终止后再次录用的，都不能再次约定试用期。同时，用人单位不得以劳动者在试用期内达不到用人单位的要求而延长试用期。

3. 用人单位不得随意解除尚在试用期内的劳动合同

根据《劳动合同法》第二十一条的规定，在试用期中用人单位不得随意解除劳动合同，除非劳动者在试用期内被证明出现下列情形：

（1）不符合录用条件的；

（2）严重违反用人单位的规章制度的；

（3）严重失职，营私舞弊，给用人单位造成重大损害的；

（4）劳动者同时与其他用人单位建立劳动关系，对完成本单位的工作任务造成严重影响，或者经用人单位提出，拒不改正的；

（5）以欺诈、胁迫的手段或者乘人之危，使对方在违背真实意思的情况下订立或者变更劳动合同致使劳动合同无效的；

（6）被依法追究刑事责任的；

（7）患病或者非因工负伤，在规定的医疗期满后不能从事原工作，也不能从事由用人单位另行安排的工作的；

（8）不能胜任工作，经过培训或者调整工作岗位，仍不能胜任工作的。

用人单位在没有相应证据支持的前提下，不能以上述理由解除试用期劳动合同。试用期满后，用人单位不得以劳动者在试用期内不符合录用条件为由解除或终止劳动合同。

4. 举证责任

根据《劳动合同法》第三十九条第一项和第八十七条的规定，用人单位对试用期解除劳动合同应负有举证责任。举证不能时需承担对自己不利的法律后果，即或者按劳动者的要求继续履行劳动合同，或者以违法解除劳动合同为由、以经济补偿为计算基数2倍支付劳动者赔偿金。因此,用人单位必须首先规范编制明确而具体的录用条件文件,在试用期解除劳动合同时,依法向劳动者说明不符合录用条件的证据理由,并制作《解除劳动合同通知书》送达劳动者,向劳动者出具解除或者终止劳动合同的证明,并在15日内为劳动者办理档案和社会保险关系转移手续。

5. 用人单位违反试用期规定须承担法律责任

《劳动合同法》第八十三条规定:"用人单位违反本法规定与劳动者约定试用期的,由劳动行政部门责令改正;违法约定试用期已经履行的,由用人单位以劳动者试用期满月工资为标准,按已经履行的超过法定试用期的期间向劳动者支付赔偿金。"即用人单位在违法期间需支付相当于试用期满后劳动者2倍工资的赔偿金,由此可见这一违法成本之高。

(七)服务期与竞业限制的应用

 培训期间的工资是否属于专项培训费用

2013年6月1日,张某与A体检公司签订了无固定期限劳动合同,到该体检公司工作。2014年7月3日,张某与A体检公司签订了培训协议,该体检公司安排张某到外地参加1年的专业技术培训。双方在培训协议中约定:由体检公司支付培训费、差旅费,并按照劳动合同的约定正常支付张某在培训期间的工资;培训完成后,张某在体检公司至少服务5年;若张某未满服务期解除劳动合同,应当按照A体检公司在培训期间支出的所有费用支付违约金。培训期间,A体检公司为张某实际支付培训费4.7万元、差旅费5600元,同时支付工资3.3万元。培训结束后,张某于2015年7月3日回A体检公司上班。2018年3月1日,张某向A体检公司递交书面辞职通知,提出于2018年4月2日解除劳动合同。A体检公司要求张某支付违约金8.56(4.7+0.56+3.3)万元,否则拒绝出具解除劳动合同的证明。为顺利入职新用人单位,张某支付了违约金,但他认为违约金的数额违法,遂向当地的劳动争议仲裁委员会申请仲裁,要求A体检公司返还违法收取的违约金8.56万元。劳动争议仲裁委员会最终裁决A体检公司返还张某61 930(85 600-23 670)元。

工作任务

(1)请你分析:本案中的A体检公司支付给张某培训期间的工资是否属于专项培训费用?

(2)请你解读我国关于劳动者承担违约金责任的法律规定。

(3)假设你是用人单位的人力资源管理工作人员,请你根据《劳动合同法》的规定,分析劳动争议仲裁委员会裁决结果的理由是什么。

 未支付竞业限制经济补偿是否承担竞业限制责任

2013年7月,乐某入职A银行,在贸易金融事业部担任客户经理。A银行与乐某签

订了为期8年的劳动合同,明确其年薪为100万元。该劳动合同约定了保密与竞业限制条款,约定乐某必须遵守竞业限制协议的约定,即离职后不能在诸如银行、保险、证券等金融行业从事相关工作,竞业限制期限为2年。同时,双方还约定乐某若违反竞业限制义务应赔偿A银行违约金200万元。2018年3月1日,A银行因乐某严重违反规章制度而与他解除了劳动合同,但一直未支付乐某竞业限制经济补偿。2019年2月,乐某入职当地的另一家银行依旧担任客户经理。2019年9月,A银行向劳动争议仲裁委员会申请仲裁,请求乐某支付违反竞业限制义务违约金200万元并继续履行竞业限制协议。劳动争议仲裁委员会最终驳回了A银行的仲裁请求。

工作任务

(1) 请你分析:在本案中,A银行未支付竞业限制经济补偿,乐某是否需要承担竞业限制违约责任?

(2) 请你解读我国关于劳动者承担竞业限制责任的法律规定。

(3) 假设你是用人单位的人力资源管理工作人员,请你根据《劳动合同法》的规定,分析劳动争议仲裁委员会裁决结果的理由是什么。

1. 服务期制度

劳动合同中的服务期是指劳动者因接受用人单位给予的特殊待遇而承诺必须为用人单位服务的期限。根据《劳动合同法》第二十二条和第二十五条的有关规定,双方当事人约定服务期必须掌握以下要点:

(1) 培训内容应当限于专业技术培训,不包括面向一般劳动者的入门性或通用性知识和技能的培训,如上岗、转岗、劳动安全卫生培训等;

(2) 培训费用项目包括用人单位为了对劳动者进行专业技术培训而支付的有凭证的培训费用、培训期间的差旅费用,以及因培训产生的用于该劳动者的其他直接费用;

(3) 培训费用来源应当为用人单位全部或部分提供的专项培训费用;

(4) 劳动者违反服务期约定的,应当按照约定向用人单位支付违约金,且违约金的数额不得超过用人单位提供的培训费用;

(5) 用人单位要求劳动者支付的违约金的数额不得超过服务期尚未履行部分所应分摊的培训费用;

(6) 用人单位与劳动者约定服务期的,不影响按照正常的工资调整机制提高劳动者在服务期期间的劳动报酬。

2. 服务期违约金制度

根据《劳动合同法实施条例》第二十六条的规定,用人单位与劳动者约定了服务期,劳动者因用人单位有下列情形之一而解除劳动合同的,不属于违反服务期的约定,用人单位不得要求劳动者支付违约金:

(1) 未按照劳动合同约定提供劳动保护或者劳动条件的;

(2) 未及时足额支付劳动报酬的;

(3) 未依法为劳动者缴纳社会保险费的;
(4) 用人单位的规章制度违反法律、法规的规定,损害劳动者权益的;
(5) 因用人单位以欺诈、胁迫的手段或者乘人之危,致使劳动合同无效的;
(6) 法律、行政法规规定劳动者可以解除劳动合同的其他情形。

同时,有下列情形之一,用人单位与劳动者解除约定服务期的劳动合同的,劳动者应当按照劳动合同的约定向用人单位支付违约金:

(1) 劳动者严重违反用人单位的规章制度的;
(2) 劳动者严重失职,营私舞弊,给用人单位造成重大损害的;
(3) 劳动者同时与其他用人单位建立劳动关系,对完成本单位的工作任务造成严重影响,或者经用人单位提出,拒不改正的;
(4) 劳动者以欺诈、胁迫手段或者乘人之危,使用人单位在违背真实意思的情况下订立或者变更劳动合同的;
(5) 劳动者被依法追究刑事责任的。

服务期争议的处理流程参见图 2-3。

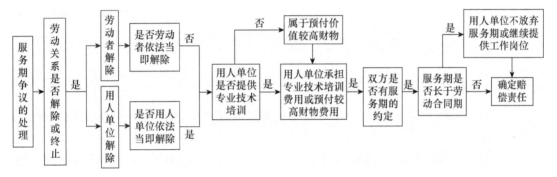

图 2-3 服务期争议的处理流程

3. 竞业限制与违约制度

劳动合同的竞业限制是指用人单位对负有保守用人单位商业秘密和与知识产权相关的保密事项的劳动者,在劳动合同、知识产权归属协议或技术保密协议中约定的竞业限制条款。即劳动者在终止或解除劳动合同后的一定期限内不得在生产同类产品、经营同类业务或有其他竞争关系的用人单位任职,也不得自己生产与原单位有竞争关系的同类产品或经营同类业务;用人单位必须在竞业限制期内依约支付经济补偿,违约者应当依约承担约定的违约金责任。竞业限制条款在劳动合同中为延迟生效条款,也就是双方当事人在劳动合同解除或终止以后,该条款才开始生效。

根据《中华人民共和国反不正当竞争法》第九条的规定,商业秘密是指不为公众所知悉、具有商业价值并经权利人采取相应保密措施的技术信息、经营信息等商业信息。

根据《劳动合同法》第二十三条、第二十四条、第二十五条和《最高人民法院关于审理劳动争议案件适用法律问题的解释(一)》第三十六条的规定,竞业限制的期限、地域、范围、经济补偿数额由当事人自行协商约定。

(1) 劳动合同约定的竞业限制期限最长不得超过 2 年;

（2）经济补偿的支付，只能约定在解除或终止劳动合同后由用人单位按月支付给守约的劳动者；

（3）竞业限制的人员仅限于用人单位的高级管理人员、高级技术人员和其他负有保密义务的人员；

（4）违约者必须依法承担违约责任；

（5）约定了竞业限制的不得再约定解除劳动合同的提前通知期（俗称脱密期）。

根据《最高人民法院关于审理劳动争议案件适用法律问题的解释（一）》的规定，下列情形人民法院应当予以支持：

（1）当事人在劳动合同或者保密协议中约定了竞业限制，但未约定解除或者终止劳动合同后给予劳动者经济补偿，劳动者履行了竞业限制义务，要求用人单位按照劳动者在劳动合同解除或者终止前12个月平均工资的30%按月支付经济补偿的。月平均工资的30%低于劳动合同履行地最低工资标准的，按照劳动合同履行地最低工资标准支付。

（2）当事人在劳动合同或者保密协议中约定了竞业限制和经济补偿，当事人解除劳动合同时，除另有约定外，用人单位要求劳动者履行竞业限制义务，或者劳动者履行了竞业限制义务后要求用人单位支付经济补偿的。

（3）当事人在劳动合同或者保密协议中约定了竞业限制和经济补偿，劳动合同解除或者终止后，因用人单位的原因导致3个月未支付经济补偿，劳动者请求解除竞业限制约定的。

（4）在竞业限制期限内，用人单位可以请求解除竞业限制协议。在解除竞业限制协议时，劳动者请求用人单位额外支付劳动者3个月的竞业限制经济补偿的。

（5）劳动者违反竞业限制约定，向用人单位支付违约金后，用人单位要求劳动者按照约定继续履行竞业限制义务的。

服务期与竞业限制制度表明：一方面，用人单位不能随意约定劳动者承担违约金责任，有利于对劳动者合法权益的保护；另一方面，《劳动合同法》将商业秘密保护纳入法制轨道，有利于保护企业的知识产权，维护市场秩序。

竞业限制争议的处理流程参见图2-4。

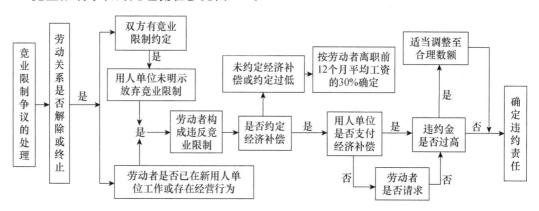

图2-4 竞业限制争议的处理流程

(八)劳动合同的续订

 不及时处理续订与否的后患

郑某与A公司在9年前建立了劳动关系,后来双方数次续订劳动合同,最后劳动合同约定至2019年8月2日终止,郑某的月工资为8000元。2019年7月31日,A公司决定不再与郑某续订劳动合同,但当日没有通知郑某。8月3日、4日是双休日,8月5日郑某照常上班,下午14:00 A公司通知郑某其劳动合同已于8月2日到期,公司将不再与其续订,要求郑某办理离职手续,并通过银行划账发放了未提前30日通知的待通知金8000元及7月26日(A公司固定的薪资发放日)至8月5日上午的补发工资1600元(总计9600元)。郑某认为,劳动合同期满时,A公司并未表示要终止劳动合同。之后,自己按时上班,意味着劳动合同的延续,现A公司解除与自己的劳动合同,应当依法支付解除劳动合同的经济补偿及相应的赔偿金。为此,郑某向当地的劳动争议仲裁委员会申请仲裁。

工作任务

(1)请你熟悉本案的案情,并分析本案中劳动合同原先约定的终止时间是否依然有效。
(2)请你解读我国关于终止事实劳动关系的法律规定,并分析其在本案中的应用。
(3)作为用人单位的人力资源管理工作人员,请你设计一份关于到期劳动合同的管理办法,以及出现类似本案的失误情况时的处理意见。

劳动合同的续订是指劳动合同双方当事人依法达成协议,使原订的即将到期的劳动合同延长其有效期限的法律行为。劳动合同的续订与劳动合同的订立的区别如下:

(1)劳动合同的续订是在双方当事人均已确定的前提下进行的,无须再经过双方当事人的确定阶段;
(2)劳动合同的续订是原订劳动合同所确立的劳动关系的继续,并非是原订劳动合同解除或终止后再次确立劳动关系;
(3)劳动合同的续订以原订劳动合同为基础,双方当事人继续享有和承担原订劳动合同的权利和义务,不得再次实行试用期。

在实践中,为了规范管理劳动合同,避免产生不必要的法律风险,劳动合同到期前,用人单位最好预先通知劳动者是否续订或终止劳动合同。因用人单位的原因而逾期未通知的,视为事实上续订了劳动合同,双方当事人应补签书面劳动合同。满1年未补签书面劳动合同的,视为自动转为无固定期限劳动合同。所以,用人单位需谨慎管理到期的劳动合同。

四、劳动合同主体的特别情况

(一)用人单位主体资格问题

1. 企业成立前筹备期间的劳动关系问题

根据《中华人民共和国公司法》(以下简称《公司法》)、《中华人民共和国公司登记管

理条例》、《中华人民共和国企业法人登记管理条例》、《个人独资企业登记管理办法》、《外商投资合伙企业登记管理规定》等有关法律、法规的规定,企业主体的成立以取得营业执照上载明的日期为准。企业成立前,包括筹备期间,不具有法定主体资格。因此,该期间内劳动者与用人单位发生争议,不属于劳动仲裁的劳动争议;期间产生的权利和义务争议属于民事争议,由发起人承担相应的法律后果,劳动者应当向发起人请求,符合劳动关系认定情形的,依法认定劳动关系;企业依法设立后,劳动者进入设立后企业工作的,其筹备期间的工作年限可以依据工作年限合并计算的相关规定处理。

2. 企业清算关闭期间的劳动关系问题

根据《劳动合同法》、《公司法》、《中华人民共和国企业破产法》(以下简称《企业破产法》)等法律、法规的规定,企业在依法清算结束并办理注销登记前,具有用人单位的法人资格,依然是劳动关系的合法主体,是劳动争议中的当事人;企业成立清算组(清算委员会)的,清算组(清算委员会)成为参加劳动争议处理活动的主体,未成立清算组(清算委员会)的,法定代表人成为参加劳动争议处理活动的主体;已向人民法院申请破产清算的,管理人可以成为参加劳动争议处理活动的主体。用人单位被依法宣告破产的、用人单位被吊销营业执照、责令关闭、撤销或者用人单位决定提前解散的,经营资格受限,劳动合同终止。因此,清算期间,劳动者与用人单位之间不再存在劳动关系。

3. 分公司的劳动关系问题

根据《劳动合同法实施条例》第四条的规定,依法取得营业执照或者登记证书的分支机构可以作为用人单位与劳动者订立劳动合同,并作为独立当事人参加劳动争议处理的活动;未依法取得营业执照或者登记证书的分支机构,受用人单位委托可以与劳动者订立劳动合同,但不能作为劳动关系当事人独立参加劳动争议处理的活动。依法取得营业执照或者登记证书的分支机构被吊销营业执照、责令关闭、撤销或者用人单位决定提前解散的,劳动合同依法终止;未依法取得营业执照或者登记证书的分支机构,其关闭、解散等,因不具备劳动关系用人单位的法定资格,不属于劳动合同的终止,应当按照一般民事关系参加民事争议处理的活动。

4. 其他没有合法用工权的非法用工单位

非法用工单位泛指没有取得合法用工权的组织机构,主要包括自然人雇佣、未办理营业执照、营业执照被吊销或者营业期限届满仍继续经营的,以挂靠方式借用他人营业执照经营等。

(二) 大学生就业的特殊规定

1. 大学生村官

大学生村官的岗位性质为"村级组织特设岗位",是国家开展的选派项目。其与组织部门、人力资源和社会保障部门签订聘任合同,聘期一般为2~3年,工作、生活补助和享受保障待遇等由中央和地方财政共同承担;工作管理及考核比照公务员有关规定进行;人事档案由组织部门管理或人才服务机构免费代理,党团关系转至所在村;大学生村官选聘由相关部门定期、统一组织实施。

2. "三支一扶"大学生

"三支一扶"大学生是指高校毕业生经核准到农村基层从事支农、支教、支医和扶贫工作。其与服务单位签订协议,与工作协调管理办公室约定服务期,并可以在服务期满后享受就业推荐和就业优惠政策。期间,"三支一扶"大学生既接受服务单位的管理也接受主管部门的管理,享受基本的劳动保护权利,获取生活补贴(分为日常生活补贴和政府奖励两个部分)、交通补贴,并由服务单位提供必要的生活条件,享有国家法律、法规和服务单位规章制度规定的休息休假权,缴纳社会保险。前述相关经费主要来源于财政专项经费。服务期间,其户口统一由指定机构管理,也可以根据本人意愿转回入学前户籍所在地,人事档案统一转至服务单位所在地的县级政府人事部门。

3. 西部志愿者

西部志愿者源于2003年共青团中央、教育部、财政部、人力资源和社会保障部联合组织实施大学生志愿服务西部计划,在各大高校招募毕业生到西部基层进行为期1~3年的支教、支农、支医、扶贫、基层法律援助等。服务期间,由全国大学生志愿服务西部计划项目管理办公室统一办理人身意外伤害保险、住院医疗保险等,可以按规定享受财政给予的生活补贴、艰苦边远地区津贴、交通补贴等。参加大学生志愿服务西部计划的,服务期满2年且考核合格的,可以享受报考研究生、公务员的优惠政策。

4. 住院医师规范化培训

住院医师规范化培训属于毕业后医学教育的范畴。以上海为例,住院医师规范化培训对象为拟在上海市医疗机构从事临床医疗工作的高等院校医学类专业(指临床医学类、口腔医学类、中医学类和中西医结合类)本科及以上学历毕业生。住院医师规范化培训在经认定的培训医院和教学基地内进行(由各培训医院按下达的招录计划数组织招录),培训年限为3年(医学专业学位毕业研究生根据其已有的临床经历和诊疗能力测评结果,可以相应减少培训时间)。培训期间,培训医院与培训对象签订培训及劳动合同,培训对象的劳动关系委托上海市卫生人才交流服务中心管理,培训期限为合同期限。培训结束后,合同自然终止,培训对象自主择业。培训对象依法参加并享有养老、医疗、失业、生育、工伤、公积金等社会保障,享受国家法律、法规规定的以及劳动合同约定的相关福利待遇,其工资、奖金按照其学历和资历情况,参照所在培训医院同类人员水平发放,同工同酬。除法律、法规和政策规定的原因外,需要延长培训期限的,须由本人申请,培训医院同意,延长期内只签订培训合同,不再签订劳动合同,不再享受工资福利和社会保险待遇,培训所需费用由个人承担。原则上顺延期限不超过3年,但培训对象须完成原培训及劳动合同期限内所规定的轮转计划。上海市设立"上海市住院医师规范化培训专项资金",主要用于培训对象的生活学习补助(主要包括参照上海市事业单位标准,按国家和地方规定计发的基本工资、津贴补贴、相应的社会保险费和住房公积金等)和培训医院的教学实践活动补助。

思考与训练

一、是非判断题

1. 劳动合同被确认无效后,用人单位不必支付劳动者工资。(   )

2. 用人单位无权了解劳动者与劳动合同不相关的情况。（   ）

3. 用人单位自用工之日起满 6 个月不与劳动者订立书面劳动合同的,视为双方已订立了无固定期限劳动合同。（   ）

4. 劳动合同仅约定试用期的,该试用期的约定不成立。（   ）

5. 当事人约定的终止条件是劳动合同的法定必备条款。（   ）

二、单项选择题

1. 对于劳动合同的无效或者部分无效有争议的,由（   ）或者人民法院确认。
   A. 劳动行政部门　　　　　　　　B. 劳动监察局
   C. 劳动调解委员会　　　　　　　D. 劳动争议仲裁机构

2. 用人单位招用劳动者时,（   ）不属于法律规定应当如实告知劳动者的内容。
   A. 工作内容　　B. 休息休假　　C. 工作地点　　D. 工作条件

3. 满 1 年的劳动合同,其约定的试用期不得超过（   ）。
   A. 1 个月　　　B. 2 个月　　　C. 6 个月　　　D. 1 年

4. 下列不属于劳动合同服务期培训费用的是（   ）。
   A. 培训费用　　　　　　　　　　B. 差旅费
   C. 健身费　　　　　　　　　　　D. 其他培训直接费用

5. 解除或者终止劳动合同后,约定的竞业限制期不得超过（   ）。
   A. 6 个月　　　B. 1 年　　　　C. 2 年　　　　D. 3 年

学习情境 2　劳动合同的履行与变更

教学目标

【能力目标】通过学习,能够把握劳动合同履行的特殊规则;能够规范应用变更劳动合同的形式、法定条件与效力;能够依法处理劳动合同变更的争议。

【知识目标】通过学习,了解劳动合同履行的一般原则与支付令的法律规定;熟悉劳动合同变更的法律规则。

知识与实践

一、劳动合同的履行

劳动者拒绝用人单位的加班要求而被辞退

某服装厂于 2019 年 6 月签订了一份订货合同。为了尽快地完成订货合同约定的任务,厂领导单方决定,全体职工在平时每天加班 3 个小时,每周六全天上班。对此,该厂职工李某等人十分不满,坚持上了半个多月的班,并多次向厂领导提出意见,但均被驳回。李某等人一气之下,自行决定按照厂内规章规定的工作时间,到了下班时间便自行离厂。为此,厂领导在几次严厉批评了李某等人无效后,以违反厂规厂纪为由,作出了对李某等人予以辞退的决定。李某等人不服,向当地的劳动争议仲裁委员会提出申诉,请求服装厂撤销辞退他们的决定,维护自身的合法权益。劳动争议仲裁委员会受理此案后,裁决服装厂撤销辞退决定。

工作任务

(1)根据法律规定,劳动合同的履行应当遵循什么原则?
(2)劳动合同履行中可以突破法定原则的情形有哪些?

劳动合同的履行是指劳动合同双方当事人完成劳动合同所规定的各自义务,实现劳动过程和各自合法权益的行为。

(一)劳动合同履行的一般原则

1. 全面履行原则

全面履行原则是指劳动合同双方当事人在任何时候,均应当履行劳动合同约定的全部义务。《劳动合同法》第二十九条规定:"用人单位与劳动者应当按照劳动合同的约定,全面履行各自的义务。"

2. 合法履行原则

合法履行原则是指劳动合同双方当事人在履行劳动合同的过程中,必须遵守法律、法规的规定,不得有违法行为。《劳动合同法》第三条第二款规定:"依法订立的劳动合同具有约束力,用人单位与劳动者应履行劳动合同约定的义务。"

(二)劳动合同履行的特殊规则

1. 规定不明确的履行规则

(1)劳动合同的内容约定不明确的,依照集体合同的规定履行。
(2)集体合同的规定不明确的,按照有关劳动法规和政策的规定履行。
(3)劳动法规和政策未作明确规定的,按照通行习惯履行。
(4)没有可供遵循的习惯,就由双方当事人协商确定。

2. 地方劳动条件基准选择规则

(1)劳动合同履行地与用人单位的注册地不一致,且两地关于劳动者的最低工资标准、劳动安全卫生、本地区上年度职工月平均工资标准等劳动条件事项的规定有差异的,一般应当按照劳动合同履行地的有关规定执行。
(2)用人单位注册地的有关标准高于劳动合同履行地的标准的,双方当事人可以协商约定按照用人单位注册地的有关标准执行。

3. 劳动合同中止的规则

具备应征入伍,被依法限制人身自由,失踪但尚未被人民法院宣告失踪、宣告死亡等法定中止事由的,用人单位可以中止或部分中止履行劳动合同。双方中止劳动合同期间,除劳动者应征入伍而中止外,中止期间不计入劳动者在用人单位的工作年限。当引起中止的法定情形或约定情形消失时,劳动合同除已经无法履行的外,应当恢复劳动合同的履行。

(三)按时足额支付工资

 **企业以单位效益不好为由停发职工工资**

刘某等8人是某商场五金交电组的职工。2020年年初因受新冠肺炎疫情的影响,商场处于亏损状态。为此,商场以无经济效益、严重亏损为由,于2020年2月和3月停发了刘某等8名职工的工资。刘某等8名职工多次与商场的领导交涉都无济于事,于是便向当地的劳动争议仲裁委员会提出申诉,请求该商场补发他们应得的工资并赔偿经济损失。劳动争议仲裁委员会受案后,庭审调查表明刘某等人申诉的情况属实,双方达成调解协议,商场按照原劳动合同的约定给刘某等8名职工补发2月份的工资;3月份根据劳动者提供劳动的情况,由商场与劳动者根据"缩短工作时间"或者"轮岗轮班"稳定劳动关系的原则协商新的工资水平,但不得低于当地的最低工资标准。

工作任务

(1)请你了解用人单位因经济效益不好而停发工资是否具有法律依据。
(2)请你解读我国关于用人单位按时足额支付工资的法律规定。
(3)作为用人单位的人力资源管理工作人员,请你设计一个企业因生产经营困难而暂时停发或拖欠工资的合法方案,注意理由与程序的合法性。

《劳动法》第五十条规定:"工资应当以货币形式按月支付给劳动者本人。不得克扣或者无故拖欠劳动者的工资。"所谓克扣,是指用人单位无正当理由扣减劳动者应得工资(即在劳动者已提供正常劳动的前提下,用人单位按劳动合同规定的标准应当支付给劳动者的全部劳动报酬)。所谓无故拖欠,是指用人单位无正当理由超过规定付薪时间未支付劳动者工资。

《劳动合同法》第三十条规定:"用人单位应当按照劳动合同约定和国家规定,向劳动者及时足额支付劳动报酬。用人单位拖欠或者未足额支付劳动报酬的,劳动者可以依法向当地人民法院申请支付令,人民法院应当依法发出支付令。"这里更是明确了用人单位除法律、法规有明确规定可以代扣代缴工资项目外,只要形成拖欠或未及时足额支付劳动报酬的行为,劳动者均可以直接向人民法院申请支付令。也就是说,劳动者对此类违法行为可以不经劳动仲裁前置程序就可以直接向人民法院申请支付令。

根据1995年原劳动部印发的《对〈工资支付暂行规定〉有关问题的补充规定的通知》的相关规定,用人单位确因生产经营困难,资金周转受到影响,在征得本单位工会同意后,可暂时延期支付劳动者工资,延期时间的最长限制可以由各省、自治区、直辖市劳动行政部门根据各地情况确定。其他情况下拖欠工资均属无故拖欠。

（四）劳动定额制度

 **企业可以随意调整劳动定额吗**

张先生是某外商独资企业的职工，平时工作一直很努力，但在正常的工作时间内常常难以完成额定工作量，只好用加班时间来完成额定工作量。结果，在考核时他还是因在工作时间内完不成劳动定额而被扣减了工资，心里感觉很是委屈。后来，张先生才知道，该外商独资企业总是通过提高劳动定额的方法迫使职工不得不加班，大部分职工在8个小时内无法完成额定工作量，80%的职工只好被迫每天加班2~3个小时。张先生和其他的职工认为，该外商独资企业侵犯了他们的合法权益，要求政府有关部门妥善处理这个问题。

工作任务

(1) 请你做一个市场调查，了解企业的劳动定额是否合理，其绩效工资是否公平。
(2) 请你了解我国《劳动法》中关于用人单位对劳动定额与加班加点的规定。
(3) 假设你是用人单位的人力资源管理工作人员，请你为用人单位和劳动者设计一套合理的处理方案，并说明理由。

劳动定额是指在一定的生产和技术条件下，生产合格的单位产品或工作量应该消耗的劳动量（一般用劳动或工作时间来表示）标准，或约定时间内生产产品或完成工作量的标准。它是计算完成单位合格产品或单位工程量所需人工的依据。在确定劳动定额时，我们必须弄清楚以下三个方面：

第一，合理确定劳动定额。

《劳动法》第三十七条规定："对实行计件工作的劳动者，用人单位应当根据本法第三十六条规定的工时制度合理确定其劳动定额和计件报酬标准。"首先，劳动定额应根据法定工作时间和具体工种通过科学的测算来制定，并且要合理可行。只有经过大多数职工的努力，在法定工作时间内（每天8小时、每周40小时）能够完成的，才是科学合理的劳动定额。其次，劳动定额应当相对稳定，不能盲目、随意、频繁变动。只有在工作条件得到改善、劳动生产率较快增长的前提下，劳动定额才能相应地提高。

第二，违法约定无效。

实行计件工作制的用人单位应当根据法定工时制度和最低工资制度合理确定其劳动定额和计件报酬标准。《关于贯彻执行〈中华人民共和国劳动法〉若干问题的意见》第五十六条规定："在劳动合同中，双方当事人约定的劳动者在未完成劳动定额或承包任务的情况下，用人单位可低于最低工资标准支付劳动者工资的条款不具有法律效力。"

第三，不得变相加班。

我国《劳动法》明确规定了劳动者每日工作时间不得超过8小时、平均每周工作时间不得超过40小时的工时制度。用人单位延长工作时间应当与工会和劳动者协商后方可进行,而且应依法支付相应的加班工资报酬。用人单位不得通过采用计件工资制来不断地提高劳动定额的方法迫使劳动者加班加点,变相延长劳动时间克扣工资,以规避法律规定实现其降低用工成本、赚取超额利润的目的。

(五) 赔偿责任

 因劳动者的过错导致用人单位经济损失的赔偿责任

小刚是A燃料厂的技术员,双方在劳动合同中约定:职工方若因自己的失误使单位遭受损失的,应按照实际损失额进行赔偿;如果职工无力赔偿,则扣发工资进行抵偿。年底时,多数工人放假了,A燃料厂让小刚留下来继续工作。由于人手不够,小刚在调料的过程中手忙脚乱地把原料放错了,导致发生了一场火灾,造成3万多元的损失。A燃料厂经研究后作出如下处理:小刚赔偿因自己的工作失误给单位造成的损失,若无力赔偿,则以其工资逐月相抵。之后,小刚每月的工资全部都被扣发,致使小刚全家的生活出现了严重的困难。小刚愿意承担赔偿责任,但是不知道A燃料厂扣发自己全月工资的做法是否合法。

工作任务

(1) 请你熟悉本案的案情,并分析这3万多元的损失应当如何承担。
(2) 请你解读我国关于劳动者的过错导致用人单位经济损失的赔偿责任的法律规定。
(3) 作为用人单位的人力资源管理工作人员,请你根据法律规定设计本案赔偿责任的具体办法。

劳动合同履行中的赔偿责任分为因劳动者的过错导致用人单位损失的赔偿责任和因用人单位的过错导致劳动者损失的赔偿责任。

《工资支付暂行规定》第十六条规定:"因劳动者本人原因给用人单位造成经济损失的,用人单位可按照劳动合同的约定要求其赔偿经济损失。经济损失的赔偿,可从劳动者本人的工资中扣除。但每月扣除的部分不得超过劳动者当月工资的20%。若扣除后的剩余工资部分低于当地月最低工资标准,则按最低工资标准支付。"

二、支付令的应用

 首例劳动报酬支付令案,副总讨回欠薪20万元

周先生进入A房地产开发集团公司(以下简称A公司)工作,并且一直担任主管行政工作的副总经理一职。不料,随着房地产市场的持续波动,A公司内部管理不善,经营举步维艰,一直处于入不敷出的状态。身为副总经理的周先生也受到了一定程度的影响,由于A公司不能正常地支付工资,1年只发放两三千元的生活费,导致周先生难以度日。2008年3月,已拖欠周先生工资2年有余的A公司在周先生的要求下写了一份承诺书,承诺在当年4月4日前支付拖欠周先生2年多的工资共计20万元。可是,周先

生等了多日,发现A公司并无意支付自己的工资,眼看自己工作多年的心血要打水漂,他再也坐不住了。2008年4月14日,周先生向当地人民法院提出支付令申请。人民法院在立案后第四天即发出首例支付令:A公司自收到支付令之日起15日内,支付周先生2005年11月至2008年3月的工资共计20万元及承担相关的诉讼费用。

工作任务

(1) 根据法律规定,请你罗列申请支付令需要提供的证据材料,并分析在本案中申请劳动报酬支付令的证据材料是否成立。
(2) 请你解读《劳动合同法》《劳动争议调解仲裁法》中关于支付令的法律规定。
(3) 作为劳动者,请你根据本案的案情编写一份劳动报酬支付令申请书。
(4) 作为用人单位的人力资源管理工作人员,请你与本案中的劳动者周先生沟通协商有关事宜。

支付令是指人民法院依照《中华人民共和国民事诉讼法》(以下简称《民事诉讼法》)规定的督促程序,根据债权人的申请,向债务人发出的限期履行给付金钱或有价证券的法律文书。它是起诉之前的一种快捷和低成本的法律救济方式。债权人对拒不履行义务的债务人,可以直接向有管辖权的基层人民法院申请发布支付令,通知债务人履行债务。债务人在收到支付令之日起15日内不提出异议又不履行支付令的,债权人可以直接申请人民法院强制执行。

《劳动合同法》将民事诉讼中的支付令制度引入劳动争议,其中第三十条第二款规定:"用人单位拖欠或者未足额支付劳动报酬的,劳动者可以依法向当地人民法院申请支付令,人民法院应当依法发出支付令。"也即人民法院根据劳动者的申请,通过向欠薪的用人单位发出支付令的方式,催促用人单位限期清偿所欠劳动报酬的法律制度。据此,劳动者在用人单位拖欠劳动报酬证据确凿无疑的前提下,无须经过劳动仲裁前置程序,即可直接向人民法院申请支付令,可以在较快的时间内得到权利保障。

《劳动争议调解仲裁法》第十六条也首次将支付令纳入劳动仲裁制度中:"因支付拖欠劳动报酬、工伤医疗费、经济补偿或者赔偿金事项达成调解协议,用人单位在协议约定期限内不履行的,劳动者可以持调解协议书依法向人民法院申请支付令。人民法院应当依法发出支付令。"

三、劳动合同的变更

 用人单位行使用工自主权合法调整劳动者的工作岗位和工作地点

孙某于2017年8月入职A模具公司,双方签订了无固定期限劳动合同,约定孙某的工作地点为某直辖市,岗位为后勤辅助岗,工作内容为财务、预算管理和其他行政性工作。双方还约定:模具公司可以根据生产经营的需要,对孙某的工作岗位、工作内容及工作地点进行调整。入职后,孙某被安排在A模具公司位于某城区的开发中心从事财务、人事等辅助性工作。2019年7月1日,基于公司生产经营和管理的需要,为减轻各

开发中心的工作负担,A 模具公司将各开发中心的财务工作统一转回公司总部的财务部门统一管理。为此,孙某办理了开发中心全部财务凭证的交接工作。A 模具公司与孙某进行沟通和协商,提出安排其到开发中心的其他岗位工作,但被孙某拒绝了。之后,A 模具公司安排孙某到位于相邻城区的公司总部从事与人事相关的工作。7 月底,孙某要求 A 模具公司将其调回原工作岗位和原工作地点,双方由此发生争议。于是,孙某申请劳动仲裁,要求 A 模具公司按原工作岗位和原工作地点继续履行劳动合同。劳动争议仲裁委员会裁决驳回孙某的仲裁请求。

 工作任务

(1)请你分析：A 模具公司对孙某调整工作岗位和工作地点的行为是否属于合法行使用工自主权?

(2)请你解读我国关于用人单位合法变更劳动合同的法律规定。

(3)假设你是用人单位的人力资源工作人员,请你设计一份用人单位单方变更劳动合同的工作流程。

(一)劳动合同变更的法律规定与类型

劳动合同的变更是指双方当事人或单方依法修改或补充劳动合同内容的法律行为。劳动合同的变更发生于劳动合同生效或成立后尚未履行或尚未完全履行期间,是对劳动合同所约定的权利和义务的完善和发展,是确保劳动合同全面履行和劳动过程顺利实现的重要手段。

1. 劳动合同变更的法律规定

(1)劳动合同变更的一般规定。

《劳动合同法》第三十五条规定:"用人单位与劳动者协商一致,可以变更劳动合同约定的内容。变更劳动合同,应当采用书面形式。变更后的劳动合同文本由用人单位和劳动者各执一份。"根据《最高人民法院关于审理劳动争议案件适用法律问题的解释(一)》第四十三条的规定,用人单位与劳动者协商一致变更劳动合同,虽未采用书面形式,但已经实际履行了口头变更的劳动合同超过 1 个月,变更后的劳动合同内容不违反法律、行政法规且不违背公序良俗,当事人以未采用书面形式为由主张劳动合同变更无效的,人民法院不予支持。

(2)劳动合同变更的特殊规定。

《劳动合同法》第三十三条规定:"用人单位变更名称、法定代表人、主要负责人或者投资人等事项,不影响劳动合同的履行。"第三十四条规定:"用人单位发生合并或者分立等情况,原劳动合同继续有效,劳动合同由承继其权利和义务的用人单位继续履行。"《劳动合同法实施条例》第十条规定:"劳动者非因本人原因从原用人单位被安排到新用人单位工作的,劳动者在原用人单位的工作年限合并计算为新用人单位的工作年限。原用人单位已经向劳动者支付经济补偿的,新用人单位在依法解除、终止劳动合同计算支付经济补偿的工作年限时,不再计算劳动者在原用人单位的工作年限。"

2. 劳动合同变更的类型

（1）劳动合同变更的一般类型。

劳动合同变更的一般类型是指协商变更,即双方当事人协商一致即可变更。如根据《劳动合同法》第四十条的规定,劳动合同订立时所依据的客观情况发生重大变化,致使劳动合同无法履行的,应当优先选择协商变更劳动合同,未能就变更劳动合同内容达成协议的才可预告辞退。

（2）劳动合同变更的特殊类型。

劳动合同变更的特殊类型是指在一定条件下劳动合同的单方变更,但这种单方变更必须具有"充分的合理性"。"充分的合理性"包括的情形主要有：

① 劳动者患病或者非因工负伤,在规定的医疗期满后不能从事原工作时,用人单位可以另行安排工作,该变更为合法；

② 劳动者不能胜任原工作时,用人单位可以调整其工作岗位,该变更为合法；

③ 用人单位与掌握商业秘密的职工在劳动合同中约定保守商业秘密有关事项时,可以约定在劳动合同终止前或该职工提出解除劳动合同后的一定时间内（不超过6个月的脱密期）,调整其工作岗位,变更劳动合同中的相关内容；

④ 因劳动者违纪违章,用人单位可采用撤职、降级、降薪等纪律处分形式而变更劳动合同。

（二）用人单位的变更的主要情形

用人单位的变更一般是指用人单位的合并和用人单位的分立两种情形。《劳动合同法》第三十四条规定："用人单位发生合并或者分立等情况,原劳动合同继续有效,劳动合同由承继其权利和义务的用人单位继续履行。"《公司法》第一百七十四条规定："公司合并时,合并各方的债权、债务,应当由合并后存续的公司或者新设的公司承继。"

1. 用人单位的合并

合并是指两个以上的用人单位合并为一个用人单位。合并包括吸收合并和新设合并。

（1）吸收合并。

吸收合并是指一个用人单位吸收其他的用人单位,被吸收的用人单位解散,劳动合同的权利和义务由吸收的用人单位承继。

（2）新设合并。

新设合并是指两个以上用人单位合并成为一个新的用人单位,原用人单位解散,劳动合同的权利和义务由新的用人单位承继。

2. 用人单位的分立

分立是指一个用人单位分成两个或两个以上的用人单位。分立包括存续分立和解散分立。

（1）存续分立。

存续分立是指用人单位分出一个或一个以上新的用人单位,原用人单位继续存在,劳动合同由承继其权利和义务的用人单位继续履行。

（2）解散分立。

解散分立是指一个用人单位分成两个或两个以上新的用人单位，原用人单位解散，劳动合同由承继其权利和义务的新用人单位继续履行。

因此，在用人单位分立、合并的情况下，虽然劳动合同的主体发生了变化，但原劳动合同继续有效，劳动者的权利和义务、用人单位的权利和义务均不发生变化，劳动关系双方当事人仍然按照原劳动合同确定的权利和义务继续履行。

（三）用人单位变更前劳动争议当事人的确定

根据《最高人民法院关于审理劳动争议案件适用法律问题的解释（一）》第二十六条的规定，用人单位与其他单位合并的，合并前发生的劳动争议，由合并后的单位为当事人；用人单位分立为若干单位的，其分立前发生的劳动争议，由分立后的实际用人单位为当事人。用人单位分立为若干单位后，具体承受劳动权利义务的单位不明确的，分立后的单位均为当事人。

（四）劳动合同变更在实践中的应用问题

典型案例 2-16　未经协商而变更劳动合同的争议

王女士与某国际知名企业 A 公司签订了无固定期限劳动合同。劳动合同约定：每月最后一天为发薪日；每年年底支付与税前月基本工资等额的第 13 个月的薪金；A 公司有权根据工作需要随时调整王女士的工作内容或工作岗位。入职 1 年后，A 公司对劳动合同的部分条款进行变更，并向王女士等人送达了一封通知函，其中载明劳动合同的部分内容调整为：次年度税前基本工资包括"第 13 个月的薪金"；从本年度起第 13 个月的薪金将改为次年春节支付；新的整体薪酬将代替现有劳动合同中的相应条款。王女士收到该通知函后未表达意见。同年年底，王女士提出辞职，并于元旦后正式离职。同时，王女士向 A 公司提出，按照劳动合同的约定应向其支付第 13 个月的薪金。但 A 公司明确表示拒付第 13 个月的薪金。王女士将 A 公司诉至所在区的劳动争议仲裁委员会，要求 A 公司支付上年度第 13 个月的薪金 1.4 万元。

A 公司认为，原劳动合同对于第 13 个月的薪金发放的相关规定已经改变并且通知了王女士，同时也说明了它将代替现有劳动合同中的相应条款。王女士接到通知函后并未表示异议，应视为其已默认了 A 公司变更劳动合同的行为。劳动争议仲裁委员会支持了王女士的请求，裁决 A 公司应向王女士支付第 13 个月的薪金。A 公司对该裁决不服，起诉至区人民法院。区人民法院经审理后认为，A 公司变更劳动合同的主要内容，属合同重大事项变更，应取得王女士的同意。根据案件的实际情况，区人民法院考虑到用人单位与劳动者之间的关系不同于一般意义的合同中双方当事人的关系，同时从充分、切实保护劳动者的合法权益出发，支持了王女士的诉讼请求。

工作任务

(1) 请你熟悉本案的案情，并分析双方当事人的争议焦点。

(2) 请你解读我国关于劳动合同变更形式、程序的法律规定。

（3）作为用人单位的人力资源管理工作人员，请你根据本案设计与劳动者协商变更劳动合同的工作流程与变更文书。

1. 预约变更劳动合同的法律效力问题

在实践中，一些用人单位为了避免日后可能产生的争议，在订立劳动合同时常与劳动者在劳动合同中约定或者在企业规章制度中明确规定，用人单位有权根据工作需要随时调整劳动者的工作内容或工作岗位，而在实际调整工作岗位时，劳动者往往会觉得这种约定显失公平。对此，比较合理的做法是：既然双方当事人在劳动合同中已经作出了此类约定，那么就应当认可用人单位依据劳动合同享有的用工自主权。但是，为了防止用人单位滥用用工自主权，当双方当事人为此发生争议时，应由用人单位举证证明其调整劳动者工作岗位的充分合理性，否则双方当事人仍应按原劳动合同执行。

2. 判断变更劳动合同的法律效力问题

判断变更劳动合同是否有效，需要考虑三个因素：第一，用人单位有权变更劳动合同的预约规定是否合法合理；第二，关于用人单位有权变更劳动合同的规章制度是否向劳动者公示或告知；第三，变更劳动合同是否经双方协商一致。

根据《最高人民法院关于审理劳动争议案件适用法律问题的解释（一）》第五十条的规定，用人单位根据《劳动合同法》第四条规定，通过民主程序制定的规章制度，不违反国家法律、行政法规及政策规定，并已向劳动者公示的，可以作为确定双方权利义务的依据。用人单位制定的内部规章制度与集体合同或者劳动合同约定的内容不一致，劳动者请求优先适用合同约定的，人民法院应予支持。根据《劳动合同法》第四条的规定，合法有效的劳动规章制度必须符合三点：第一，规章制度必须通过民主程序制定；第二，规章制度不能违反国家法律、行政法规及政策规定；第三，规章制度必须向劳动者公示。否则，规章制度将不能依法生效。

变岗变薪争议的处理流程参见图2-5。

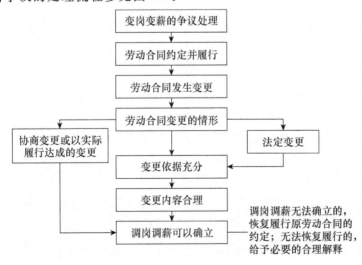

图2-5 变岗变薪争议的处理流程

思考与训练

一、单项选择题

1. 劳动合同履行过程中应当遵循（　　）原则和合法履行原则。
   A. 全面履行 　　　　　　　　　　B. 监督履行、合法履行
   C. 部分履行 　　　　　　　　　　D. 委托履行、合法履行

2. 用人单位变更名称、法定代表人、主要负责人或者投资人等事项，（　　）劳动合同的履行。
   A. 可能影响 　　　　　　　　　　B. 不影响
   C. 一定影响 　　　　　　　　　　D. 法律未规定是否影响

3. （　　）变更劳动合同的行为属于违约行为，应承担相应的法律责任。
   A. 协商一致 　　　　　　　　　　B. 合法理由
   C. 企业搬迁 　　　　　　　　　　D. 单方提出

4. 因劳动者（　　），用人单位可以单方变更劳动合同。
   A. 休病假 　　　　　　　　　　　B. 休产假
   C. 怀孕 　　　　　　　　　　　　D. 不能胜任工作岗位

5. 在劳动者（　　）的情况下，用人单位可以不继续履行劳动合同。
   A. 严重违反企业的规章制度
   B. 参加集体谈判
   C. 参加各级人民代表大会
   D. 担任工会主席

二、拓展训练

▼ 案情简介

绩效考核与末位淘汰的顾虑

A 应用软件公司（以下简称 A 公司）现有职工 200 多人，是该行业具有较大影响力的企业之一。最近，A 公司从美国一家著名的电气公司聘请了一位人力资源副总监艾先生来担任该公司的人力资源总监。艾先生来到 A 公司后提出了一系列人力资源管理方案，其中有一项力度较大的措施是：实行末位淘汰制，即每季度考核一次，对在业绩考核中排在末位的职工，A 公司可以终止其劳动合同。

对于这项措施，A 公司的陶总经理拿不定主意，不知道该不该采用。陶总经理觉得 A 公司的职工普遍表现都很努力，实在很难从中评出考核成绩最差的职工人选来。如果强行评出考核成绩最差的职工，陶总经理觉得他们也不应该被淘汰。但是，在艾先生的人力资源管理方案中，末位淘汰制是一个核心内容，并且在艾先生原来所在的公司此措施经运用后证明是非常有效的。陶总经理不知道该如何是好。

▼ 法理评析

末位淘汰制是指用人单位根据本单位的总体规划和具体目标，结合各个工作岗位的

实际情况,设定一定的考核指标体系,并以此考核指标体系为标准,对一段时期内职工的工作绩效进行考核,然后根据考核结果将在百分比之内的职工从其工作岗位上予以淘汰的一种人力资源管理制度。

用人单位采用末位淘汰制与劳动者解除劳动合同的做法不仅没有法律根据,而且也是违法的。众所周知,订立、变更、解除劳动合同是用人单位与劳动者双方的法律行为,用人单位不可以单方随便决定。职工的考核成绩排在末位有两种可能性:其一,不能胜任工作而处在末位;其二,能胜任工作而处在末位。如果劳动者确因"不能胜任工作,经过培训或者调整工作岗位仍不能胜任工作",用人单位可以提前30日以书面形式通知本人,然后解除与劳动者的劳动合同。但是,如果劳动者完成了用人单位规定的劳动定额,虽然他的考核成绩排在末位,但并不属于"不能胜任工作",也不属于《劳动合同法》规定的用人单位可以解除劳动合同的几种情况。因此,企业不能以劳动者的考核成绩排在末位为由,解除未到期的劳动合同。

《劳动合同法》对用人单位调整工作岗位的权利和解除劳动合同的权利有严格规定。所谓淘汰,即解除劳动合同或者调整工作岗位。"末位"不代表职工违纪,它与《劳动合同法》中的"不能胜任"相似,因此绝不能将二者画等号。换句话说,即使职工不能胜任,企业获得的也只是调整工作岗位的权利,并没有获得解除劳动合同的权利。所以,用人单位以职工的考核成绩排在末位为由解除劳动合同没有法律依据,法律不应当支持。更何况"末位淘汰"是以"末位"排序来代替绩效考核,规避了法律关于"不能胜任"的规定,违背了《劳动合同法》保护劳动者的精神。

另外,用人单位想把"在业绩考核中排在末位"约定为劳动合同终止的条件,也是不允许的。《劳动合同法》第四十四条规定的劳动合同法定终止情形包括:

(1) 劳动合同期满的;
(2) 劳动者开始依法享受基本养老保险待遇的;
(3) 劳动者死亡,或者被人民法院宣告死亡或者宣告失踪的;
(4) 用人单位被依法宣告破产的;
(5) 用人单位被吊销营业执照、责令关闭、撤销或者用人单位决定提前解散的;
(6) 法律、行政法规规定的其他情形。

《劳动合同法实施条例》第十三条明确规定:"用人单位与劳动者不得在劳动合同法第四十四条规定的劳动合同终止情形之外约定其他的劳动合同终止条件。"因此,用人单位与劳动者不得自行约定终止劳动合同的条件。

▼ 法条链接

《劳动合同法实施条例》第十三条:用人单位与劳动者不得在劳动合同法第四十四条规定的劳动合同终止情形之外约定其他的劳动合同终止条件。

学习情境3　劳动合同的解除与终止

教学目标

【能力目标】通过学习,能够依法认定劳动合同解除与终止的条件;能够依法核定解除与终止劳动合同经济补偿;能够规范地编制协商解除劳动合同书;能够规范地办理离职手续;能够依法处理终结劳动合同的争议。

【知识目标】通过学习,能够了解劳动合同解除与终止的不同内涵;熟悉劳动合同解除与终止的法定条件;掌握解除与终止劳动合同经济补偿的核算规律;熟悉办理离职手续的法律规定等。

知识与实践

一、劳动合同的解除与终止概述

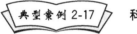 科研员离岗创业期间原单位能否解除劳动合同

2014年12月1日,刘某与A科学院(某地方政府直属事业单位)签订了6年的劳动合同,到A科学院从事科研工作。2017年10月,刘某与A科学院签订离岗协议,并变更劳动合同,约定2017年12月至2020年11月与A科学院保留人事关系,到B企业从事科研创新工作,期间服从B企业的工作安排。2018年9月,刘某公开发表的科研论文被认定存在大量伪造的数据及捏造的事实,造成严重不良的社会影响。按照国家有关规定,A科学院决定给予刘某开除处分,并解除劳动合同。刘某认为自己离岗创业期间与A科学院仅保留人事关系,根据离岗协议及劳动合同的约定,应由B企业进行管理,A科学院无权对自己作出开除处分,遂向劳动争议仲裁委员会申请仲裁,请求裁决A科学院继续履行劳动合同。劳动争议仲裁委员会裁决驳回了刘某的仲裁请求。

工作任务

(1)请你了解本案,并分析刘某离岗创业期间受到开除处分,A科学院能否与其解除劳动合同。

(2)请你解读我国关于劳动合同解除与终止的法律规定。

(一)劳动合同解除与劳动合同终止的概念和区别

1. 劳动合同解除

劳动合同解除是指劳动合同订立后,尚未全部履行前,由于某种原因导致劳动合同

一方或者双方当事人提前消灭劳动关系的法律行为。通过解除行为,可以使已经生效或成立的劳动合同在劳动合同期限届满之前或当事人丧失主体资格之前终止,从而实现当事人特定的目的。

2. 劳动合同终止

劳动合同终止是指劳动合同所确立的劳动关系因劳动合同解除以外的法律事实而消灭。

3. 劳动合同解除与劳动合同终止的区别

劳动合同解除与劳动合同终止是劳动合同效力和劳动合同关系消灭的两种形式。

(1)解除是劳动合同的提前消灭。就固定期限劳动合同而言,是在合同目的完全实现之前,并且合同双方当事人仍具备法律资格时终止。而终止则是劳动合同因期满、合同目的的实现或当事人资格丧失而终止。

(2)解除必须经双方当事人协商一致或一方当事人依法行使解除权。而终止则是在一定法律事实出现后无须双方当事人合意和任何一方专门作出终止劳动合同的意思表示,只需当事人在具备终止的法定事由时无延续劳动关系的意思表示即可。

(二)劳动合同解除的类别

 **劳动者拒绝用人单位违章指挥、强令冒险作业被开除**

向某在 A 建筑公司的一个建筑工地上担任班长。最近,向某所在的班组因起重设备不足,未能按期完成工作任务,耽误了工程的整体进度,A 建筑公司依据《工程进度考核奖惩办法》扣减了向某和其所在班组的奖金。

向某对自己和本班组被扣奖金一事感到委屈,他向 A 建筑公司的经理反映:"延误工期不是我们工人的错,而是起重机不够用造成的。如果公司不给我们增加设备,下一阶段的工期还会延误,到时候别又扣我们的奖金。""缺设备好办,我给你们解决。"经理在当天下午就从另外一家建筑公司租来了一台起重机:"给你们增加了这台起重机后,如果还延误工程进度,我看你们还有什么话说?"

第二天,向某发现公司租来的起重机是一台常年停用的老设备,许多地方出现锈蚀,钢丝绳也有轻微损伤,于是就请求经理安排专业人士对这台起重机进行检查。"你是不是就想让工程进度延误呀?"经理生气地对他说:"你说起重机不够用,我马上给你增加,可你又要检查设备,你是什么意思?如果你不想干就明说好了!"

向某也是个脾气很倔强的人,抱定了"不检查起重机,我们坚决不用"的态度,任凭经理怎么说、怎么着急,他也不使用那台租来的起重机。

眼看工程进度加快不了,而交工日期越来越近,公司领导在情急之下以向某违反劳动合同约定的义务为由,依据 A 建筑公司的规章制度,决定给予向某开除处分,解除其劳动合同。

向某不服,向当地的劳动争议仲裁委员会申请仲裁,请求裁决撤销 A 建筑公司的开除决定。劳动争议仲裁委员会经过立案、审理,作出裁决,撤销了 A 建筑公司对向某作出的开除决定,恢复双方的劳动关系,双方应继续履行劳动合同。

工作任务

(1) 请你熟悉本案的案情,并分析本案的争议焦点。
(2) 请你解读我国关于用人单位违章指挥与劳动者劳动合同履行权利的法律规定。
(3) 请你为本案中的向某编写一份劳动争议仲裁申请书。

从不同的角度,劳动合同的解除可以进行以下理论分类:

1. 协议解除与单方解除

(1) 协议解除。

协议解除是指劳动合同经双方当事人协商一致而解除。

(2) 单方解除。

单方解除是指享有单方解除权的当事人以单方意思表示解除劳动合同,也即当事人依法享有的,无须对方当事人同意而单方决定解除劳动合同的权利。

2. 法定解除与约定解除

(1) 法定解除。

法定解除是指劳动者或用人单位在法定条件下,单方解除劳动合同。

(2) 约定解除。

约定解除是指劳动者或用人单位在符合集体合同或劳动合同依法约定的条件情况下,单方解除劳动合同,其中不得违反我国法律的禁止性或限制性规定。

3. 过失性解除与无过失性解除

(1) 过失性解除。

过失性解除是指由于对方当事人的过错行为而导致劳动合同解除,其中有过错解除条件由法律规定。

(2) 无过失性解除。

无过失性解除是指在对方当事人无过错行为或其过错行为轻微的情况下单方解除劳动合同。

4. 劳动者单方解除劳动合同

(1) 预告辞职。

预告辞职是指劳动合同尚未到期,劳动者单方提前通知用人单位解除劳动合同的离职行为。

(2) 即时辞职。

即时辞职是指劳动者无须向用人单位提前预告就可以随时离职的行为。

5. 用人单位单方解除劳动合同

(1) 即时辞退。

即时辞退是指用人单位无须向劳动者预告或额外支付劳动者工资就可以随时通知

将其辞退。

（2）预告辞退。

预告辞退是指用人单位经向劳动者预告后辞退劳动者。

（3）通知工会。

通知工会是指用人单位单方解除劳动合同,应当事先将理由通知工会。用人单位违反法律、行政法规规定或者劳动合同约定的,工会有权要求用人单位纠正。用人单位依法单方解除劳动合同但未事先通知工会,劳动者可以以用人单位违法解除劳动合同为由请求用人单位支付赔偿金,但在请求法律救济前用人单位补正有关程序的除外。

（三）单方解除劳动合同的法定事由

1. 劳动者单方解除劳动合同的法定事由

 **如何正确地行使辞职权**

方某与 A 通用机械厂（以下简称 A 厂）签订了劳动合同,双方约定劳动合同的期限为 5 年。劳动合同履行 2 年后,A 厂以方某在第一季度劳动纪律松懈、经常迟到早退,符合 A 厂关于迟到早退扣发奖金的规定为由,发文扣发其第一季度的奖金 1600 元。方某随即向 A 厂提出异议,没有得到 A 厂的回应,因此他拒不上班。数日后,方某以 A 厂扣发自己的奖金为由,书面申请辞职,并要求 A 厂支付相应的经济补偿。A 厂则以方某无故旷工 10 天、严重违反工厂的劳动纪律为由,决定解除其劳动合同,并不支付其解除劳动合同经济补偿。方某不服,向当地的劳动争议仲裁委员会申请仲裁。劳动争议仲裁委员会审理此案后,没有支持方某的仲裁请求。

工作任务

（1）请你分析本案中当事人的辞职申请与辞退决定的合法性。

（2）请你解读我国关于劳动者单方解除劳动合同的法律规定。

（3）作为劳动者,请你根据本案的案情规范地编写一份辞职申请书。

（4）作为用人单位的人力资源管理工作人员,请你针对违纪行为和解除劳动合同编写一份处理方案,要注意每个环节的合法性。

 **因用人单位克扣或拖欠工资而解除劳动合同**

叶某进入 A 公司从事设计工作已有 5 年。一日,叶某以 A 公司经常拖欠自己的工资为由与 A 公司解除了劳动合同,A 公司将叶某的工资支付至当日。经 A 公司的领导签字确认后,叶某正式离职。叶某认为,A 公司经常拖欠自己的工资,应按法律规定向其支付经济补偿。A 公司则认为,叶某是在个人提出离职的情况下与单位解除劳动合同的,根据《劳动合同法》的规定,劳动者提出协商解除劳动合同的,单位不应当支付经济补偿。叶某遂诉至当地的劳动争议仲裁委员会。劳动争议仲裁委员会经审理后作出

裁决，A 公司应向叶某支付解除劳动合同的经济补偿。A 公司不服裁决，诉至人民法院。一审人民法院判决 A 公司给付叶某解除劳动合同的经济补偿 22 865 元。A 公司不服一审判决提起上诉，后二审人民法院维持了原判。

> **工作任务**
>
> （1）请你熟悉本案的案情，并分析劳动者解除劳动合同的合法性，A 公司是否应当支付经济补偿。
> （2）请你了解我国关于劳动者因用人单位的过错而单方解除劳动合同的法律规定。
> （3）假设你是劳动争议调解员，请你为叶某设计解除劳动合同经济补偿的法律依据和经济补偿的核算方案。

劳动者单方解除劳动合同的法定事由主要是指《劳动合同法》第三十六条至第三十八条和《劳动合同法实施条例》第十八条规定的情形：

(1) 劳动者与用人单位协商一致的；
(2) 劳动者提前 30 日以书面形式通知用人单位的；
(3) 劳动者在试用期内提前 3 日通知用人单位的；
(4) 用人单位未按照劳动合同约定提供劳动保护或者劳动条件的；
(5) 用人单位未及时足额支付劳动报酬的；
(6) 用人单位未依法为劳动者缴纳社会保险费的；
(7) 用人单位的规章制度违反法律、法规的规定，损害劳动者权益的；
(8) 用人单位以欺诈、胁迫的手段或者乘人之危，使劳动者在违背真实意思的情况下订立或者变更劳动合同的；
(9) 用人单位在劳动合同中免除自己的法定责任、排除劳动者权利的；
(10) 用人单位违反法律、行政法规强制性规定的；
(11) 用人单位以暴力、威胁或者非法限制人身自由的手段强迫劳动者劳动的；
(12) 用人单位违章指挥、强令冒险作业危及劳动者人身安全的；
(13) 法律、行政法规规定劳动者可以解除劳动合同的其他情形。

2．用人单位单方解除劳动合同的法定事由

典型案例 2-21　王某诉上海家化高管争议

王某于 2004 年 1 月 1 日进入上海家化，担任副总经理一职，从 2012 年 12 月 18 日起担任总经理一职。2013 年 11 月 19 日，王某与上海家化签订了无固定期限劳动合同，合同约定王某每月的工资为税前 5.19 万元。从 2014 年 3 月起，王某的月工资调整为 54 495 元。2014 年 5 月 13 日，上海家化以"总经理王某的工作责任心不强，导致普华永道对公司出具了否定意见的审计报告，这严重违反了公司的规章制度。这份审计报告受到新闻媒体的负面报道，给公司造成了恶劣影响，对公司的形象及名誉造成重大损害"为由解除了劳动合同。6 月 24 日，王某诉上海家化的劳动仲裁在上海市虹口区劳动争议仲裁委员会开庭审理。王某请求恢复其与上海家化之间的劳动关系，并要求对方赔偿自己被违法解除劳动合同期间的工资损失。上海市虹口区劳动争议仲裁委员会对王某要求与上海家化恢复劳动关系的请求予以支持,并要求上海家化在裁决书生效7日内向王某支付恢复劳动关系期间的工资,共计42 355.17元。

工作任务

(1) 请你分析本案的争议焦点,你认为本案具体应该适用什么法律规定。

(2) 请你解读我国关于用人单位单方解除劳动合同的法律规定。

(3) 作为用人单位的人力资源管理工作人员,请你设计一套处理严重违纪行为与解除劳动合同的工作流程方案。

典型案例2-22 用人单位因劳动者"不能胜任工作"而解除劳动合同

小张进入A广告设计公司(以下简称A公司)从事广告宣传策划工作,双方签订了一份为期3年的劳动合同,并约定试用期为3个月。顺利地通过试用期后,小张的工作也慢慢步入正轨,并且渐入佳境,在短短的半年时间里,他便为A公司完成了价值上百万元的业务量。

在工作能力得到认可后,A公司分配给小张一个颇具难度的广告宣传计划,并要求由他独立完成,与此同时,他还需要协助自己的上级主管完成公司里其他的工作业务。然而,小张毕竟只是一个刚刚从学校毕业没有多久的新人,再加上平时的工作任务也十分繁重,由他负责的广告宣传计划因漏洞百出、想法不切实际而最终流产。A公司对小张的表现十分不满。一天,小张突然收到了A公司发出的解除劳动合同通知书,要求小张自接到该通知书后立即到相关部门办理离职交接手续,A公司愿意额外支付1个月的工资作为提前30日通知期的月工资,解聘理由为他不能胜任工作。对于A公司的做法,小张无法接受,他认为自己平时工作得十分出色,现在仅仅只是一次工作任务未完成,怎么就变成了不能胜任工作?A公司怎么能因此就将自己解聘了呢?小张遂向劳动争议仲裁委员会申请仲裁,要求确认A公司解除劳动合同的行为违法并支付相应的经济赔偿。

在开庭审理的过程中,小张向劳动争议仲裁委员会提交了自己的岗位职责、平时工作任务分配、完成情况等书面材料,以及一张由A公司相关领导签字确认的评价小张在试用期内工作表现为"优秀"的考核表;而A公司则提交了小张设计的广告宣传计划以及未能完成这次工作任务的证明材料,由此证明小张不能胜任工作。最终,劳动争议仲裁委员会认为A公司解除劳动合同的行为缺乏法律依据,因此裁决支持了小张的仲裁请求。

工作任务

(1) 请你熟悉本案的案情,并分析双方当事人的争议焦点。

(2) 请你解读我国关于劳动者不能胜任工作岗位,用人单位与其解除劳动合同的法律规定,并明确用人单位支付经济补偿的核定办法。

(3) 作为用人单位的人力资源管理工作人员,请你为本案中小张的工作岗位设计一份岗位说明书,以此作为判断相关人员是否胜任该工作岗位的认定标准。

用人单位单方解除劳动合同的法定事由主要是指《劳动合同法》第三十九条至第四十二条和《劳动合同法实施条例》第十九条规定的情形:

(1) 用人单位与劳动者协商一致的;
(2) 劳动者在试用期间被证明不符合录用条件的;
(3) 劳动者严重违反用人单位的规章制度的;
(4) 劳动者严重失职,营私舞弊,给用人单位造成重大损害的;
(5) 劳动者同时与其他用人单位建立劳动关系,对完成本单位的工作任务造成严重影响,或者经用人单位提出,拒不改正的;
(6) 劳动者以欺诈、胁迫的手段或者乘人之危,使用人单位在违背真实意思的情况下订立或者变更劳动合同的;
(7) 劳动者被依法追究刑事责任的;
(8) 劳动者患病或者非因工负伤,在规定的医疗期满后不能从事原工作,也不能从事由用人单位另行安排的工作的;
(9) 劳动者不能胜任工作,经过培训或者调整工作岗位,仍不能胜任工作的;
(10) 劳动合同订立时所依据的客观情况发生重大变化,致使劳动合同无法履行,经用人单位与劳动者协商,未能就变更劳动合同内容达成协议的;
(11) 用人单位依照《企业破产法》规定进行重整的;
(12) 用人单位的生产经营发生严重困难的;
(13) 企业转产、重大技术革新或经营方式调整,经变更劳动合同后,仍需裁减人员的;
(14) 其他因劳动合同订立时所依据的客观经济情况发生重大变化,致使劳动合同无法履行的。

(四) 劳动合同解除的法律干预

 公司裁员的争议

2008年5月,钟某等24人到A外资公司(以下简称A公司)工作。2015年5月,他们与A公司续订了无固定期限劳动合同。2019年3月,A公司以企业经营发生严重困难为由开始部署经济性裁员工作,并严格按照法律程序进行,于2019年4月一次性裁员50人,其中包括钟某等24人。2019年6月,A公司与某劳务派遣公司签订了劳务用工派遣协议,该劳务派遣公司于2019年7月开始向A公司派遣劳务用工。钟某等24人认为A公司在裁员时的生产经营状况良好,不具备裁员的条件,其行为严重违法。

于是,钟某等24人向劳动争议仲裁委员会提出仲裁申请,请求:

(1) 确认A公司系非法解除钟某等24名职工的劳动合同,裁决A公司支付钟某等24名职工从违法解除劳动合同至申请仲裁时的工资并补缴各项社会保险费;
(2) 裁决向钟某等24名职工支付违法解除劳动合同的经济赔偿;

(3) 要求重新回 A 公司上班。

工作任务

(1) A 公司解除与宋某等 24 名职工的劳动合同的行为是否合法？理由是什么？
(2) 宋某等 24 名职工可否要求重新回 A 公司上班？理由是什么？
(3) 请你结合案情和当事人的诉求，根据有关法律、法规及政策，提出处理意见，并说明理由和依据。

1. 裁员制度
(1) 裁员的含义。

裁员是指用人单位一次性预告辞退部分劳动者，并以此作为改善生产经营状况的一种手段。裁员是预告辞退和无过失性解除的一种特殊形式。根据《劳动合同法》第四十一条的规定，裁员制度仅限于规模裁员，即一次性裁减 20 人以上或者裁减不足 20 人但占企业职工总数 10% 以上的。

(2) 裁员的许可性条件。

根据《劳动合同法》第四十一条的规定，裁员的许可性条件包括：
① 依照《企业破产法》规定进行重整的；
② 生产经营发生严重困难的；
③ 企业转产、重大技术革新或者经营方式调整，经变更劳动合同后，仍需裁减人员的；
④ 其他因劳动合同订立时所依据的客观经济情况发生重大变化，致使劳动合同无法履行的。

(3) 裁员的法定程序。

裁员的法定程序包括：
① 用人单位提前 30 日向工会或全体职工说明情况；
② 用人单位提出裁减方案并征求工会或全体职工的意见；
③ 用人单位向当地劳动行政部门报告裁减人员方案；
④ 用人单位公布裁减方案，办理解除劳动合同手续等。

(4) 裁员时应当优先留用的人员。

用人单位在裁员时应当优先留用的人员包括：
① 与本单位订立较长期限的固定期限劳动合同的；
② 与本单位订立无固定期限劳动合同的；
③ 家庭无其他就业人员，有需要扶养的老人或者未成年人的。

2. 禁止解除劳动合同的强制性规定

用人单位单方解除劳动合同或裁员时，不得解除以下人员的劳动合同：
(1) 从事接触职业病危害作业的劳动者未进行离岗前职业健康检查，或者疑似职业病病人在诊断或者医学观察期间的；
(2) 在本单位患职业病或者因工负伤并被确认丧失或者部分丧失劳动能力的；

(3) 患病或者非因工负伤,在规定的医疗期内的;
(4) 女职工在孕期、产期、哺乳期的;
(5) 在本单位连续工作满15年,且距法定退休年龄不足5年的;
(6) 法律、行政法规规定的其他情形。

3. 工会对用人单位单方解除劳动合同的干预

《劳动合同法》《劳动法》和《中华人民共和国工会法》(以下简称《工会法》)均明确规定,用人单位单方解除劳动合同,应当事先将理由通知工会。用人单位违反法律、行政法规规定或者劳动合同约定的,工会有权要求用人单位纠正。用人单位应当研究工会的意见,并将处理结果书面通知工会。

4. 通知期工资或者额外支付1个月工资的限定

用人单位因劳动者医疗期满、不能胜任工作岗位以及客观经济情况发生重大变化导致劳动合同不能继续履行而依据《劳动合同法》第四十条规定解除劳动合同的,应当提前30日以书面形式通知劳动者本人或者额外支付劳动者1个月工资后,方可解除劳动合同。其中,提前30日通知期的工资是指解除劳动合同通知后30日内用人单位应当支付的工资,可以按当月实际工资水平支付。额外支付1个月的工资是指该劳动者上一个月的工资标准。

劳动合同解除争议的处理流程参见图2-6。

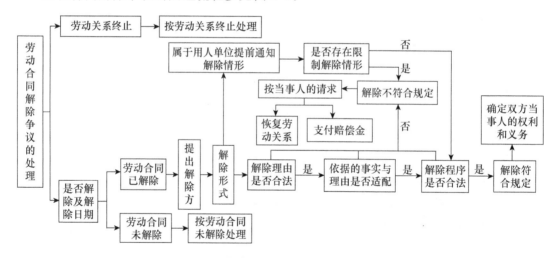

图2-6 劳动合同解除争议的处理流程

(五) 劳动合同终止

典型案例2-24 医疗期内终止劳动合同的争议

鲁某与A物业公司签订了从2014年5月19日起至2017年5月31日止的劳动合同,他的职务为总部高级品质管理主任,每个月的工资为1.24万元。2016年8月22日,鲁某因患恶性肿瘤入院接受手术治疗,连续休病假至2017年2月4日。2017年2月6日,鲁某回A物业公司上班。2017年5月16日,鲁某请假赴医院就诊,医院为他开具了 2017 年 5 月 16 日至 2017 年 8 月 2 日的病情证明单。2017 年 5 月 31 日,A 物业公司向鲁某出具了《不续订通知书》,告知双方签订的劳动合同于 2017 年 5 月 31 日到期终止。鲁某当即提出自己正处于医疗期,劳动合同的期限应当顺延至医疗期满,A 物业公司对此不予认可。之后,鲁某申请劳动仲裁,要求恢复劳动关系并按离职前月收入 1.24 万元的标准支付相应期间的病假工资。劳动争议仲裁委员会裁决,对鲁某的仲裁请求不予支持。因鲁某不服仲裁裁决,于是向人民法院提起诉讼。

工作任务

(1) 鲁某在医疗期内,A 物业公司能以劳动合同期满为由解除劳动合同吗?
(2) 请你解读《劳动合同法》中关于禁止解除及延期保护的法律规定。
(3) 你认为本争议应当如何处理。

劳动合同终止是指劳动合同所确立的劳动关系因劳动合同期满、目的实现或当事人资格丧失等法律事实而消灭。

1. 劳动合同终止的法定事由

《劳动合同法》第四十四条规定的终止情形包括:
(1) 劳动合同期满的;
(2) 劳动者开始依法享受基本养老保险待遇的;
(3) 劳动者死亡,或者被人民法院宣告死亡或者宣告失踪的;
(4) 用人单位被依法宣告破产的;
(5) 用人单位被吊销营业执照、责令关闭、撤销或者用人单位决定提前解散的;
(6) 法律、行政法规规定的其他情形。

另外,《劳动合同法实施条例》补充规定,在下列情形下,用人单位可以终止劳动关系:
(1) 用工之日起 1 个月内,经用人单位书面通知,劳动者拒绝订立书面劳动合同的;
(2) 用工之日起超过 1 个月不满 1 年,劳动者拒绝订立书面劳动合同的;
(3) 劳动者达到法定退休年龄的;
(4) 以完成一定工作任务为期限的劳动合同因任务完成的。

2. 劳动合同延期终止的特殊情形

劳动合同期满时,因存在法定特殊情形,劳动合同应当延续至相应法定特殊情形消失时终止,它是劳动合同期满终止的例外规定。根据《劳动合同法》第四十二条和第四十五条的规定,劳动合同延期终止的法定事由包括:
(1) 从事接触职业病危害作业的劳动者未进行离岗前职业健康检查,或者疑似职业病病人在诊断或者医学观察期间的;
(2) 在本单位患职业病或者因工负伤并被确认丧失或者部分丧失劳动能力的;
(3) 患病或者非因工负伤,在规定的医疗期内的;
(4) 女职工在孕期、产期、哺乳期的;

(5) 在本单位连续工作满15年,且距法定退休年龄不足5年的;

(6) 法律、行政法规规定的其他情形。如《工会法》第十八条规定:"基层工会专职主席、副主席或者委员自任职之日起,其劳动合同期限自动延长,延长期限相当于其任职期间;非专职主席、副主席或者委员自任职之日起,其尚未履行的劳动合同期限短于任期的,劳动合同期限自动延长至任期期满。但是,任职期间个人严重过失或者达到法定退休年龄的除外。"

3. 禁止自行约定终止条件

《劳动合同法实施条例》第十三条明确规定,用人单位与劳动者不得在《劳动合同法》第四十四条法规的劳动合同终止情形之外约定其他的劳动合同终止条件。因此,即使用人单位与劳动者自愿约定其他终止条件的,该约定也无效。

劳动合同终止争议的处理流程参见图2-7。

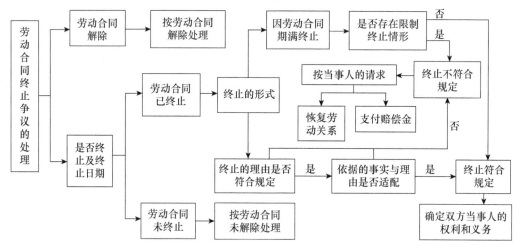

图2-7 劳动合同终止争议的处理流程

(六) 被派遣劳动者被解除劳动合同与被退回

1. 劳务派遣单位解除劳动合同

被派遣劳动者有以下情形之一的,用工单位可以将劳动者退回劳务派遣单位,劳务派遣单位可以依照《劳动合同法》规定解除被派遣劳动者的劳动合同:

(1) 在试用期间被证明不符合录用条件的;

(2) 严重违反用人单位的规章制度的;

(3) 严重失职,营私舞弊,给用人单位造成重大损害的;

(4) 劳动者同时与其他用人单位建立劳动关系,对完成本单位的工作任务造成严重影响,或者经用人单位提出,拒不改正的;

(5) 劳动者以欺诈、胁迫的手段或者乘人之危,使劳务派遣单位在违背真实意思的情况下订立或者变更劳动合同的;

(6) 被依法追究刑事责任的;

(7) 劳动者患病或者非因工负伤,在规定的医疗期满后不能从事原工作,也不能从事由用人单位另行安排的工作的;

(8) 劳动者不能胜任工作,经过培训或者调整工作岗位,仍不能胜任工作的。

2．用工单位退回被派遣劳动者

有以下情形之一的,用工单位可以将被派遣劳动者退回劳务派遣单位:

(1) 劳动合同订立时所依据的客观情况发生重大变化,致使劳动合同无法履行,经用人单位与劳动者协商,未能就变更劳动合同内容达成协议的;

(2) 依照《企业破产法》规定进行重整的;

(3) 生产经营发生严重困难的;

(4) 企业转产、重大技术革新或者经营方式调整,经变更劳动合同后,仍需裁减人员的;

(5) 其他因劳动合同订立时所依据的客观经济情况发生重大变化,致使劳动合同无法履行的;

(6) 用人单位被依法宣告破产、吊销营业执照、责令关闭、撤销、决定提前解散或者经营期限届满不再继续经营的;

(7) 劳务派遣协议期满终止的。

被派遣劳动者因上述情形被用工单位退回,劳务派遣单位重新派遣时维持或者提高劳动合同约定条件,被派遣劳动者不同意的,劳务派遣单位可以解除劳动合同。

被派遣劳动者因上述情形被用工单位退回,劳务派遣单位重新派遣时降低劳动合同约定条件,被派遣劳动者不同意的,劳务派遣单位不得解除劳动合同,但被派遣劳动者提出解除劳动合同的除外。

被派遣劳动者被用工单位退回后在无工作期间,劳务派遣单位应当按照不低于所在地人民政府规定的最低工资标准,向其按月支付报酬。

3．协商安置被派遣劳动者

劳务派遣单位被依法宣告破产、吊销营业执照、责令关闭、撤销、决定提前解散或者经营期限届满不再继续经营的,劳动合同终止。用工单位应当与劳务派遣单位协商妥善安置被派遣劳动者。

4．经济补偿和赔偿金

劳务派遣单位或者被派遣劳动者依法解除、终止劳动合同,应当依照《劳动合同法》的规定,向劳动者支付经济补偿。

劳务派遣单位违法解除或者终止被派遣劳动者的劳动合同,劳动者要求继续履行劳动合同的,劳务派遣单位应当继续履行;劳动者不要求继续履行劳动合同或者劳动合同已经不能继续履行的,劳务派遣单位应当依照经济补偿标准的2倍向劳动者支付赔偿金。

劳动合同的终止与解除的法定情形及经济补偿条件参见图2-8。

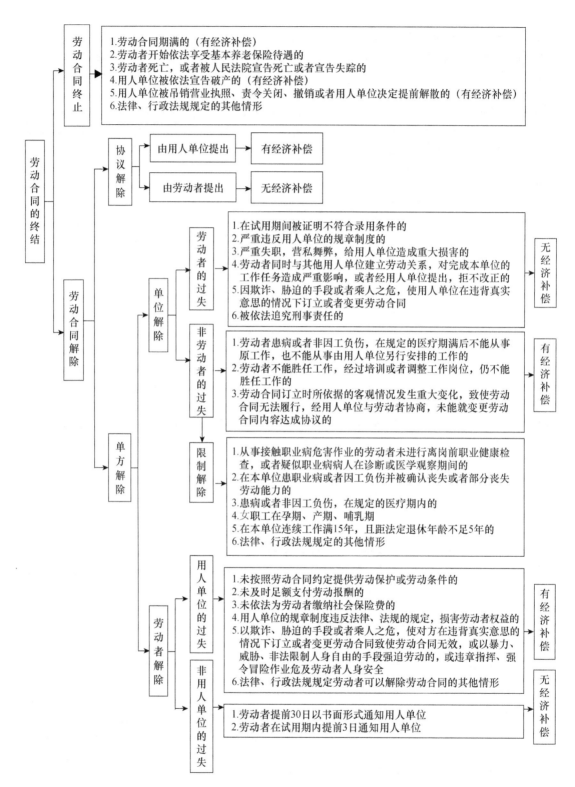

图 2-8 劳动合同的终止与解除的法定情形及经济补偿条件

二、劳动合同解除与劳动合同终止的经济补偿

典型案例 2-25 西门子违法解除劳动合同，劳动者获得 135 万元赔偿

谢先生于 13 年前进入西门子移动通信有限公司从事销售工作。在劳动合同履行的过程中，他被调入西门子（中国）有限公司担任公司派驻某外省分公司的总经理。截至劳动合同解除前，谢先生的月工资是 5 万元，在用人单位工作的年限总共是 13 年。今年 4 月 18 日，公司单方面无理由与谢先生解除劳动合同。谢先生于 6 月向劳动争议仲裁委员会提出申诉，要求恢复双方的劳动关系。公司坚持不肯恢复双方的劳动关系，谢先生遂提出 300 万元的补偿要求。后经双方自愿调解达成协议，最终就补偿 135 万元达成一致。

工作任务

（1）请你熟悉本案的案情，并分析双方当事人争议的焦点，用人单位的行为是否属于违法行为，谢先生是否可以得到 2 倍赔偿金。

（2）请你解读我国关于用人单位或劳动者违法解除劳动合同的罚则规定。

（3）作为劳动争议仲裁工作人员，请你为本案设计一个合法的处理方案，其中注意经济补偿与赔偿金的核定。

（一）支付经济补偿的法定事由

1. 劳动者提出解除劳动合同，用人单位需支付经济补偿的情形

有下列情形之一，劳动者提出解除劳动合同，用人单位应当依法支付劳动者经济补偿：

（1）未按照劳动合同约定提供劳动保护或者劳动条件的；

（2）未及时足额支付劳动报酬的；

（3）未依法为劳动者缴纳社会保险费的；

（4）用人单位的规章制度违反法律、法规的规定，损害劳动者权益的；

（5）因用人单位以欺诈、胁迫的手段或者乘人之危，使劳动者在违背真实意思的情况下订立或者变更劳动合同致使劳动合同无效的；

（6）用人单位以暴力、威胁或者非法限制人身自由的手段强迫劳动者劳动的，或者用人单位违章指挥、强令冒险作业危及劳动者人身安全的；

（7）法律、行政法规规定劳动者可以解除劳动合同的其他情形。

2. 用人单位提出解除或终止劳动合同，并需支付经济补偿的情形

有下列情形之一，用人单位提出解除或者终止劳动合同，并需支付劳动者经济补偿：

（1）与劳动者协商一致；

（2）劳动者患病或者非因工负伤，在规定的医疗期满后不能从事原工作，也不能从

事由用人单位另行安排的工作的；

(3) 劳动者不能胜任工作，经过培训或者调整工作岗位，仍不能胜任工作的；

(4) 劳动合同订立时所依据的客观情况发生重大变化，致使劳动合同无法履行，经用人单位与劳动者协商，未能就变更劳动合同内容达成协议的；

(5) 按规定裁减人员的；

(6) 劳动合同期满的（劳动合同期满前的工龄从2008年1月1日《劳动合同法》生效实施之日起开始计算）；

(7) 用人单位被依法宣告破产的；

(8) 用人单位被吊销营业执照、责令关闭、撤销或者用人单位决定提前解散的；

(9) 以完成一定工作任务为期限的劳动合同因任务完成而终止的；

(10) 法律、行政法规规定的其他情形（如用人单位与劳动者未签订书面劳动合同、用人单位自用工之日起超过1个月书面通知劳动者终止劳动关系的）。

(二) 经济补偿的标准

1. 经济补偿一般标准

经济补偿按劳动者在本单位工作的年限，每满1年支付1个月工资的标准向劳动者支付。6个月以上不满1年的，按1年计算；不满6个月的，向劳动者支付半个月工资的经济补偿。劳动者工作不满12个月的，按照实际工作的月数计算平均工资。

2. 经济补偿的计算基数

经济补偿的月工资按照劳动者应得工资计算，包括计时工资或者计件工资以及奖金、津贴和补贴等货币性收入。经济补偿金不包含加班费。

劳动者在劳动合同解除或者终止前12个月的平均工资低于当地最低工资标准的，按照当地最低工资标准计算。

3. 经济补偿特殊标准

劳动者月工资高于用人单位所在直辖市、设区的市级人民政府公布的本地区上年度职工月平均工资3倍的，向其支付经济补偿的标准按职工月平均工资3倍的数额支付，向其支付经济补偿的年限最高不超过12年。

这里所称月工资是指劳动者在劳动合同解除或者终止前12个月的平均工资。

4. 经济补偿分段计算

2008年1月1日以前存续的劳动合同在2008年1月1日后解除或者终止，依照《劳动合同法》的规定应当支付经济补偿的，经济补偿年限自2008年1月1日起计算；2008年1月1日前按照当时有关规定，用人单位应当向劳动者支付经济补偿的，按照当时有关规定执行。根据《劳动法》等相关规定，应当支经济补偿的情形如下：

(1) 经劳动合同当事人协商一致，劳动合同可以解除；

(2) 劳动者患病或者非因工负伤，在规定的医疗期满后不能从事原工作，也不能从事由用人单位另行安排的工作的；

（3）劳动者不能胜任工作，经过培训或者调整工作岗位，仍不能胜任工作的；

（4）劳动合同订立时所依据的客观情况发生重大变化，致使劳动合同无法履行，经用人单位与劳动者协商，未能就变更劳动合同内容达成协议的；

（5）用人单位濒临破产进行法定整顿期间或者生产经营状况发生严重困难，必须裁减人员的；

（6）用人单位克扣或者无故拖欠劳动者工资的，以及拒不支付劳动者延长工作时间工资报酬的；

（7）用人单位支付劳动者的工资报酬低于当地最低工资标准的。

5．工作年限的特殊计算规则

劳动者非因本人原因从原用人单位被安排到新用人单位工作的，劳动者在原用人单位的工作年限合并计算为新用人单位的工作年限。原用人单位已经向劳动者支付经济补偿的，新用人单位在依法解除、终止劳动合同计算支付经济补偿的工作年限时，不再计算劳动者在原用人单位的工作年限。

（三）《劳动法》和《劳动合同法》中劳动合同解除与劳动合同终止的经济补偿比较

《劳动合同法》第九十七条第三款规定："本法施行之日存续的劳动合同在本法施行后解除或者终止，依照本法第四十六条规定应当支付经济补偿的，经济补偿年限自本法施行之日起计算；本法施行前按照当时有关规定，用人单位应当向劳动者支付经济补偿的，按照当时有关规定执行。"是否支付经济补偿的情形参见表2-2和表2-3。

表2-2 支付经济补偿的情形

依据	类别		条件	补偿标准
《劳动合同法》	劳动合同解除	协商解除	用人单位与劳动者协商一致提出解除劳动合同的（第三十六条）	(1)按劳动者在本单位工作的年限，每满1年支付1个月工资的标准向劳动者支付经济补偿；6个月以上不满1年的，按1年计算；不满6个月的，支付半个月工资的经济补偿 (2)劳动者月工资高于用人单位所在直辖市、设区的市级人民政府公布的本地区上年度职工月平均工资3倍的，按职工月平均工资3倍的数额向劳动者支付经济补偿，向其支付经济补偿的年限最高不超过12年 (3)月工资是指劳动者在劳动合同解除或者终止前12个月的平均工资
		劳动者提出	劳动者可以解除劳动合同的6种情形（第三十八条）	
		无过失性解除	用人单位提前30日以书面形式解除劳动合同的3种情形（第四十条）	
		经济性裁员	用人单位依法裁减人员的4种情形（第四十一条）	
	劳动合同终止		(1)除用人单位维持或提高劳动合同约定条件续订劳动合同，劳动者不同意续订的情形外，合同期满终止固定期限劳动合同的； (2)用人单位被依法宣告破产的； (3)用人单位被吊销营业执照、责令关闭、撤销或用人单位决定提前解散的	
《劳动合同法实施条例》			(1)以完成一定工作任务为期限的劳动合同因任务完成而终止的； (2)自用工之日起满1个月未签订书面劳动合同而终止的	

表 2-3 无须支付经济补偿的情形

依据	类别		条件	执行时间
《劳动合同法》	劳动合同解除	劳动者提出	劳动者提前30日以书面形式通知用人单位解除劳动合同的	自2008年1月1日起施行
			劳动者在试用期内提前3日通知用人单位解除劳动合同的	
		过失性解除	劳动者有下列情形之一的,用人单位可以解除劳动合同: (1) 在试用期间被证明不符合录用条件的; (2) 严重违反用人单位的规章制度的; (3) 严重失职,营私舞弊,给用人单位造成重大损害的; (4) 劳动者同时与其他用人单位建立劳动关系,对完成本单位的工作任务造成严重影响,或者经用人单位提出,拒不改正的; (5) 以欺诈、胁迫的手段或者乘人之危,使用人单位在违背真实意思的情况下订立或者变更劳动合同,致使劳动合同无效的; (6) 被依法追究刑事责任的	
			(1) 劳动者开始依法享受基本养老保险待遇的; (2) 劳动者死亡,或者被人民法院宣告死亡或者宣告失踪的	
《劳动合同法实施条例》	劳动合同终止		劳动者达到法定退休年龄的	自2008年9月18日起施行

(四) 劳动合同解除与劳动合同终止的医疗期问题

1. 医疗期的含义

医疗期是指劳动者患病或者非因公负伤停止工作治疗休息,而用人单位不得因此解除劳动合同的期限。医疗期按照劳动者在用人单位的工作年限设置。劳动者在用人单位工作第一年,医疗期为3个月;以后工作每满1年,医疗期增加1个月,但不得超过24个月($n+2$,n为本单位工作年限的整数年)。

劳动者经劳动鉴定委员会鉴定为完全丧失劳动能力但不符合退休、退职条件的,应当延长医疗期。延长的医疗期由用人单位与劳动者具体约定,但约定延长的医疗期与正常规定的医疗期合计不得低于24个月。

医疗期不包含国家规定的法定休假日和休息日。

2. 解除劳动合同强制性规定

《劳动合同法》针对医疗期劳动者的劳动关系做了保护性规定。

劳动者患病或者非因工负伤,在规定的医疗期满后不能从事原工作,也不能从事由用人单位另行安排的工作的,用人单位应当提前30日以书面形式通知劳动者本人或者额外支付劳动者1个月工资后,方可解除劳动合同。

《劳动合同法》明确规定了不得解除劳动合同的禁止性规定包括:劳动者患病或者

非因工负伤,在规定的医疗期内的,除有法律规定情形外,用人单位不得解除劳动合同。

3. 解除或终止劳动合同的医疗补助费事由

根据《劳动部关于实行劳动合同制度若干问题的通知》第二十二条的规定,劳动者患病或者非因工负伤,合同期满终止劳动合同的,用人单位应当支付不低于 6 个月工资的医疗补助费;对患重病或绝症的,还应适当增加医疗补助费。

(五)违法解除或者终止赔偿金

用人单位违反《劳动合同法》规定解除或者终止劳动合同,劳动者要求继续履行劳动合同的,用人单位应当继续履行;劳动者不要求继续履行劳动合同或者劳动合同已经不能继续履行的,用人单位应当依照经济补偿标准的 2 倍向劳动者支付赔偿金。

根据《劳动合同法实施条例》第二十五条的规定,用人单位违反《劳动合同法》的规定解除或者终止劳动合同,依照《劳动合同法》第八十七条的规定支付了赔偿金的,不再支付经济补偿。赔偿金的计算年限自用工之日起计算。

(六)职工离职的程序与手续

劳动合同当事人结束劳动关系时,应当依法履行一定的离职手续。职工离职的程序参见图 2-9。

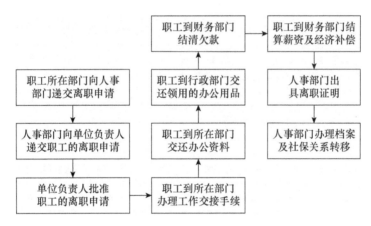

图 2-9 职工离职的程序

劳动者应当按照双方的约定,办理工作交接手续。用人单位依照《劳动合同法》有关规定应当向劳动者支付经济补偿的,在办结工作交接手续时支付,即劳动者未依规定办理工作交接手续的,用人单位可以依法暂不支付相应的经济补偿。

根据《劳动合同法》第五十条第一款和第三款的规定,用人单位应当在解除或者终止劳动合同时出具解除或者终止劳动合同的证明,并在 15 日内为劳动者办理档案和社会保险关系转移手续。

用人单位对已经解除或者终止的劳动合同的文本,至少保存 2 年备查。

根据《劳动合同法》第八十四条第三款的规定,劳动者依法解除或者终止劳动合同,用人单位扣押劳动者档案或者其他物品的,由劳动行政部门责令限期退还劳动者本人,并以每人500元以上2000元以下的标准处以罚款;给劳动者造成损害的,应当承担赔偿责任。

三、劳动合同解除与劳动合同终止的后果

典型案例2-26 延迟办理退工手续争议

王先生原是部队的飞行员,转业后到A航空公司工作,后因工作出色,他担任了航班机长。A航空公司与王先生签订了无固定期限劳动合同。近期,王先生因个人原因决定跳槽,他按照法律规定提前1个月向A航空公司提交了书面辞职报告。A航空公司接到辞职报告后便停止了王先生的工作,并按月向王先生支付基本工资。王先生多次要求A航空公司为自己办理退工手续,但A航空公司认为王先生应当按照规定支付赔偿金,于是王先生提请劳动仲裁,要求A航空公司办理退工手续。

工作任务

(1)请你分析:王先生的请求能否得到支持?请说明你的理由。

(2)请你解读我国关于解除或终止劳动合同后用人单位和劳动者的法定义务。

(3)假设你是用人单位的人力资源管理工作人员,你认为王先生离职需要办理哪些手续?

(一)劳动合同解除与劳动合同终止的善后义务

劳动合同解除或劳动合同终止后,基于诚实信用原则,当事人负有在善后阶段所应承担的履行通知、协助、保密等多项义务。

1. 用人单位的善后义务

(1)出具解除或终止劳动合同的证明,证明中应写明劳动合同期限、解除或终止劳动合同的日期、工作岗位、在本单位的工作年限,其中一般不得记载劳动合同解除或劳动合同终止的事由,也不得记载对劳动者评价的事项。

(2)提供加盖公章的职业健康监护档案复印件。

(3)在15日内为劳动者办理档案和社会保险关系转移手续。

(4)应当支付经济补偿的必须在办结工作交接手续时支付。

(5)劳动合同的文本至少保存2年备查。

(6)对于劳动者的个人材料负有保密义务。

(7)不得扣押劳动者的档案或者其他物品。

2. 劳动者的善后义务

(1)办理工作交接手续,妥善处理自己在劳动合同解除或劳动合同终止前经手的事务。

(2)返还、归还因工作需要而使用、占用用人单位的电脑、汽车、图纸、设计方案、企划方案等财产、资料。

(3) 保守用人单位的商业秘密和与知识产权有关的秘密事项。

(二) 违法解除与终止劳动合同的后果

1. 优先强制继续履行

根据《劳动合同法》第四十八条的规定,用人单位违反该法规定解除或者终止劳动合同,劳动者要求继续履行劳动合同的,用人单位应当继续履行。但是,优先强制继续履行劳动合同必须符合以下三个条件:

(1) 用人单位已实施违法解除或者终止劳动合同的行为;
(2) 劳动者有继续履行劳动合同的要求;
(3) 用人单位有继续履行劳动合同的现实条件。

2. 赔偿责任

(1) 用人单位违法解除或者终止劳动合同的双倍赔偿责任。

用人单位违法解除或者终止劳动合同需承担的法律责任如下:

① 劳动者要求继续履行劳动合同的,用人单位应当继续履行;

② 劳动者不要求继续履行劳动合同或者劳动合同已经不能继续履行的,用人单位应当依照《劳动合同法》第四十七条规定的经济补偿标准的 2 倍向劳动者支付赔偿金;

③ 用人单位依法支付了赔偿金的,不再支付经济补偿,但赔偿金的计算年限自用工之日起计算。

(2) 劳动者违法解除的赔偿责任。

劳动者违法解除劳动合同或者违反劳动合同中约定的保密义务或者竞业限制,给用人单位造成损失的,应当承担赔偿责任。

用人单位要求劳动者赔偿损失争议的处理流程参见图 2-10。

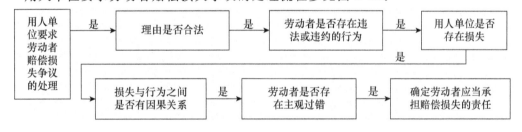

图 2-10 用人单位要求劳动者赔偿损失争议的处理流程

思考与训练

一、是非判断题

1. 劳动合同订立时所依据的客观情况发生重大变化,致使原劳动合同无法履行的,用人单位可以直接解除劳动合同。(　　)

2.《劳动合同法》规定劳动者严重违反用人单位的规章制度的,用人单位可以解除劳动合同。(　　)

3. 用人单位可以随时无理由解除劳动合同。(　　)

4. 用人单位裁员时,应当优先留用女职工。(　　)

5. 用人单位提前30日向工会或者全体职工说明情况，听取工会或者职工的意见后，裁减人员方案经向劳动行政部门报告，才可以裁减人员。（   ）

二、单项选择题

1. 用人单位自（   ）起即与劳动者建立劳动关系。
   A. 用工之日　　　　　　　　　B. 签订合同之日
   C. 上级批准之日　　　　　　　D. 劳动者领取工资之日

2. 已经建立劳动关系，未同时订立书面劳动合同的，应当自用工之日起（   ）内订立书面劳动合同。
   A. 15日　　　B. 1个月　　　C. 2个月　　　D. 3个月

3. 劳动合同期限1年以上不满3年的，试用期不得超过（   ）。
   A. 半个月　　B. 1个月　　　C. 2个月　　　D. 6个月

4. 以完成一定工作任务为期限的劳动合同终止后，用人单位应（   ）。
   A. 提前30日通知劳动者　　　　B. 提前30日书面通知劳动者
   C. 续订劳动合同　　　　　　　D. 向劳动者支付经济补偿

5. 某公司与李某等18名工人签订了劳动合同后，因市场萎缩产品滞销，致使该公司与李某等6人签订的原劳动合同无法履行。该公司经与李某等6人协商，不能就变更劳动合同达成协议。此种情形下，该公司（   ）。
   A. 有权解除劳动合同，但应提前30日通知李某等6人，并给予经济补偿
   B. 应与李某等6人协商
   C. 无权解除劳动合同
   D. 可随时解除劳动合同

项目三

群体性劳动争议处理

学习情境1　群体性利益争议处理

教学目标

【能力目标】 通过学习,能够依法组织职工代表大会会议工作;能够依法履行工会职责;能够组织集体谈判。

【知识目标】 通过学习,能够了解企业的工会组织与集体协商制度、职工代表大会制度。

知识与实践

一、工会制度

　企业工会的建立

某外商独资企业开业2年多来未建立工会,上级工会根据公司职工的反映前往该企业进行协商和沟通,外方总经理认为未建立工会有两个理由:第一,该公司的总部在国外,公司对建立工会事宜曾多次请示总部但未获得答复,所以不好办;第二,公司认为是否建立工会是企业的自主权,上级部门无权干预。上级工会在进行职工访谈时发现70%的职工有组建工会的愿望。

工作任务

(1)请你分析在企业组建工会的作用,并代表劳动者设计一份建议企业组建工会的意向书。

(2)请你解读我国关于工会组织及其工作职责的法律规定。

(3)假设你是上级工会的工作人员,你认为应当如何依法与职工进行沟通?

(一)工会的基本概念

中国工会是中国共产党领导的职工自愿结合的工人阶级群众组织,是党联系职工群众的桥梁和纽带,是国家政权的重要社会支柱,是会员和职工利益的代表。中国工会以《宪法》为根本活动准则,按照《工会法》和《中国工会章程》独立自主地开展工作,依法行使权利和履行义务。工会通过平等协商和集体合同制度,协调劳动关系,维护企业职工劳动权益。工会依照法律规定通过职工代表大会或者其他形式,组织职工参与本单位的民主决策、民主管理、民主监督。

凡在中国境内的企业、事业单位、机关和其他社会组织中,以工资收入为主要生活来源或者与用人单位建立劳动关系的体力劳动者和脑力劳动者,不分民族、种族、性别、职业、宗教信仰、教育程度,都可以加入工会为会员。任何组织和个人不得阻挠和限制。

（二）工会的职责

1. 维护职工合法权益

维护职工合法权益是工会的基本职责。工会在维护全国人民总体利益的同时，代表和维护职工合法权益。

2. 协调企业劳动关系

工会通过平等协商和集体合同制度，协调劳动关系，维护企业职工劳动权益。

3. 组织参与民主管理

工会依照法律规定通过职工代表大会或者其他形式，组织职工参与本单位的民主决策、民主管理和民主监督。

4. 反映职工的意见和要求

工会必须密切联系职工，听取和反映职工的意见和要求，关心职工的生活，帮助职工解决困难，全心全意为职工服务。

5. 维护职工的民主权益

工会组织和教育职工依照法律的规定行使民主权利，建立以职工代表大会为基本形式的企业、事业单位民主管理制度。保障职工进行民主决策、民主管理和民主监督的权利，并将涉及职工劳动关系有关的具体权益纳入民主管理的范畴中去，通过协商、审议、共决、公示、履约等程序，促使职工的权益得到有效落实，从而达到维护职工合法权益的目的。

6. 监督用人单位履行劳动法律、法规

《工会法》第二十二条明确规定，企业、事业单位违反劳动法律、法规规定，有下列侵犯职工劳动权益情形，工会应当代表职工与企业、事业单位交涉，要求企业、事业单位采取措施予以改正；企业、事业单位应当予以研究处理，并向工会作出答复；企业、事业单位拒不改正的，工会可以请求当地人民政府依法作出处理：

（1）克扣职工工资的；

（2）不提供劳动安全卫生条件的；

（3）随意延长劳动时间的；

（4）侵犯女职工和未成年工特殊权益的；

（5）其他严重侵犯职工劳动权益的。

《工会法》第二十四条规定："工会发现企业违章指挥、强令工人冒险作业，或者生产过程中发现明显重大事故隐患和职业危害，有权提出解决的建议，企业应当及时研究答复；发现危及职工生命安全的情况时，工会有权向企业建议组织职工撤离危险现场，企业必须及时作出处理决定。"

《劳动合同法》第七十八条规定："工会依法维护劳动者的合法权益，对用人单位履行劳动合同、集体合同的情况进行监督。用人单位违反劳动法律、法规和劳动合同、集体合同的，工会有权提出意见或者要求纠正；劳动者申请仲裁、提起诉讼的，工会依法给予支持和帮助。"

7. 参与劳动争议的调处

根据《工会法》第二十八条的规定，工会参加企业的劳动争议调解工作。地方劳动仲裁组织应当有同级工会代表参加。工会是劳动关系中劳动者合法权益的代表者，参与劳动争议的调解、诉讼，有利于劳动争议调处公平、公正、公开的处置，有利于教育并引导职工依法理性维权，有利于维护职工的合法权益。《中华全国总工会关于进一步加强企业工会工作充分发挥企业工会作用的决定》特别强调了企业工会组织在劳动争议调处和纠纷化解工作中的重要作用。

（三）企业工会在规章制度的制定和劳动合同解除中的作用

1. 通过民主程序制定规章制度

《劳动合同法》第四条第二款和第三款特别规定，用人单位在制定、修改或者决定有关劳动报酬、工作时间、休息休假、劳动安全卫生、保险福利、职工培训、劳动纪律以及劳动定额管理等直接涉及劳动者切身利益的规章制度或者重大事项时，应当经职工代表大会或者全体职工讨论，提出方案和意见，与工会或者职工代表平等协商确定。在规章制度和重大事项决定实施过程中，工会或者职工认为不适当的，有权向用人单位提出，通过协商予以修改完善。在实践中，有些用人单位的规章制度不违法，但不合理、不适当，如有些企业的规章制度规定职工只有几分钟的吃饭时间，一天只能上几次卫生间、每次只能上几分钟等。这些规章制度虽然不违反法律、法规的规定，但却不合理。因此，《劳动合同法》第四条第二款规定在规章制度和重大事项决定实施过程中，工会或者职工认为用人单位的规章制度不适当的，有权向用人单位提出，用人单位对此意见应该听取，并通过与工会或者职工进行协商后对规章制度予以修改完善。

根据《劳动合同法》关于规章制度的规定，制定或决定直接涉及劳动者切身利益的规章制度或重大事项有以下四个重要环节：

（1）用人单位具有提议权；

（2）职工大会或职工代表大会具有提出方案和意见的讨论权；

（3）用人单位具有与工会协商确定的义务；

（4）用人单位具有最后公示或告知劳动者的义务。

以上四个环节缺一不可，其中第三项即为工会的特殊作用。

2. 应对单位单方解除职工劳动合同予以程序把关

根据《工会法》第二十一条的规定，企业处分职工，工会认为不适当的，有权提出意见。企业单方面解除职工劳动合同时，应当事先将理由通知工会，工会认为企业违反法律、法规和有关合同，要求重新研究处理时，企业应当研究工会的意见，并将处理结果书面通知工会。工会接到职工的诉求时，应与企业沟通查明解除职工劳动合同的事实情况，工会既要支持企业合法的用工管理制度的实施，也要维护职工的合法权益。根据《最高人民法院关于审理劳动争议案件适用法律若干问题的解释（一）》的规定，进一步强化了企业工会在用人单位单方解除或终止劳动关系中的权威性作为：建立了工会组织的用人单位单方解除劳动合同符合《劳动合同法》第三十九条、第四十条规定，但未按照《劳动合同法》第四十三条规定事先通知工会的，劳动者以用人单位违法解除劳动合同为由请求用人单位支付赔偿金的,人民法院应予支持,但起诉前用人单位已经补正有关程序的除外。

二、职工代表大会制度

 职工代表大会及其决议效力

A 企业共有职工近 200 人。有一次,A 企业召开职工代表大会审议有关职工工资、奖金分配的草案时,遭到了职工代表的反对。职工代表提出,A 企业的职工代表人数太少,只有 22 位代表,其中的 11 位代表还是本单位的总经理、副总经理和科长、主任等;职工代表中的普通职工代表与各层领导代表所占的比例也不对,其中领导占据多数,这样讨论、审议涉及职工切身利益的方案,对普通的一线职工来说显然是不公平的。因此,他们要求按照规范的代表比例结构重新选举职工代表。

工作任务

(1) 请你熟悉本案的案情,并分析职工代表提出的这些意见是否正确。
(2) 请你解读我国关于职工代表大会职权的相关规定。
(3) 假设你是企业的工会工作人员,请你设计一个针对此类行为进行积极引导的工作方案,以免群体性事件的发生或扩大。

(一)职工代表大会的概念

职工代表大会(或者职工大会),是企业、事业单位实行民主管理的基本形式,是协调劳动关系的重要制度,是职工行使民主管理权利的机构,是厂务公开的主要载体。职工代表大会制度分为职工代表大会和职工大会两种形式。职工代表大会由职工民主选举产生的职工代表参加,职工大会由全体职工参加。职工大会依照职工代表大会的职权、相关组织制度和议事规则等展开工作。企业、事业单位根据单位规模的大小、管理方式等确定职工代表大会制度的形式。

企业、事业单位的工会是职工代表大会的日常工作机构。企业工会依照法律规定通过职工代表大会或者其他形式,组织职工参与本企业的民主决策、民主管理和民主监督。

(二)职工代表大会制度的法律依据

我国的《宪法》《劳动法》《工会法》《公司法》等都有关于职工代表大会的规定。

《宪法》第十六条第二款规定:"国有企业依照法律规定,通过职工代表大会和其他形式,实行民主管理。"《劳动法》第八条规定:"劳动者依照法律规定,通过职工大会、职工代表大会或者其他形式,参与民主管理或者就保护劳动者合法权益与用人单位进行平等协商。"《工会法》第六条第三款规定:"工会依照法律规定通过职工代表大会或者其他形式,组织职工参与本单位的民主决策、民主管理和民主监督。"《公司法》第十八条第二款规定:"公司依照宪法和有关法律的规定,通过职工代表大会或者其他形式,实行民主管理。"

《劳动合同法》第四条第二款规定:"用人单位在制定、修改或者决定有关劳动报酬、工作时间、休息休假、劳动安全卫生、保险福利、职工培训、劳动纪律以及劳动定额管理等直接涉及劳动者切身利益的规章制度或者重大事项时,应当经职工代表大会或者全体

职工讨论,提出方案和意见,与工会或者职工代表平等协商确定。"第五十一条第一款规定:"企业职工一方与用人单位通过平等协商,可以就劳动报酬、工作时间、休息休假、劳动安全卫生、保险福利等事项订立集体合同。集体合同草案应当提交职工代表大会或者全体职工讨论通过。"

2012年2月13日,中共中央纪委、中共中央组织部、国务院国有资产监督管理委员会、监察部、中华全国总工会、中华全国工商业联合会联合下发的《企业民主管理规定》,规范了企业职工代表大会的制度建设要求。

(三)职工代表大会的工作制度

典型案例 3-3　企业职工分流安置与职工代表大会

A国有企业于2018年1月进行了职工代表大会换届,明确本届职工代表大会的任期为3年。2020年1月初,上级决定A国有企业将实行搬迁重组转制,由于客观原因,该搬迁重组转制工作需要在年底前完成,故企业的领导班子在研究后决定延期召开职工代表大会。1个月后,A国有企业在食堂内张贴出该企业搬迁安置分流职工的方案。企业职工以改制方案未经职工代表大会审议为由向地方政府部门反映了问题。

工作任务

(1)请你熟悉本案的案情,并分析A国有企业的行为是否违法,职工代表大会延期召开应如何操作。

(2)请你解读我国关于职工代表大会职权的有关规定。

(3)A国有企业应如何召开职工代表大会审议职工的搬迁安置分流方案?

根据中共中央纪委等六部委于2012年2月13日发布的《企业民主管理规定》,职工代表大会工作制度的具体内容如下:

(1)职工代表大会每届任期为3～5年。具体任期由职工代表大会根据本单位的实际情况确定。职工代表大会因故需要提前或者延期换届的,应当由职工代表大会或者其授权的机构决定。

(2)职工代表大会每年至少召开1次。职工代表大会全体会议必须有2/3以上的职工代表出席。

(3)职工代表大会议题和议案应当由企业工会听取职工意见后与企业协商确定,并在会议召开7日前以书面形式送达职工代表。

(4)职工代表大会可以设主席团主持会议。主席团成员由企业工会与职工代表大会各团(组)协商提出候选人名单,经职工代表大会预备会议表决通过。其中,工人、技术人员、管理人员不少于50%。

(5)职工代表大会选举和表决相关事项,必须按照少数服从多数的原则,经全体职工代表的过半数通过。对重要事项的表决,应当采用无记名投票的方式分项表决。

(6)职工代表大会在其职权范围内依法审议通过的决议和事项具有约束力,非经职工代表大会同意不得变更或撤销。企业应当提请职工代表大会审议、通过、决定的事项,未按照法定程序审议、通过或者决定的无效。

(四)职工代表大会的职权

根据《企业民主管理规定》,职工代表大会的主要职权包括:

(1)听取企业主要负责人关于企业发展规划、年度生产经营管理情况,企业改革和制定重要规章制度情况,企业用工、劳动合同和集体合同签订履行情况,企业安全生产情况,企业缴纳社会保险费和住房公积金情况等报告,提出意见和建议;审议企业制定、修改或者决定的有关劳动报酬、工作时间、休息休假、劳动安全卫生、保险福利、职工培训、劳动纪律以及劳动定额管理等直接涉及劳动者切身利益的规章制度或者重大事项方案,提出意见和建议。

(2)审议通过集体合同草案,按照国家有关规定提取的职工福利基金使用方案、住房公积金和社会保险费缴纳比例和时间的调整方案,劳动模范的推荐人选等重大事项。

(3)选举或者罢免职工董事、职工监事,选举依法进入破产程序企业的债权人会议和债权人委员会中的职工代表,根据授权推荐或者选举企业经营管理人员。

(4)审查监督企业执行劳动法律、法规和劳动规章制度情况,民主评议企业领导人员,并提出奖惩建议。

(5)法律、法规规定的其他职权。

(五)民主管理专门小组(委员会)和职工代表提案制度

1. 民主管理专门小组(委员会)

职工代表大会可以根据实际需要选择设立集体协商、薪酬福利、劳动用工、劳动安全卫生、提案工作、民主评议等专门小组(委员会)。规模较小的企业、事业单位职工代表大会也可以设立一个综合性的民主管理专门小组(委员会)。民主管理专门小组(委员会)在职工代表大会的领导下,组织职工代表开展民主管理专项活动,办理职工代表大会交办的有关事项。民主管理专门小组(委员会)的负责人由职工代表担任,民主管理专门小组(委员会)的委员可以聘请熟悉相关业务的非职工代表担任。相关职能部门的负责人一般不能担任相应民主管理专门小组(委员会)的负责人。

2. 职工代表提案制度

企业、事业单位的工会应当在职工代表大会召开或闭会期间,组织职工代表围绕生产经营管理、职工切身利益事项等方面开展提案活动,提出意见、建议,并由提案工作专门小组(委员会)负责提案的审查、立案、督查和反馈公布。企业、事业单位的工会应当组织职工代表对职工代表大会决议的贯彻落实情况进行巡视检查,将巡视检查情况和整改建议以书面形式向企业、事业单位反馈,并督促其进行整改。

三、集体合同制度

 劳动合同的标准不得低于集体合同标准

一年前,陈先生经朋友介绍到 A 高科技公司(以下简称 A 公司)从事市场研发工作,同时与 A 公司签订了为期 3 年的劳动合同。双方在劳动合同中约定:陈先生的工资每月计发一次。在劳动合同履行期间,工会与 A 公司通过平等协商签订了集体合同。集

体合同规定：凡 A 公司的职工每年年终可以额外享受第 13 个月的工资。于是，陈先生向 A 公司提出补发其第 13 个月工资的要求。但是，A 公司的领导表示，陈先生的劳动合同已明确约定了工资支付的次数，双方应当严格按照劳动合同的约定履行，不同意再支付其第 13 个月的工资，双方为此产生争议。陈先生认为，双方虽然在劳动合同中约定了劳动报酬的支付次数，但此后集体合同规定了职工每年增发第 13 个月的工资，作为 A 公司的职工，自己有权享受集体合同中规定的待遇。A 公司则认为：劳动合同是企业与每个劳动者签订的协议，而集体合同是企业与工会签订的有关劳动条件和劳动标准的综合性协议，不适用于单个的劳动者，因此不同意给陈先生补发第 13 个月的工资。

工作任务

(1) 请你熟悉本案的案情，并分析 A 公司对劳动者的所作所为是否符合法律规定。
(2) 请你解读我国关于集体合同与劳动合同效力层级的法律规定。
(3) 假设你是本案中用人单位的工会工作人员，请设计一份集体合同订立程序与生效条件的工作方案。

（一）集体协商和集体合同的概念

1. 集体协商

集体协商是指劳动者一方与用人单位或其团体组织就劳动关系有关事项进行平等协商的行为。集体协商既是劳动关系双方就彼此之间的权益及双方关注的相关事宜进行沟通、交涉、协调和共决的过程，也是订立集体合同的法定必经程序和实现方式。

2. 集体合同

集体合同是指工会或者依法产生的职工代表与企业或企业方面的代表之间，经过集体谈判、平等协商，就劳动报酬、工作时间、休息休假、劳动安全卫生、职业培训、保险福利等劳动关系有关事项签订的书面协议。

集体合同与劳动合同相比具有以下主要区别：

(1) 主体不同。

劳动合同的当事人为单个劳动者和用人单位。而集体合同的当事人为劳动者团体（工会）和用人单位或其团体组织，故集体合同又称团体协议或团体合同。

(2) 目的不同。

订立劳动合同的主要目的是确立劳动关系。而订立集体合同的主要目的是为了协调劳动关系而设定具体范围内的劳动标准，为劳动者团体的合法权益提供兜底性保护。

(3) 内容不同。

劳动合同以单个劳动者的权利和义务为内容，一般包括劳动关系的各个方面。而集体合同以集体劳动关系中全体劳动者共同的权利和义务为内容，可能涉及劳动关系的各个方面，也可能只涉及劳动关系的某个方面。

(4) 效力不同。

劳动合同对单个的用人单位和劳动者具有法律效力。而集体合同对签订合同的单个用人单位或用人单位团体所代表的全体用人单位,以及工会所代表的全体劳动者都具有法律效力,集体合同的效力一般高于劳动合同的效力。

(5) 程序不同。

劳动合同由双方当事人签字确认即生效。而集体合同签订后还应当报送劳动行政部门,由劳动行政部门对集体合同进行审查,只有劳动行政部门自收到集体合同文本之日起15日内没有提出异议的集体合同才能生效。

(二) 集体合同的分类

1. 企业集体合同、区域性集体合同和行业性集体合同

集体合同按照覆盖的范围不同可以分为企业集体合同、区域性集体合同和行业性集体合同。《劳动法》第三十三条第一款规定:"企业职工一方与企业可以就劳动报酬、工作时间、休息休假、劳动安全卫生、保险福利等事项,签订集体合同。集体合同草案应当提交职工代表大会或者全体职工讨论通过。"

《劳动合同法》第五十三条和《劳动和社会保障部、中华全国总工会、中国企业联合会/中国企业家协会关于开展区域性行业性集体协商工作的意见》的规定,区域性集体合同、行业性集体合同的适用范围为:

(1) 县级及其以下区域的小型企业或同行业企业比较集中的乡镇、街道、社区和工业园区(经济技术开发区、高新技术产业园区);

(2) 行业以建筑业、采矿业、餐饮服务业等行业为主;

(3) 主要适用于非公有制企业,这类企业大多规模较小,职工流动性较大,单独建立工会组织难度大,职工的合法权益受侵害现象时有发生,劳动关系矛盾较为突出。

2. 综合性集体合同和专项集体合同

集体合同按照所涉及的内容不同可以分为综合性集体合同和专项集体合同。综合性集体合同涉及的内容较为全面,涉及劳动报酬、工作时间、休息休假、劳动安全卫生、保险福利、劳动关系、争议处理等诸多问题。专项集体合同涉及的内容较为单一,一般只涉及用人单位与企业职工一方就工资分配调整机制、劳动安全卫生、女职工权益保护等劳动关系的某项内容,通过集体协商签订的专项书面协议。

(三) 集体合同的形式和期限

1. 集体合同的形式

原劳动和社会保障部于2004年1月20日公布的《集体合同规定》明确要求集体合同应当采用书面形式,口头形式的集体合同不具有法律效力。

集体合同的形式还有主件和附件之分。主件一般是指综合性集体合同,其内容大体涉及劳动关系的各个方面。附件是指专项集体合同,是就劳动关系的某个方面的事项签订的专项协议,如工资集体协议。企业依法履行民主程序的规章制度也可以作为集体合同的附件。

2. 集体合同的期限

根据《集体合同规定》的规定,集体合同的期限一般为1~3年,在集体合同的约定期限内,双方代表可以对集体合同履行情况进行检查,每年可以对集体合同进行修订。

（四）集体合同订立的基本要素

 **典型案例 3-5　集体谈判双方代表的资格**

年初，A 化工企业（以下简称 A 企业）的 400 多名职工要求与 A 企业签订一份集体合同。由于 A 企业刚成立，尚未组建工会，部分职工就委托 A 企业的 5 名职工和当地商会的李某作为代表，向 A 企业提出就工资标准、工资支付方法、工时制度、劳动定额标准、休息休假、劳动条件、安全技术措施及各项保险、福利等内容进行集体协商的要求。A 企业经过考虑，对职工的要求表示同意。双方约定在 2 月 25 日，由各方的代表在 A 企业的会议室里就集体合同的具体内容进行协商。当日，商会的李某和 5 名职工作为职工方的代表参加了集体协商会议，A 企业的总经理（兼法定代表人）并未到场，而是由 A 企业的一位副总经理、人事部门的经理和律师 3 人代表 A 企业参加了协商会议。经过认真而热烈的讨论，双方就协商内容基本达成一致，李某作为职工方的首席代表在集体合同草案上签字，副总经理作为企业方的首席代表也签字认可。随后，李某等职工代表将集体合同草案向全体职工进行公布，但一些职工却对集体合同协商内容及李某的代表资格表示不满，由此发生了争议。

工作任务

（1）请你了解集体协商的有关知识。

（2）请你解读我国关于集体协商代表的法律规定。

（3）请你收集当地涉及集体协商的法律规定及相关资料，并根据本案的案情草拟一份谈判工作方案。

1．集体合同的订立主体

集体合同的订立主体，也即集体合同签约人，包括劳动者方和用人单位方。

（1）劳动者方签约人。

《工会法》《集体合同规定》等法律、法规赋予了企业工会集体合同签约人的资格，没有建立工会组织的企业允许由职工推举的代表充当集体合同签约人。

（2）用人单位方签约人。

根据我国现行法律的规定，与工会相对应的集体合同当事人只限于用人单位，也即用人单位才是集体合同签约人。

（3）区域性集体合同和行业性集体合同的当事人和签约人。

从劳动者一方而言，当事人为区域性、行业性基层工会联合会组织的，签约人为区域性、行业性基层工会联合会组织选派的代表、行业协会。从企业一方而言，当事人为区域内的企业联合会、企业家协会或其他企业组织、行业协会，签约人由区域内的企业联合会、企业家协会或其他企业组织、行业协会选派，也可以由上级企业联合会、企业家协会组织区域内的企业主经民主推选或授权委托等方式产生，用人单位方的首席代表由企业方代表民主推选产生。

2．协商代表的人数及其职责

双方的集体协商代表（以下统称协商代表）的人数应当对等，一般每方为 3～10 人。双方的首席代表可以书面委托专家、学者、律师等专业人员作为本方的协商代表,但委托人数不得超过本方代表的1/3。首席代表不得由非本单位人员代理。用人单位协商代表不得与职工协商代表相互兼任。职工一方协商代表由本单位的工会选派,未建立工会的由本单位的职工民主推举,并经本单位半数以上职工同意。用人单位一方的协商代表由用人单位法定代表人指派,首席代表由单位法定代表人担任或由其书面委托的其他管理人员担任。

协商代表应履行的职责包括:

(1) 参加集体协商;

(2) 接受本方人员质询,及时向本方人员公布协商情况并征求意见;

(3) 提供与集体协商有关的情况和资料;

(4) 代表本方参加集体协商争议的处理;

(5) 监督集体合同或专项集体合同的履行;

(6) 法律、法规和规章规定的其他职责。

3. 集体合同的适用范围

根据《劳动合同法》和《集体合同规定》的规定,我国的集体合同制度适用于中华人民共和国境内的各类企业,以及实行企业化管理的事业单位。

4. 签订集体合同的原则

签订集体合同应当遵循的原则包括:(1) 遵守法律、法规、规章及国家有关规定;(2) 相互尊重、平等协商;(3) 诚实守信、公平合作;(4) 兼顾双方合法权益;(5) 不得采取过激行为。

(五)集体合同的订立阶段

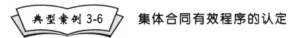

典型案例3-6 集体合同有效程序的认定

上海 A 企业 2018 年职工月平均工资为 4850 元。2019 年 2 月初,A 企业为了改善职工的待遇,稳定劳动关系,与职工就劳动报酬事项签订集体合同。集体合同约定,职工的月工资提高为 5500 元,合同期限自 2019 年 3 月 1 日至 2020 年 2 月 28 日。2019 年 2 月 5 日,企业将经过职工代表大会讨论通过的集体合同报送至当地人力资源和社会保障部门。人力资源和社会保障部门收到集体合同后,截至 2019 年 2 月底未提出任何意见。当职工领到 2019 年 3 月份的工资时,发现到手的工资仍然为 4850 元,A 企业称由于集体合同未被人力资源和社会保障部门审批通过,所以未能生效。职工对 A 企业的说法并不认可,要求其按照集体合同约定的工资标准补发工资。为了平息职工的不满,2019 年 4 月起,企业按照集体合同新约定的 5500 元标准发放职工的工资。

工作任务

(1) 请你了解集体协商与集体合同的基本制度,你认为本案中的集体合同是否已经生效?理由是什么?

(2) 请你解读我国关于集体合同生效条件的法律规定。

(3) 假设你是用人单位的工会工作人员,你认为应当如何与企业沟通集体合同的效力问题?

集体合同的订立阶段分为准备阶段、协商阶段、签约阶段、审查阶段和公布阶段。

1. 准备阶段

准备阶段的主要工作环节有以下三个方面：

(1) 征集协商议题，召开职工座谈会或发放调查问卷，广泛了解职工在签订集体合同方面的意愿和要求，学习并了解与集体协商内容有关的法律、法规和地方性劳动政策；

(2) 收集资料，即收集与集体协商内容相关的地方性、企业方面的情况信息资料和数据报表；

(3) 协商准备，如确定协商代表，拟订协商方案，发出协商要约，说明协商的内容、日期和地点，指定协商记录员等。

2. 协商阶段

协商阶段即集体协商，是双方的协商代表就签订集体合同进行商谈的法律行为。协商阶段的主要工作环节有以下三个方面：

(1) 一方的首席代表提出协商的具体内容和具体要求，另一方的首席代表就对方的要求作出回应；

(2) 双方的协商代表就商谈的事项发表各自的意见，展开充分的讨论，这个阶段可能会经历数次会商；

(3) 双方的首席代表归纳协商后的最终意见，就协商内容达成集体合同或协商集体合同草案。

3. 签约阶段

签约阶段的主要工作环节有以下三个方面：

(1) 讨论：由工会组织全体职工讨论集体合同草案，将讨论中的意见集中起来给起草小组；

(2) 审议：起草小组根据职工讨论提出的意见对集体合同草案进行修改后，提交职工代表大会或职工大会审议通过；

(3) 签字：根据《集体合同规定》，集体合同草案经职工代表大会讨论半数通过，并由双方首席代表签字，一般由企业工会主席和用人单位法定代表人在经审议通过的集体合同文本上签字。

4. 审查阶段

审查阶段的主要工作环节有以下四个方面：

(1) 审查机构：县级以上劳动保障行政部门的劳动合同管理机构负责对集体合同进行审查。

(2) 报送期限和材料：集体合同签订后，应当自双方首席代表签字之日起10日内，由用人单位一方将集体合同文本一式三份及说明材料报送劳动保障行政部门。其中，说明材料包括企业所有制性质、职工人数、企业法人营业执照复印件、工会社团法人证明材料，双方首席代表、谈判代表或委托人的身份证件复印件、授权委托书，职工方谈判代表的劳动合同书复印件，谈判情况及集体合同条款征求职工意见的记录，职工代表大会审议通过集体合同草案的决议，集体合同条款说明。

(3) 审核内容和程序：主要对资格、程序、内容的合法性进行审核。

(4) 审查期限和生效日期：劳动保障行政部门自收到集体合同文本之日起 15 日内将《审核意见书》送达双方协商代表，如在 15 日内未提出异议的，第 16 日起集体合同自行生效。

5．公布阶段

经政府确认生效或依法自行生效的集体合同，应当自其生效之日起由协商代表及时以适当的形式向本方的全体人员公布。双方代表的全体成员应对集体合同的履约情况进行监督检查。

集体合同一般通过集体协商而签订。协商集体合同的工作过程参见图 3-1。

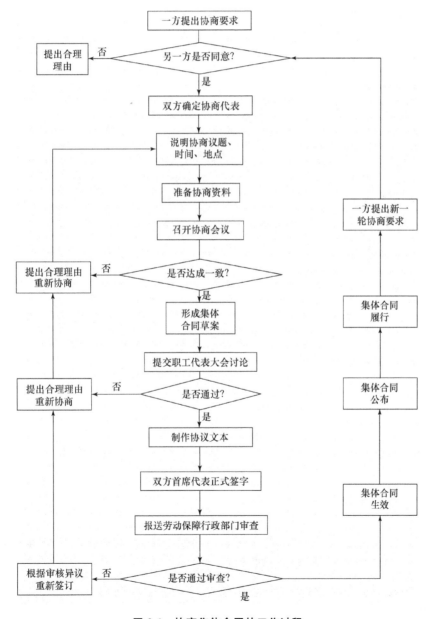

图 3-1　协商集体合同的工作过程

思考与训练

一、是非判断题

1. 工会是职工自愿结合的工人阶级的群众组织。（　　）
2. 维护职工的经济权益是工会的基本职责。（　　）
3. 职工人数在200人以上的企业、事业单位的工会,可以设专职工会主席。（　　）
4. 集体合同草案应当提交职工代表大会或者全体职工讨论通过。（　　）
5. 企业、事业单位处分职工,工会认为不适当的,有权提出意见。（　　）

二、单项选择题

1. 企业、事业单位发生停工、怠工事件,(　　)应当代表职工同单位或有关方面协商,反映职工的意见和要求并提出解决意见。
   A. 企业　　　　　　　　　B. 工会
   C. 劳动行政部门　　　　　D. 劳动争议仲裁委员会

2. 集体合同由(　　)订立。
   A. 用人单位与劳动者　　　B. 用人单位与工会
   C. 工会与劳动者　　　　　D. 上级工会与用人单位

3. 履行集体合同发生争议,经协商不成的,工会可以通过(　　)寻求法律救济。
   A. 工会　　　　　　　　　B. 劳动行政部门
   C. 人民政府　　　　　　　D. 劳动争议仲裁委员会

4. 在集体协商中,双方首席代表可以书面委托本单位以外的专业人员作为本方协商代表,委托人数不得超过本方代表的(　　)。
   A. 1/2　　　　　　　　　　B. 1/3
   C. 2/3　　　　　　　　　　D. 1/4

5. 职工代表大会讨论集体合同草案,应有(　　)以上职工代表,且须经全体职工代表(　　)以上同意,集体合同草案或专项集体合同草案方获通过。
   A. 2/3,半数　　　　　　　B. 2/3,1/2
   C. 半数,1/2　　　　　　　D. 1/2,2/3

学习情境2　企业规章制度争议处理

教学目标

【能力目标】通过学习,能够熟练应用企业规章制度的制定程序;能够规范制定企业规章制度;能够依法处理企业规章制度争议。

【知识目标】通过学习,应当掌握企业规章制度的制定程序;熟悉合法的劳动规章制度生效规定。

知识与实践

一、企业规章制度概要

 **用人单位对工作时间与加班时间的误解**

宋某与 A 民营医院（以下简称 A 医院）签订了 2 年的劳动合同。A 医院的《员工手册》中明确规定：职工实行每周 6 天工作制，工作时间为上午 8：00—12：00，下午 13：00—17：00。劳动合同到期后，宋某离开 A 医院，同时他要求 A 医院支付工作 2 年期间每周六的加班工资近 6 万元。A 医院则认为，医院虽然在《员工手册》上规定了周六工作，但事实上医院并非每周六都安排职工工作，而且即使安排了职工周六加班，加班工资都已经在平时的工资中支付，不同意再另外支付加班工资。双方经协商达不成一致意见，于是宋某申请了劳动仲裁。在仲裁审理中，宋某提供了 A 医院的《员工手册》作为医院安排自己每周六加班的证据，在 A 医院没有提供有力证据支持自己主张的情况下，劳动争议仲裁机构最终裁决支持了宋某要求补发加班工资的请求事项。

工作任务

（1）请你分析：本案中 A 医院的规章制度是否合法？宋某申请加班工资的证据是否充足？

（2）请你解读我国关于工作时间、休息休假时间以及加班制度与企业规章制度自主权的法律规定。

（3）假设你是用人单位的人力资源管理工作人员，请你为 A 医院的工作时间和加班时间起草一个合法合理、可操作的制度。

《劳动合同法》明确规定了企业规章制度的内容和制定程序的生效条件。用人单位在劳动关系管理运作及招录劳动者入职时，及时制定并依法告知与劳动者利益相关的企业规章制度成为人力资源管理部门重要的工作内容之一。而企业规章制度的制定是一个系统工程，不仅制度的内容要具有合法性，而且制度的制定程序也要具有合法性，规章制度更要具有可操作性，否则，依法生效的企业规章制度即为废纸一张。

（一）企业规章制度的概念

企业规章制度是指用人单位根据有关法律、法规并切合企业自身特点制定的，以书面形式表达的，在本单位实行的有关组织和进行劳动管理的规则的总称。

（二）企业规章制度的类型

企业规章制度从内容上分类，一般包括：财务管理制度；合同管理制度（总则，签订，应注意的问题，合同的审查批准，合同纠纷的处理，合同的履行，合同的变更、解除，合同的管理）；工程发包制度；工程材料设备采购管理制度；考勤及请（销）假制度；廉政建设管理制度；档案管理制度；保密制度；卫生管理制度；差旅费管理制度；会议室管理制度；

安全保卫制度;车辆管理制度;办公室管理制度;文印管理制度;办公用品购置、领用管理制度;人事管理制度等。

二、劳动规章制度概要

 公司根据事假制度解除自动离职者的劳动合同

刘某在上海A灯具公司(以下简称A公司)任电气工程师。在一次报销车费时,他因报销单据不符合财务要求而与A公司发生争执。之后,刘某向A公司递交了1个月的事假单,随后就离开了A公司。3天后,A公司未见刘某来上班,立即与他进行联系,但刘某的手机关机了。A公司依照企业规章制度中"请假需经领导批准,无故旷工3天以上的,公司将视为自动离职,并不支付经济补偿"的规定,解除了与刘某签订的劳动合同。刘某得知后,将A公司告上仲裁庭,要求A公司支付1个月的经济补偿。

工作任务

(1)请你分析:A公司以刘某自动离职为由解除劳动合同是否合法?A公司的处理依据是什么?

(2)请你了解我国关于用人单位规章制度与解除劳动合同条件的法律规定。

(3)请你为用人单位制定一套请假制度及处理规定,并使之能够依法产生法律效力。

(一)劳动规章制度的概念与特征

劳动规章制度是企业规章制度中的一类,是指用人单位依法制定并在本单位实施的组织劳动和进行劳动管理的规则。《劳动合同法》第四条第一款规定:"用人单位应当依法建立和完善劳动规章制度,保障劳动者享有劳动权利、履行劳动义务。"

1. 劳动规章制度的特征

劳动规章制度具有协调劳动关系的功能,其特征如下:

(1)劳动规章制度是由用人单位为制定主体,只在本单位范围内适用的规章制度;

(2)劳动规章制度是职工和用人单位在劳动过程中的行为规则;

(3)劳动规章制度是企业用工自主权和职工民主管理权相结合的产物。

2. 劳动规章制度和劳动合同、集体合同的区别

劳动规章制度和劳动合同、集体合同都是确定劳动关系双方当事人的权利和义务的重要依据,都是协调劳动关系的重要手段,但它们相互之间仍有区别。

(1)制定主体不同。

劳动规章制度的制定是用人单位的单方行为,在制定程序中虽有职工参与的环节,但还是由用人单位最后决定和公布,职工并非制定主体;而劳动合同和集体合同的订立,都是劳动关系当事人或其团体双方的法律行为。

(2)适用范围不同。

劳动规章制度和集体合同规定的是用人单位和用人单位职工群体的权利和义务,非

某个具体的职工;而劳动合同所规定的只是单个职工的权利和义务,非职工群体。

(3) 侧重的内容不同。

劳动规章制度与集体合同在内容上虽有交叉,但各有侧重:前者侧重于在劳动过程的组织和管理中职工和用人单位双方的职责;后者侧重于规定本单位范围内的最低劳动标准。而劳动合同的内容则侧重于具有个性化的单个职工的具体权利和义务等。

(二) 劳动规章制度的制定与生效

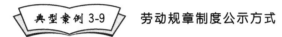

典型案例3-9　劳动规章制度公示方式

小明在A机电公司工作,双方签订了一份3年的劳动合同。劳动合同中特别约定:若职工违反公司的劳动规章制度,情节严重的,公司有权提前解除劳动合同,且无须支付经济补偿。劳动合同履行期间,A机电公司的管理层发现有些职工互相帮忙打卡的情况较为严重,便出台了一条新规定:发现互相帮忙打卡3次以上的,将视为严重违纪并解除劳动合同。A机电公司于新规定出台后的第二天通过企业内网发送至每位职工的邮箱里。一天,小明接到A机电公司的一份解雇通知,解雇理由是小明在上班时间经常上网聊天,常代人打卡或者让他人帮自己打卡。根据A机电公司的劳动规章制度,在上班时间上网聊天3次以上的视为严重违纪,公司可以解除劳动合同。小明辩解,他一直不知道A机电公司有该规定,公司也从未将该规定的内容向他进行公示,并且自己虽有代打卡的行为,但没有超过3次,公司不能解雇自己。A机电公司则称规定已向所有的职工进行了公示,而且公司还保留了小明6次代人打卡或让人帮自己打卡的视频资料,以此证明公司的解雇行为是有理有据、合法有效的。

工作任务

(1) 请你分析:本案中的用人单位关于工作时间职工不准上网聊天、不准互相帮忙打卡的劳动规章制度是否具有法律效力?

(2) 请你解读我国关于劳动规章制度生效程序的法律规定。

(3) 假设你是用人单位的人力资源管理工作人员,请你为本案中的用人单位的劳动规章制度设计一套可行、有效的公示或告知的办法。

1. 企业的法定责任

制定劳动规章制度既是用人单位的法定权利,也是用人单位的法定义务。《劳动合同法》第四条第一款明确规定,用人单位应当依法建立和完善劳动规章制度,保障劳动者享有劳动权利、履行劳动义务。如果用人单位不履行该义务,其法律后果将是:既不能依据《劳动合同法》第三十九条辞退严重违反用人单位的规章制度的劳动者,也不能限制劳动者根据《劳动合同法》第三十八条规定的即时辞职权,更要受到劳动行政部门依《劳动合同法》第八十条责令改正、给予警告、赔偿劳动者损失的处罚。

2. 劳动规章制度的内容

劳动规章制度的内容相当广泛,涉及劳动关系内容的各个方面和劳动关系运行的各个主要环节。其中,除对某些重要事项由国家直接规定外,根据《劳动合同法》第四条第二款的规定,企业可以规定的劳动规章制度内容依法主要为"有关劳动报酬、工作时间、休息休假、劳动安全卫生、保险福利、职工培训、劳动纪律以及劳动定额管理等直接涉及劳动者切身利益"的事项。

3. 制定劳动规章制度的程序

根据《劳动合同法》第四条第二款和第四款的规定,用人单位在制定、修改或者决定有关劳动报酬、工作时间、休息休假、劳动安全卫生、保险福利、职工培训、劳动纪律以及劳动定额管理等直接涉及劳动者切身利益的规章制度或者重大事项时,应当经职工代表大会或者全体职工讨论,提出方案和意见,与工会或者职工代表平等协商确定。用人单位应当将直接涉及劳动者切身利益的规章制度和重大事项决定公示,或者告知劳动者。由此可知,劳动规章制度的制定程序为:

(1) 用人单位提出方案和意见;
(2) 将方案和意见交由职工代表大会或全体职工讨论;
(3) 工会或职工代表代表职工与用人单位进行协商;
(4) 用人单位将劳动规章制度予以公示或告知劳动者。

4. 劳动规章制度的生效要件

《最高人民法院关于审理劳动争议案件适用法律若干问题的解释(一)》第五十条将规章制度的有效要件规定为:

(1) 通过民主程序制定;
(2) 内容符合国家法律、行政法规及政策规定;
(3) 已向劳动者公示。

5. 公示或告知的方法

依法制定的劳动规章制度,必须经过用人单位最后的公示或告知劳动者方能产生法律效力。常用的公示或告知的方法有以下六种:

(1) 发放《员工手册》,即用人单位将劳动规章制度编印成册,每位职工均发放1本。
(2) 会议宣传、培训,即由企业的人力资源管理部门组织全体职工进行劳动规章制度的培训和集中学习。
(3) 劳动规章制度考试:由用人单位挑选重要条款并设计成试题,组织职工进行开卷考试或闭卷考试,加深职工对劳动规章制度的理解,并将考试成绩放入到职工的个人档案中。
(4) 劳动合同约定,即在劳动合同中作为附件,使其成为劳动合同的组成部分。
(5) 传阅并签名,如职工入职声明等。如果用人单位的职工不多时,可以将劳动规章制度交由职工传阅并签名。
(6) 快递劳动规章制度,即将企业规章制度以快递的方式邮寄给职工。

以上方法的证据效力较强,有利于保护用人单位的合法权益。

此外,公示或告知的方法也可以是:(1) 网站公布,即在企业的网站或内部局域网发布,进行公示;(2) 电子邮件通知,即向职工发送电子邮件,通知职工阅读劳动规章制度并回复确认;(3) 公告栏张贴,即在企业内部设置的公告栏、白板上张贴,供职工阅读。

但是,这三种方法的证据风险较大。

6. 劳动规章制度的效力范围

劳动规章制度在本单位范围内对全体职工和用人单位都具有法律约束力。职工和用人单位因履行劳动规章制度发生争议,属于劳动争议,应当根据法定的劳动争议处理程序予以处理。

思考与训练

一、是非判断题

1. 用人单位不能单方面制定企业规章制度,需要与工会或职工代表平等协商。( )
2. 劳动合同没有约定,国家的法律、法规又没有规定的,不能作为企业规章制度。( )
3. 企业在制定规章制度时认为有需要的,可以聘请专业人士和律师参加。( )
4. 未经公示的企业规章制度,对职工不具有约束力。( )
5. 企业规章制度虽然不是法律、法规,但在企业内部对职工具有法律效力。( )

二、单项选择题

1. 企业起草规章制度草案,有职工代表大会的,应将草案提交职工代表大会讨论;没有职工代表大会的,应当交由全体职工讨论。这个过程称为(   )。
   A. 民主程序   B. 集中程序   C. 平等协商   D. 民主管理

2. 规章制度草案完成后,应将形成的规章制度草案提交(   )讨论。
   A. 工会   B. 职工代表大会   C. 董事会   D. 人事部

3. 劳动者严重违反规章制度,用人单位在解除合同时应依法通知(   )的意见。
   A. 职工代表大会   B. 董事会   C. 企业职工   D. 工会

4. 企业规章制度违反法律、法规的规定,损害劳动者利益的,(   )可以随时通知用人单位解除劳动合同。
   A. 劳动者   B. 职工代表   C. 工会   D. 职工代表大会

5. 企业规章制度与劳动合同、集体合同的内容相悖时,(   )有优先选择权。
   A. 劳动者   B. 董事会   C. 企业   D. 工会

项目四

工时休假争议处理

学习情境 1　工作时间争议处理

教学目标

【能力目标】通过学习，能够区分关于标准工时制、综合计算工时工作制和不定时工作制的不同规定；能够依法处理加班时间争议。

【知识目标】通过学习，熟悉我国关于标准工作时间的制度；了解不同工作时间的区别；掌握法定工作时间与加班制度。

知识与实践

一、工作时间

　法定工作时间争议处理

A 橡胶厂对职工实行的是标准工时制和计时工资制。该厂规定，车间的早班工人在每个工作日的上午 8：00 正式开始工作，至当天下午 5：00 下班。期间，午餐及午休时间为 1 小时。另外，A 橡胶厂还规定，为了做好工作前的准备，要求早班工人每天必须在 7：45 到岗，在预热机器的同时更换服装、听车间领导布置当天的工作。在管理过程中，A 橡胶厂发现部分工人在工作时常常以上厕所为名缩短实际工作时间。于是，该厂规定早班工人每人每天有半小时的如厕时间，工人可以自由支配。同时，该厂还将下班时间调整为下午 5：30。这个新规定执行 1 个月之后的发薪日，部分早班工人提出异议，认为他们的实际工作时间已超过 8 小时，A 橡胶厂应当支付他们相应的加班工资。遭到厂方的拒绝后，他们向当地的劳动争议仲裁委员会进行申诉，要求 A 橡胶厂补发他们相应的加班工资。

工作任务

（1）请你熟悉本案的案情，并分析 A 橡胶厂重新核定的工作时间有无法律风险。
（2）请你解读我国关于标准工作时间的法律规定。
（3）假设你是本案中的劳动者，请你编写一份劳动仲裁申请书。

（一）工作时间的含义

工作时间简称工时，一般指法定工作时间，是指由立法确定的一昼夜中工作时间长度、一周中工作日天数，并要求各用人单位和一般职工普遍实行的基本工时制度。工作时间具有法定性，用人单位不得在法定工作时间以外随意延长工作时间。根据《劳动法》及其他有关规定，工作时间分为标准工时、特殊工时和其他工时。其中，特殊工时分

为综合工时和不定时工时,其他工时包括缩短工时、计件工时等。标准工时是工作时间的标准和基础,是特殊工时和其他工时的计算依据和参照标准。工作时间的范围,不仅包括作业时间,而且还包括准备工作时间、结束工作时间以及法定非劳动消耗时间。法定非劳动消耗时间主要是指劳动者生理需要中断时间、工艺需要中断时间、停工待活时间、女职工哺乳婴儿时间等。

(二) 最长工时标准

最长工时标准是指法律规定的在一日或一周内工作时间的最长限度。根据1994年2月3日发布的《国务院关于职工工作时间的规定》,劳动者每日工作时间不超过8小时、平均每周工作时间不超过40小时。任何单位和个人都不得擅自延长职工的工作时间。

最长工时标准的法律效力如下:

(1) 在全国范围内普遍执行最长工时标准,除法定特殊情形外,用人单位不得突破法定最长工时限制;

(2) 对实行计件工资的劳动者,用人单位应当根据日或周最长工时,合理确定劳动者的劳动定额和劳动报酬;

(3) 企业因生产特点不能按照法定最长工时要求实行作息办法而采用其他工时形式的,必须符合法定条件,履行法定审批程序;

(4) 实行综合计算工时工作制的,其平均日工时或周工时应当与法定日最长工时或周最长工时基本相同;

(5) 用人单位不遵守最长工时标准,违法延长工时的,应当追究法律责任。

(三) 工时形式

 **用人单位与劳动者自行约定不定时工作制是否有效**

2017年11月1日,张某与A物业公司签订了3年的劳动合同,约定张某担任该物业公司的安全员,月工资为3500元,所在岗位实行不定时工作制。A物业公司于2018年4月向当地的人力资源和社会保障部门就安全员岗位申请不定时工作制,获批期间为2018年5月1日至2019年4月30日。2018年9月30日,张某与A物业公司经协商解除了劳动合同。双方认可2017年11月至2018年4月、2018年5月至2018年9月期间,张某分别在休息日工作15天、10天,A物业公司既未安排调休也未支付休息日加班工资。张某要求A物业公司支付上述期间休息日加班工资,A物业公司以张某实行不定时工作制为由拒绝支付。2018年10月,张某向当地的劳动争议仲裁委员会申请劳动仲裁,请求A物业公司支付2017年11月至2018年9月的休息日加班工资共计8046(3500元÷21.75天×25天×200%)元。劳动争议仲裁委员会最终裁决A物业公司支付张某2017年11月至2018年4月的休息日加班工资4828(3500元÷21.75天×15天×200%)元。

工作任务

(1) 请你分析：未经审批，A物业公司能否仅凭与张某的约定就实行不定时工作制。
(2) 请你解读我国关于综合计算工时工作制和不定时工作制的法律规定。

我国《劳动法》和其他法律、法规规定的工时制度有三种，即标准工时制、综合计算工时工作制和不定时工作制。

1. 标准工时制

（1）标准工时制的含义。

标准工时制又称法定工时制，是指法律规定的我国境内的一切国家机关、企业、事业单位、社会团体和有雇工的个体工商户等在通常情况下实行的一种工时制度。标准工时制是我国现行工时制度的一种基本形式。

（2）标准工时制的时间限制。

标准工作时间包括劳动者每日工作时间和劳动者每周工作时间两个方面的内容。根据《国务院关于职工工作时间的规定》第三条的规定，职工每日工作8小时、每周工作40小时。也就是说，我国现在实行的是每日工作不超过8小时、每周工作不超过40小时的工时制度。

（3）标准工时制的加班制度。

在对劳动者实行计时工资的前提下，用人单位超出法定工作时间安排劳动者劳动的，应当依法支付劳动者高于正常工作时间工资报酬标准的延长工作时间的劳动报酬。

标准工时制的内容参见表4-1。

表4-1 标准工时制的内容

依据	内容	施行时间
《国务院关于职工工作时间的规定》	职工每日工作8小时、每周工作40小时。因工作性质或者生产特点的限制，不能实行每日工作8小时、每周工作40小时标准工时制度的，按照国家有关规定，可以实行其他工作和休息办法	自1995年5月1日起
《劳动法》	用人单位应当保证劳动者每周至少休息一日	自1995年5月1日起
《劳动和社会保障部关于职工全年月平均工作时间和工资折算问题的通知》（2008）	年工作日： 365天－104天（休息日）－11天（法定休假日）＝250天 季工作日： 250天÷4季＝62.5天/季 月工作日： 250天÷12月＝20.83天/月 工作小时数： 以月、季、年的工作日乘以每日8小时	2008年1月3日

2. 综合计算工时工作制

（1）综合计算工时工作制的含义。

综合计算工时工作制是指因工作性质特殊或者受季节及自然条件的限制，需要在一段时间内连续作业,采取以周、月、季、年等为周期,综合计算工作时间的一种工时制度。综合计算工时工作制是工时制度的特殊情形,其平均日工作时间和平均周工作时间应与法定标准工作时间基本相同。

(2) 综合计算工时工作制的有效要件。

① 用人单位应当对实行综合计算工时工作制的岗位,报经当地劳动行政部门批准,且不能任意扩大其适用范围。

② 对于实行综合计算工时工作制的职工,企业应当与工会或职工代表大会协商,采用集中工作、集中休息、轮休调休、弹性工作时间等适当方式,以确保职工的身体健康和生产、工作任务的完成。

(3) 综合计算工时工作制的适用范围。

根据《关于企业实行不定时工作制和综合计算工时工作制的审批办法》第五条的规定,可以实行综合计算工时工作制的职工有以下三种:

① 交通、铁路、邮电、水运、航空、渔业等行业中因工作性质特殊,需连续作业的职工;

② 地质及资源勘探、建筑、制盐、制糖、旅游等受季节和自然条件限制的行业的部分职工;

③ 其他适合实行综合计算工时工作制的职工。

(4) 综合计算工时工作制的加班制度。

依法实行综合计算工时工作制的,每日或每周的实际工作时间可以超过 8 小时或 40 小时,但综合计算周期内的总实际工作时间不应超过总法定标准工作时间:

① 综合计算周期内工作时间超过总法定标准工作时间部分,应视为延长工作时间支付加班报酬;

② 法定休假日安排劳动者工作的,依法执行法定假日加班制度;

③ 休息日安排劳动者工作的,属于正常工作,不执行休息日加班制度。

(5) 综合计算工时工作制的注意事项。

用人单位在执行综合计算工时工作制时必须注意:

① 执行综合计算工时工作制必须经当地劳动行政部门审批;

② 企业实行综合计算工时工作制以及在实行综合计算工时工作制工作中采取何种工作方式,一定要与工会或职工代表大会协商;

③ 对于第三级以上(含第三级)体力劳动强度的工作岗位,劳动者每日连续工作时间不得超过 11 小时,而且每周至少休息一天。

3. 不定时工作制

(1) 不定时工作制的含义。

不定时工作制是指企业因生产特点、工作性质和工作职责的限制,不能实行标准工时制,经劳动行政部门审批,对某些劳动者实行的每日没有固定工作时数限制,直接确定其劳动量的一种工时制度。对于实行不定时工作制的劳动者,用人单位应按《劳动法》的规定,参照标准工时制核定工作量并采用弹性工作时间等适当方式,以确保职工的休息休假权利和生产、工作任务的完成。符合带薪年休假条件的劳动者,企业可以安排其享受带薪年休假。用人单位根据不同岗位的情况,经过劳动行政部门审批后实行不定时工作制,是《劳动法》授予企业的工作时间管理权限。

(2) 不定时工作制的适用范围。

根据《关于企业实行不定时工作制和综合计算工时工作制的审批办法》第四条的规定,可以实行不定时工作制的职工主要有以下三种:

① 企业中的高级管理人员、外勤人员、推销人员、部分值班人员和其他因工作无法按标准工作时间衡量的职工;

② 企业中的长途运输人员、出租汽车司机和铁路、港口、仓库的部分装卸人员以及因工作性质特殊,需机动作业的职工;

③ 其他因生产特点、工作特殊需要或职责范围的关系,适合实行不定时工作制的职工。

(3) 不定时工作制的有效要件。

① 执行不定时工作制必须经过当地劳动行政部门审批。

② 企业必须与执行不定时工作制的劳动者明确约定。

③ 经依法审批执行不定时工作制的劳动者,可以不适用加班时间限制的规定。

(4) 不定时工作制的加班限制。

① 不受日延长工作时间标准和月延长工作时间标准的限制,但用人单位应采用弹性工作时间等适当的工作方式和休息方式,以确保职工的休息休假权利和生产、工作任务的完成。

② 不执行日延长工作时间和月延长工作时间的加班制度。

③ 法定假日安排工作的依法执行法定假日加班制度。

(5) 不定时工作制的工作考核。

实行不定时工作制的职工,尤其是企业的管理层,因为具有明显的工作机动性强、无法确切衡量工作时间等特点,根据实际需要,在履行向劳动行政部门审批的程序后,可以实行不定时工作制,即不需要进行正常工作时间的安排和考勤,而以其工作任务完成情况来考核工作量。不定时工作制的特点之一就是在工作时间上不再存在休息日,一律由职工根据需要自行安排。因此,如果用人单位对某个岗位实行不定时工作制,不能再以标准工时制的管理制度要求职工打卡、考勤,更不能以企业职工不记考勤、旷工而作出违纪处理。

(四) 用工形式

 非全日制用工与全日制用工之争

刘某,外地农业户口,在 A 公司从事工程监理工作,双方未签订书面劳动合同。4 年后的一天,A 公司与刘某签订了终止劳动关系的协议,并约定:双方同意从即日起终止事实劳动关系;之前双方的义务均已履行完毕,不存在未履行义务。之后,刘某根据《劳动合同法》等相关法律的规定,向劳动争议仲裁委员会申请仲裁,要求 A 公司支付解除劳动合同的经济补偿 6956 元及该数额 50% 的额外经济补偿 3478 元。

在仲裁期间,A 公司称,不同意刘某的申诉请求,理由如下:

(1) 刘某为工程监理人员,每日工作时间不固定,很多情况下每日工作时间没有超

过4小时,所以是该单位的非全日制用工人员。依据相关规定,非全日制用工人员终止劳动合同不需要支付经济补偿。对此,A公司出示了单位职工黄某的证人证言,主要内容为刘某进入公司的工作时间和工作岗位。

(2) 双方是"终止劳动关系",而非刘某所述的"解除劳动合同"。依据非全日制用工相关法律的规定,"终止劳动关系"不需要支付经济补偿。而且,在双方签订的终止劳动关系的协议中已明确说明"不存在未履行义务"。

(3)《劳动合同法》自2008年1月1日起施行,我们双方的劳动关系发生在该法实施之前,因而不适用该法。

工作任务

(1) 请你分析双方当事人的主张是否合法,其主张是否具有法律依据。

(2) 请你解读我国关于全日制用工与非全日制用工的法律规定,并分析全日制用工与非全日制用工的区别和联系。

(3) 假设你是用人单位的人力资源管理工作人员,请你为本案设计一个合法的处理方案,并说明法律依据。

全日制用工与非全日制用工是法律认可的两种用工模式。非全日制用工作为一种比较灵活的用工形式,与全日制用工相互配合,长期以来在很多的用人单位被采用,对日益紧张的劳动力市场起到了很好的缓冲作用,在一定程度上弥补了全日制用工的不足。

1. 全日制用工

全日制用工是指劳动者在同一用人单位每日工作8小时、每周工作5天,每周工作时间不超过40小时的用工形式。全日制用工是适用标准工时制的,是最常见、最常规的用工方式。我国的法律、法规非特指的,一般都是指这种用工方式。其他用工方式有特别规定的执行特别规定,无特别规定的按照全日制用工方式执行相关规定。

2. 非全日制用工

(1) 非全日制用工的含义。

非全日制用工是指以小时计酬为主,劳动者在同一用人单位一般平均每日工作时间不超过4小时,同时为1个以上用人单位提供非全日制工作的,每周累计工作时间不超过24小时的用工形式。

(2) 劳动合同的形式及兼职的规定。

非全日制用工双方当事人可以订立口头协议。从事非全日制用工的劳动者可以与1个或者1个以上用人单位订立劳动合同;但是,后订立的劳动合同不得影响先订立的劳动合同的履行。

(3) 试用期的规定。

非全日制用工双方当事人不得约定试用期。

(4) 劳动合同解除及补偿的规定。

非全日制用工双方当事人任何一方都可以随时通知对方终止用工。终止用工,用人单位不向劳动者支付经济补偿。

(5) 工资标准及支付周期的规定。

非全日制用工小时计酬标准不得低于用人单位所在地人民政府规定的最低小时工资标准。非全日制用工劳动报酬结算支付周期最长不得超过15日。

3. 全日制用工与非全日制用工的区别

全日制用工与非全日制用工的区别参见表4-2。

表4-2 全日制用工与非全日制用工的区别

分类	全日制用工	非全日制用工
劳动合同的形式	书面形式	口头形式或书面形式
劳动合同的数量	只有1个	1个或者1个以上,后订立的劳动合同不得影响先订立的劳动合同的履行
试用期	可以约定	不得约定
终止劳动合同是否支付经济补偿	依法支付	无须支付
工作时间	标准工时制、综合计算工时工作制、不定时工作制	一般平均每日不超过4小时,每周累计不超过24小时
工资支付周期	工资应以货币形式按月支付	工资支付周期不得超过15日
最低工资标准	用人单位所在地人民政府规定	用人单位所在地人民政府规定

二、延长工作时间

 超时加班,自愿也不允许吗

上海青浦的A企业为了扩大生产,经董事会决定实行"自愿加班计划"。即A企业在原来每天8小时生产时间的基础上再增加2小时,不愿加班的职工的当月奖金减半,加班费用按每小时10元计算。这一计划实行后,厂里的很多职工都踊跃报名。但是,区劳动监察大队却下达了整改通知,要求A企业停止这种做法。对此,A企业认为加班是职工自愿参加的,能够帮助职工增加收入,而且每天多工作2小时并不会伤害职工的健康。职工们也认为自己下了班在业余时间也会找份兼职做,可以增加收入、多拿奖金,现在就在厂里加班,可谓一举两得。

工作任务

(1) A企业制订的"自愿加班计划"是否违反了法律规定?请你说明理由。

(2) 如果企业临时需要增加生产应该怎样做?

(一) 延长工作时间概要

1. 延长工作时间的含义

延长工作时间又称加班加点,是指劳动者的工作时间超出法定正常界限在休息时间

范围内延伸,也即劳动者在标准工作时间以外应当休息的时间内进行工作。其中,加班是指劳动者在法定节假日或休息日进行工作;加点是指劳动者在标准工作时间以外延长的时间进行工作,即提前上班或推迟下班。

2. 延长工作时间的客观需要

标准工作时间的时间长度和上下班时间虽然同生产、工作的常规需要相适应,却难以满足生产、工作的特殊需要,加班加点正是因为能够弥补这种不足而有存在的必要。但是,无论是加班还是加点,都是劳动者超出正常工作时间,在原本应该休息的时间内进行的工作,是标准工作时间在休息时间中的延伸,挤占了劳动者的休息时间。所以,为了保护劳动者的休息权,国家对加班加点既允许,也要进行严格的限制;既规定了延长工作时间的程序和上限,也明确规定了补偿的标准,以防止用人单位对加班加点的滥用。

(二)延长工作时间的限制

 月加班时间的最高限制

A制衣厂一直实行标准工时制。4月,A制衣厂接到一张制衣订单,要求相关职工在2个月内、每天正常工作时间之外延长2小时工作时间,厂方将按法律规定以职工本人平日小时工资为标准,支付每日2小时延长工作时间150%的劳动报酬。职工们认为偶尔延长2小时工作时间还能多拿一些劳动报酬,自然乐得其所,但长时间的每日延长2小时工作时间让他们感觉有点吃不消,也会扰乱他们的生活,于是与A制衣厂商量能否减少一点加班时间。但是,A制衣厂答复说,为了完成订单任务只能如此加班,希望职工们都辛苦点。否则,如果不能按时完成订单,A制衣厂将要承担违约责任,这个损失对企业和职工来说都是不利的。

工作任务

(1)请你分析:本案中A制衣厂的做法是否有不规范之处?
(2)请你解读我国法律关于标准工时制加班时间最高上限的具体规定。
(3)假设你是用人单位的人力资源管理工作人员,请你为本单位在遇到类似紧急情况时设计一个合法的处理方案。

1. 延长工作时间的人员范围限制

根据《劳动法》《女职工劳动保护特别规定》和《中华人民共和国未成年人保护法》(以下简称《未成年人保护法》)等的规定,禁止安排未成年工、怀孕7个月以上的女工和哺乳未满周岁婴儿的女职工加班加点。

2. 延长工作时间的条件、协商程序和长度限制

用人单位不得违反《劳动法》的规定延长劳动者的工作时间。

(1)延长工作时间的条件。

用人单位只有在"生产经营需要"的条件下才能安排劳动者加班加点。在实践中,加

班加点的条件可以由集体合同约定,或者由用人单位与工会协商"生产经营需要"的具体范围。

(2)延长工作时间的协商程序。

用人单位由于生产经营需要而安排劳动者延长工作时间的,应当事先就加班加点的理由、工作量和所需职工人数与工会和劳动者进行协商。

(3)延长工作时间的长度。

由于生产经营需要而延长工作时间的,一般每日不得超过1小时;因特殊原因需要延长工作时间的,在保障劳动者身体健康的条件下延长工作时间每日不得超过3小时,但是每月不得超过36小时的最高上限。

3. 延长工作时间不受程序、时长限制的特殊情形

在《劳动法》第四十二条和《国务院关于职工工作时间的规定》《国家机关、事业单位贯彻〈国务院关于职工工作时间的规定〉的实施办法》中,明确规定延长工作时间不受《劳动法》规定的延长工作时间程序、时长限制的情形包括:

(1)发生自然灾害、事故或者因其他原因,威胁劳动者生命健康和财产安全,需要紧急处理的;

(2)生产设备、交通运输线路、公共设施发生故障,影响生产和公众利益,必须及时抢修的;

(3)必须利用法定节假日或休息日的停产期间进行设备检修、保养的;

(4)国家机关、事业单位为完成国家紧急任务或完成上级安排的其他紧急任务,以及商业、供销企业在旺季完成收购、运输、加工农副产品紧急任务的;

(5)为完成国防紧急任务,或者完成上级在国家计划外安排的其他紧急生产任务的;

(6)法律、行政法规规定的其他情形。

(三)延长工作时间的补偿

 **休息日加班应首先安排补休吗**

9月10日是星期五,天气秋高气爽。早上一上班,某制衣厂的职工李师傅的心情就特别好,因为明天是她女儿的生日,恰逢又是厂里的休息日,平常工作忙没有时间陪孩子,明天正好女儿过生日,她打算明天带女儿好好玩一天。这时,厂长突然到车间宣布:"有件事情跟大家商量一下,厂里刚接下一批急活,需5天内做完,所以厂里希望大家明天和后天都能来加班,以确保这批急活能按时完成。"工友们一致表示同意加班。李师傅本想告诉厂长明天的休息日自己要陪女儿过生日,可又觉得大家都来加班,唯有自己不来加班不太合适。再说,按照厂里的惯例,每次休息日加班都会按工资的200%发加班费。于是,李师傅也向厂长表示休息日自己也能来厂里加班。

11日和12日这两天,李师傅和大家一起紧张地加班,提前干完了那批急活。厂长非常高兴,当即向大家表示感谢,并通知"这次厂里将以补休的方式来补偿这两天的加

班,下周全厂统一休息,作为对这两天加班的补休"。可李师傅却不高兴了,向厂长表示自己牺牲了给女儿过生日的时间来加班,不是为了要两天的补休,而是为了能挣点加班费,现在厂里为了不给加班费而安排补休,自己不能接受,并声称根据《劳动法》的规定,单位应当按工资的200%支付加班费,自己不接受加班补休。

☑ 工作任务

（1）请你了解本案的案情,并分析劳动者在休息日里加班,加班费与补休之间应如何选择。

（2）请你解读我国关于用人单位安排劳动者休息日工作支付劳动报酬的法律规定。

（3）假设你是用人单位的行政领导,你应该如何向李师傅进行解释?

典型案例4-7　法定休假日加班费能否以补休来代替

在休息日及法定休假日留人值班,这对于网站工作人员来说都是很平常的事情。去年中秋节,某网站安排徐某等人值班。新来的财务经理向首席执行官指出,这种情况要支付给徐某等人300%的工资作为加班费。首席执行官说:"他们在休息时间来上班,我安排他们补休就行了,不用支付什么加班费。"果然,徐某等人在节后被安排多休息了一天。结果,到了月末领工资的时候,他们发现工资里并没有自己原先预想的中秋节假日300%的加班工资,当时,他们还以为会分开发放,但过了几天也不见有动静,就前往财务部询问原因。财务经理便把首席执行官早已吩咐的话说了一遍:"由于中秋节后给你们安排了补休,所以这天的加班工资就不能再发给你们了。"徐某等人还将信将疑,财务经理继续说:"不信的话,你们自己回去看看《劳动法》第四十四条第二项,上面写着安排补休的,不再支付加班工资。"徐某等人才知道《劳动法》确实有此规定。

☑ 工作任务

（1）请你了解本案的案情,并分析职工在法定休假日工作的,企业能否用补休来代替300%的加班工资。

（2）请你解读我国关于法定休假日工作与劳动报酬的法律规定。

（3）假设你是用人单位的人力资源管理工作人员,请你针对本案中网站的做法编写一份法律建议书。

根据《劳动法》第四十四条的规定,有下列情形之一的,用人单位应当按照下列标准支付高于劳动者正常工作时间工资的工资报酬:

（1）安排劳动者延长工作时间的,支付不低于工资的150%的工资报酬;

（2）休息日安排劳动者工作又不能安排补休的,支付不低于工资的200%的工资报酬;

（3）法定休假日安排劳动者工作的,支付不低于工资的300%的工资报酬。

根据《工资支付暂行规定》第十三条第二款的规定,实行计件工资的劳动者,在完成计件定额任务后,由用人单位安排延长工作时间的,分别按照不低于其本人法定工作时间计件单价的150%、200%、300%支付其工资。

思考与训练

一、是非判断题

1. 用人单位应当保证劳动者每周至少休息2日。（   ）
2. 医疗期制度属于我国的休假制度之一。（   ）
3. 实行综合计算工时工作制的企业报劳动行政部门批准后实施。（   ）
4. 用人单位可以实行每日工作5小时，每周工作7天的工作制度。（   ）
5. 用人单位安排法定节假日加班并补休的，可以不用支付加班费。（   ）

二、单项选择题

1. 非全日制劳动关系是劳动者与用人单位约定以（   ）作为工作时间单位确立劳动关系的形式。
   A. 分钟   B. 小时
   C. 日   D. 双方协商的时间单位

2. 实行每周40小时工时制的，每月实际工作天数为（   ）天。
   A. 21.75   B. 21.95
   C. 20.83   D. 20.15

3. 综合计算工时工作制在（   ）时，可以不支付加班的劳动报酬。
   A. 平时延长工作时间   B. 双休日工作
   C. 春节假日   D. 国庆节

4. 不定时工作制在（   ）时，应当支付加班的劳动报酬。
   A. 平时延长工作时间   B. 双休日工作
   C. 法定节假日   D. 妇女节

5. 不定时工作制主要适用于（   ）
   A. 出租车司机   B. 企业高管
   C. 推销人员   D. 渔业人员

学习情境2　休息休假争议处理

教学目标

【能力目标】 通过学习，能够规范地运用平时休息及法定节假日休息时间制度；能够正确地应用年休假、探亲假、婚丧假、产假等休假制度。

【知识目标】 通过学习，能够熟悉我国休息休假的种类与内容；了解休息休假待遇制度。

知识与实践

一、休息休假的含义

典型案例 4-8 劳动者休息权争议处理

A公司是以生产出口产品为主的企业。因受全球金融危机的影响，A公司产品的出口量大大降低。因此不得不压缩生产，经常让职工放假回家。春节后的某一天，A公司突然接到国外的一份订单，要求A公司尽快供货。A公司的领导自然是十分高兴，但考虑要求交货的期限十分紧张，于是，A公司的领导宣布：由于公司刚刚接到的这批活时间紧、数量大，为了确保按时交货，公司决定从今天开始的3个月内，全公司每天加班2小时，周六和周日一律不休息。等到完成这批活后，公司将按照国家综合计算工时工作制的标准给全体职工放假，让大家集中休息一段时间。同时，A公司还通知：哪位职工若在星期天擅自休息，不来公司上班，公司将对其按旷工处理，并扣发当月奖金。

经过1个多月没有休息日的连续工作后，一些职工因深感疲劳或因家中有事需要处理而要求星期天休息，但遭到A公司的拒绝。有些职工对A公司的这种做法十分不满，便来到A公司的工会进行反映。工会干部向大家解释道："此次公司因生产任务的需要，安排劳动者连续加班，曾经与工会商量过。等这批活儿完成后，全公司放假，大家一起集中休息。"职工们听到这样的答复表示不满意，后申诉至当地的劳动争议仲裁委员会，希望劳动争议仲裁委员会依法保护他们的休息权。

工作任务

（1）请你了解本案的案情，并分析用人单位A公司变通劳动者的休息时间的做法是否违法。

（2）请你解读我国关于劳动者休息时间的系列法律规定。

（3）假设你是用人单位的人力资源管理工作人员，面对紧急订单与劳动者的休息权，你将如何解决法律规定与生产经营的冲突问题？

休息时间又称法定休息时间，是指法定的劳动者免于履行劳动义务而自行支配的时间，是劳动者恢复和增强劳动力的必要时间。用人单位不得非法占用劳动者的休息时间，如需占用，应当给予特别补偿。

休息时间包括日常休息时间和休假。

典型案例 4-9 每日工作5.5小时，没有休息日，是否合法

林梅是A宾馆的服务员，该宾馆规定服务员每天要工作5.5小时，没有休息日。因为丈夫长期卧病在床，因此林梅要求每周安排一天休息，以便在家处理家务。A宾馆经研究后没有批准，理由是：林梅每天仅工作5.5小时，即使不安排休息日，每周工作也不足40小时，宾馆没有违反国家相关劳动法律、法规，林梅可以利用每天下班后的时间来

处理家务。林梅认为 A 宾馆这样做侵犯了自己的休息权,要求 A 宾馆给予享受每周休息日的待遇。双方因此而发生争议。

工作任务

(1) 请你分析:本案中 A 宾馆的答复是否合法?
(2) 请你解读我国关于劳动者休息日的法律规定。
(3) 假设你是 A 宾馆的工会工作人员,请问你可以帮助林梅通过什么渠道来维护自身的权益?

 **不定时工作制的法定休假日能否随意取消**

李明在 A 贸易公司担任销售部经理,双方在劳动合同中明确约定,部门经理的岗位实行不定时工作制。9 月 22 日,在家休息的李明突然接到老板打来的电话,称有一个紧急业务需要她处理,于是她马上赶到 A 贸易公司去上班。快到国庆节了,李明本想利用国庆假日到外地旅游,可是 A 贸易公司却安排她 10 月 2 日值班。之后,李明向 A 贸易公司提出,9 月 22 日和 10 月 2 日都是法定休假日,单位应该向她支付加班工资,而 A 贸易公司却以李明实行的是不定时工作制为由拒绝了她。李明不知道 A 贸易公司这样的做法是否合理。

工作任务

(1) 通过本案,请你了解我国关于法定休假日的具体规定。
(2) 请你解读我国关于不定时工作制与加班制度的法律规定。
(3) 根据本案的案情与国家有关法律、法规,请你分析用人单位是否可以取消劳动者的法定休假日。

(一)日常休息时间

日常休息时间是指工作日内不计入工作时间的间歇时间和计入工作时间的间歇时间(即法定非劳动消耗时间),以及相邻 2 个工作日之间的休息时间和相邻 2 个工作周之间的休息时间(周休日)。《劳动法》第三十八条规定:"用人单位应当保证劳动者每周至少休息 1 日。"即用人单位必须保证劳动者每周至少有 1 次 24 小时不间断的休息。

(二)休假

休假是指劳动者依法享受的各种假日,也即劳动者带薪休息,是法定的劳动者免于上班劳动并且有工资保障的休息时间。休假是休息时间的重要组成部分,一般包括法定节假日、年休假、探亲假、婚丧假、产假等。

二、休假的种类

（一）法定节假日

典型案例 4-11　"三八"妇女节加班工资争议处理

叶某在 A 服装公司工作，担任裁剪辅助工，上班以来连续 3 年的"三八"妇女节均为工作日，叶某都正常上班。一日，叶某与 A 服装公司因故发生争议。叶某根据考勤记录的记载，自己在前三年的"三八"妇女节均在上班，要求补偿这三年当中"三八"妇女节 300% 的加班工资。A 服装公司答复称："三八"妇女节公司已经放假半天，叶某即使上班也不应向她支付加班工资。

工作任务

（1）请你分析：本案中的用人单位 A 服装公司是否应当向叶某支付"三八"妇女节工作的加班工资？

（2）请你解读我国关于全体公民放假与部分公民放假及其工资报酬的法律规定。

（3）请你为本案提供一个合法的咨询意见。

法定节假日是指根据国家、民族的传统习俗而由法律规定的在节日实行的休假。根据国务院于 2013 年修订的《全国年节及纪念日放假办法》的规定，用人单位在法定应当放假的节日和纪念日，应当安排劳动者休假。其中，各种休假日如下：

1. 全体公民节假日

全体公民放假的节日包括：

（1）新年，放假 1 天（1 月 1 日）；

（2）春节，放假 3 天（农历正月初一、初二、初三）；

（3）清明节，放假 1 天（农历清明当日）；

（4）劳动节，放假 1 天（5 月 1 日）；

（5）端午节，放假 1 天（农历端午当日）；

（6）中秋节，放假 1 天（农历中秋当日）；

（7）国庆节，放假 3 天（10 月 1 日、2 日、3 日）。

全体公民放假的节假日，如果适逢星期六、星期日的，应当在工作日补假。

2. 部分公民放假的节假日

部分公民放假的节日及纪念日包括：

（1）妇女节（3 月 8 日），妇女放假半天；

（2）青年节（5 月 4 日），14 周岁以上的青年放假半天；

（3）儿童节（6 月 1 日），不满 14 周岁的少年儿童放假 1 天；

（4）中国人民解放军建军纪念日（8 月 1 日），现役军人放假半天。

部分公民放假的节假日,如果适逢星期六、星期日的,不补假。

3. 少数民族节假日

少数民族习惯的节日,由各少数民族聚居地区的地方人民政府,按照各该民族习惯,规定放假日期。

4. 历史纪念日

二七纪念日、五卅纪念日、七七抗战纪念日、九三抗战胜利纪念日、九一八纪念日、教师节、护士节、记者节、植树节等其他节日、纪念日,均不放假。

(二)年休假

 应休未休年休假争议处理

A钢丝绳厂对职工年休假问题从来没有公布过,只是在会议上表示以发放加班工资的形式取而代之,但没有实行年休假制度。陈某等74人在多年前就知道法律规定他们享有这一休假权利,却没有向A钢丝绳厂主张安排年休假的权益。如今,陈某等74人因厂方没有实行住房货币分配政策而与其发生争议,他们向当地的劳动争议仲裁委员会诉请年休假及补偿应休未休年休假损失的主张。仲裁庭最后裁定:陈某等职工享有带薪休年休假的权利,A钢丝绳厂应当承担近2年内职工年休假制度的责任,由于陈某等74人之前没有向A钢丝绳厂提出主张安排休年休假,自己应当承担相应的法律责任,所以对他们请求补偿前期未休年休假损失的主张不予支持。

工作任务

(1)请你分析A钢丝绳厂的职工陈某等74人请求补偿前期未休年休假损失的主张不被支持的法律理由。

(2)请你解读我国关于年休假及应休未休年休假的具体规定。

(3)假设你是用人单位的人力资源管理工作人员,请你为本案中的劳动者关于年休假的请求设计一个合法合理的解答意见。

年休假是指劳动者每年享有保留原职和工资的连续休假。《劳动法》第四十五条规定:"国家实行带薪年休假制度。劳动者连续工作一年以上的,享受带薪年休假。具体办法由国务院规定。"

根据2008年1月1日起施行的《职工带薪年休假条例》第二条和第三条的规定,单位应当保证职工享受年休假,职工在年休假期间享受与正常工作期间相同的工资收入。国家法定休假日、休息日不计入年休假的假期。

1. 年休假的适用范围和享受条件

机关、团体、企业、事业单位、民办非企业单位、有雇工的个体工商户等单位的职工连续工作1年以上的,享受带薪年休假。职工累计工作已满1年不满10年的,年休假5

天;已满10年不满20年的,年休假10天;已满20年的,年休假15天。

职工有下列情形之一的,不享受当年的年休假:

(1) 职工依法享受寒暑假,其休假天数多于年休假天数的;

(2) 职工请事假累计20天以上且单位按照规定不扣工资的;

(3) 累计工作满1年不满10年的职工,请病假累计2个月以上的;

(4) 累计工作满10年不满20年的职工,请病假累计3个月以上的;

(5) 累计工作满20年以上的职工,请病假累计4个月以上的。

2. 年休假的安排

单位根据生产、工作的具体情况,并考虑职工本人意愿,统筹安排职工年休假。

年休假在一个年度内可以集中安排,也可以分段安排,一般不跨年度安排。

单位因生产、工作特点确有必要跨年度安排职工年休假的,可以跨一个年度安排。

3. 年休假工资待遇及未休年休假的补偿办法

职工在年休假期间享受与正常工作期间相同的工资收入。单位确因工作需要不能安排职工休年休假的,经职工本人同意,可以不安排职工休年休假。

对职工应休未休的年休假天数,单位应当按照该职工日工资收入的300%支付年休假工资报酬。

用人单位安排职工休年休假,但是职工因本人原因且书面提出不休年休假的,用人单位可以只支付其正常工作期间的工资收入。

4. 计入或不计入年休假的情形

职工依法享受的探亲假、婚丧假、产假等国家规定的假期以及因工伤停工留薪期间不计入年休假假期。但是,职工享受寒暑假天数多于其年休假天数的,不享受当年的年休假。

5. 工资支付办法

计算未休年休假工资报酬的日工资收入按照职工本人的月工资除以月计薪天数(21.75天)进行折算。其中,月工资是指职工在用人单位支付其未休年休假工资报酬前12个月剔除加班工资后的月平均工资。在本用人单位工作时间不满12个月的,按实际月份计算月平均工资。

用人单位与职工解除或者终止劳动合同时,当年度未安排职工休满应休年休假的,应当按照职工当年已工作时间折算应休未休年休假天数并支付未休年休假工资报酬,但折算后不足一整天的部分不支付未休年休假工资报酬。

折算方法为:(当年度在本单位已过日历天数÷365天)×职工本人全年应当享受的年休假天数-当年度已安排年休假天数。

6. 罚则规定

单位不安排职工休年休假又不依照《职工带薪年休假条例》规定给予年休假工资报酬的,由县级以上地方人民政府人事部门或者劳动保障部门依据职权责令限期改正;对逾期不改正的,除责令该单位支付年休假工资报酬外,单位还应当按照年休假工资报酬的数额向职工加付赔偿金;对拒不支付年休假工资报酬、赔偿金的,属于公务员和参照《公务员法》管理的人员所在单位的,对直接负责的主管人员以及其他直接责任人员依法给予处分;属于其他单位的,由劳动保障部门、人事部门或者职工申请人民法院强制执行。

其中,加付赔偿金数量为正常工资的300%,且须劳动行政部门依职权责令赔偿,而非劳动者主张赔偿。

(三)探亲假

典型案例4-13　探亲假待遇

吕老师是江南某学校的专业教师,其父母远在千里之外的西北某省。按照常规,学校每年有2个多月的寒暑假期。某年9月18日学校开学后不久,吕老师突然接到母亲病重住院治疗的消息,便向学校请假回家探望母亲,并说明自己进入学校工作后一直没有使用过探亲假,请求学校按探亲假给予自己假期。但是,校方认为学校每年2个多月的寒暑假已经相当于探亲假,不能再另外给吕老师探亲假,只能按事假处理。

☑ 工作任务

(1)请你分析:本案中学校的说法是否正确?
(2)请你解读我国关于探亲假的有关规定。
(3)针对本案的案情,请你说出自己的观点。

探亲假是指法定的、给予家属分居两地的职工,在一定时期内与父母或配偶团聚的假期。探亲假均包括公休假日和法定节假日在内。

1. 享受探亲假的条件

凡工作满1年的职工,与父母或配偶不在一起居住,又不能在公休假日团聚的,可以享受探望父母或配偶的待遇。但是,职工与父亲或母亲一方能够在公休假日团聚的,不能享受探望父母的待遇。

2. 探亲假的假期

(1)职工探望配偶的,每年给予一方探亲假1次,假期为30天。

(2)未婚职工探望父母的,原则上每年给假1次,假期为20天;如因工作需要,单位当年不能给予假期,或者职工自愿2年探亲1次的,可以2年给假1次,假期为45天。

(3)已婚职工探望父母的,每4年给假1次,假期为20天。

(4)凡实行周期性集中休假制度的职工(如学校的教职工),应该在休假期间探亲;如休假期较短,可以由本单位适当安排,补足其探亲假的天数。

职工的探亲假参见表4-3。

表4-3 职工的探亲假

项目		对象	
	探望配偶	探望父母(包括自幼抚养职工长大的亲属)	
		未婚职工	已婚职工
条件	工作满1年,与配偶不住在一起又不能利用公休假日在家居住的	与父母都不住在一起,又不能在公休假日团聚的	与父母都不住在一起,又不能在公休假日团聚的
假期(路程假按实际需要另加)	每年1次30天(个别职工因往返时间长自愿2年1次的为60天)	每年1次,假期为20天(个别职工因往返时间长的为45天自愿2年1次)	每4年1次,假期20天
路费报销	火车 50周岁以上,48小时以上卧铺硬卧	火车 50周岁以上,48小时以上卧铺硬卧	往返路费在本人月工资30%以内
	轮船 四等舱位	轮船 四等舱位	本人自理
	长途汽车及市内交通费(不含出租车费)	长途汽车及市内交通费(不含出租车费)	超过30%部分
	凭据报销	凭据报销	单位报销
	每次中转站住宿 1天	每次中转站住宿 1天	
待遇	用人单位应当按国家规定支付假期工资		
备注	1. 假期时间,包括公休假日和法定假日 2. 工作满4年或1年以上的职工,可享受规定的探亲待遇 3. 职工在探亲期间患急病,要有医院(乡卫生院以上的医疗机构)的证明,向所在单位请假,可按照病假处理		
文件依据	《国务院关于职工探亲待遇的规定》		自1981年3月6日起施行
	《中华人民共和国老年人权益保障法》(2018年修正)	与老年人分开居住的家庭成员,应当经常看望或者问候老年人 用人单位应当按照国家有关规定保障赡养人探亲休假的权利	

(四)婚丧假

 婚假待遇

沈亮在上海某民营公司工作。他想利用国庆节的假日结婚,为了能多休息几天时间,他向公司请休从10月8日开始的3天婚假。由于沈亮现年29岁,所以他同时向公司申请增加7天的晚婚假。公司的人力资源管理工作人员考虑沈亮的10天婚假中肯定会有公休假日,但对婚假中是否包含公休假日却不能确定。

工作任务

(1) 请你分析:沈亮的10天婚假中是否包含公休假日?
(2) 请你解读我国关于婚丧假日及鼓励晚婚晚育的法律规定。
(3) 请你为本案中的用人单位做一个关于婚假的法律解释。

婚丧假是指劳动者本人结婚以及劳动者的直系亲属死亡时依法享受的假期。婚丧是每个劳动者都会遇到的情况,劳动者在婚丧期间,由用人单位给予一定的假期,并由用人单位如数支付工资,使劳动者有空余时间可以处理相关事务,这是对劳动者的精神抚慰,体现了政府和用人单位对劳动者的福利政策,也是对劳动者权益的保护,对于调动劳动者的积极性具有重要意义。

1. 享受婚丧假的条件

我国《民法典》规定的公民结婚年龄,男不得早于22周岁,女不得早于20周岁。因此,职工享受婚假的前提是,达到上述法律规定的结婚年龄,且与配偶正式办理了结婚登记手续。

职工享受丧假的条件是,职工的直系亲属死亡。所谓直系亲属,是指职工的父母、配偶、子女。此外,对请丧假范围的划定,有的地方规定除直系亲属死亡时可以给丧假外,岳父母和公婆死亡时也可以给予1~3天的丧假。

2. 婚丧假的期限

根据1980年2月20日颁布的《国家劳动总局、财政部关于国营企业职工请婚丧假和路程假问题的通知》的规定,职工本人结婚或职工的直系亲属(父母、配偶和子女)死亡时,可以根据具体情况,由本单位行政领导批准,酌情给予1~3天的婚丧假。职工结婚时双方不在一地工作的,职工在外地的直系亲属死亡时需要本人去外地料理丧事的,都可以根据路程远近,另给予路程假,但是途中的车船费等,全部由职工自理。

公民晚婚晚育,可以获得延长婚假、生育假的奖励或者其他福利待遇。

为了鼓励计划生育,各地对大龄晚婚青年的婚假均有奖励假期的规定,即除国家规定的3天假期外,一般另给7天左右的有薪假期。

3. 婚丧假期间的待遇

《劳动法》第五十一条规定:"劳动者在法定休假日和婚丧假期间以及依法参加社会

活动期间,用人单位应当依法支付工资。"《工资支付暂行规定》第十一条规定:"劳动者依法享受年休假、探亲假、婚假、丧假期间,用人单位应按劳动合同规定的标准支付劳动者工资。"根据《国家劳动总局、财政部关于国营企业职工请婚丧假和路程假问题的通知》的规定,企业单位的职工请婚丧假在 3 个工作日以内的,工资照发;职工结婚时双方不在一地工作的、职工在外地的直系亲属死亡时需要职工本人去外地料理丧事的,都可以根据路程远近,另外给予路程假;在单位行政领导批准的婚丧假和路程假期间,职工的工资照发;途中的车船费等,全部由职工自理。

(五) 产假

 产假待遇

3 月 8 日正是刘青 25 周岁的生日。这天,刘青顺利地进入北京的 A 公司任技术员。一年后,刘青与男朋友喜结良缘。刘青怀孕后,身体一直比较虚弱。在产检时医生发现刘青的胎儿处于臀位状态,于是告诉她的家属如果不实行剖宫产手术,恐有生命危险。在医生和刘青的家人商量后,医生给刘青实行了剖宫产手术,并产下一个漂亮的女孩。刘青在与 A 公司沟通产假时间时,因为她到底可以享受多长时间的产假发生了争议。

工作任务

(1) 你认为本案中的刘青可以享有多长时间的产假?刘青是否还可以享有难产假期?

(2) 请你解读我国关于女职工产假的有关规定。

(3) 作为用人单位的人力资源管理工作人员,请你根据我国的相关规定,试解答女职工计划生育产假、难产假、多胞胎假等待遇制度。

产假是指女职工在产期前后的休假待遇。女职工生育应享受不少于 98 天的产假。

1. 产假期限

《女职工劳动保护特别规定》将女职工生育产假修改为不少于 98 天,其中,产前可以休假 15 天。在实践中,休产假一般不能提前或推后。若孕期女职工提前生产,可以将不足的天数和产后假期合并使用;若孕期女职工推迟生产,可以将超出的天数按病假处理。产假期间,工资照发。

关于特殊原因产假规定,根据《女职工劳动保护特别规定》:难产的,增加产假 15 天;生育多胞胎的,每多生育 1 个婴儿,增加产假 15 天;女职工怀孕未满 4 个月流产的,享受 15 天产假;怀孕满 4 个月流产的,享受 42 天产假。但是,女职工违反国家有关计划生育规定的,其劳动保护应当按照国家有关计划生育规定办理,不适用《女职工劳动保护特别规定》的产假待遇。

2. 产假期间的工资待遇

《中华人民共和国妇女权益保障法》(以下简称《妇女权益保障法》)第二十七条规定:"任何单位不得因结婚、怀孕、产假、哺乳等情形,降低女职工的工资……"根据《女职工劳动保护特别规定》第五条和第六条的规定,用人单位不得因女职工怀孕、生育、哺乳

降低其工资、予以辞退、与其解除劳动或者聘用合同。怀孕女职工在劳动时间内进行产前检查,所需时间计入劳动时间。

根据《社会保险法》的规定,职工应当参加生育保险,由用人单位按照国家规定缴纳生育保险费。用人单位已经缴纳生育保险费的,其职工享受生育保险待遇;职工未就业配偶按照国家规定享受生育医疗费用待遇。所需资金从生育保险基金中支付。

生育保险待遇包括生育津贴和生育医疗费用。

(1)生育津贴。

生育津贴是指女职工产假期间的生育津贴。

① 已经参加生育保险的,按照用人单位上年度职工月平均工资的标准由生育保险基金支付。

② 未参加生育保险的,按照女职工产假前工资的标准由用人单位支付。

(2)生育医疗费用。

生育医疗费用是指女职工生育或者流产的医疗费用。按照生育保险规定的项目和标准:① 已经参加生育保险的,由生育保险基金支付;② 未参加生育保险的,由用人单位支付。

假期工资争议的处理流程参见图4-1。

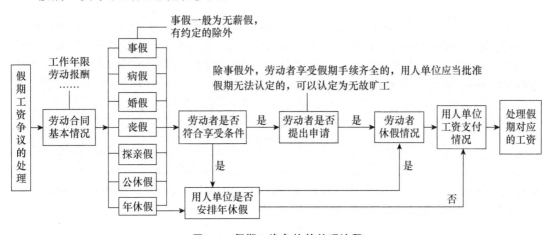

图 4-1 假期工资争议的处理流程

思考与训练

一、单项选择题

1. 按照相关规定,国家实行职工每日工作8小时,每周工作( )小时。
   A. 40   B. 44   C. 45   D. 48

2. 计算加班费时,日工资为月工资收入除以( )。
   A. 20.15   B. 21.75   C. 20.83   D. 30

3. 我国《劳动法》规定,因特殊原因需要延长工作时间的,在保障劳动者身体健康和每月延长工作时间不超过36小时的条件下,延长工作时间每日不得超过( )。
   A. 1小时   B. 2小时   C. 3小时   D. 4小时

4. 我国《劳动法》规定,国家实行带薪年休假制度,享受年休假的条件是劳动者连续工作(   )。

   A. 1年以上   B. 2年以上   C. 3年以上   D. 5年以上

5. 以下不是我国休假制度的是(   )。

   A. 公休假日制度   B. 法定节假日制度
   C. 年休假制度   D. 调休

二、拓展训练

▼ 案情简介

用人单位在8小时工作时间以外组织培训违法吗

胡某是A公司的职员,平时工作时间是每周工作5天、休息2天。A公司为了普及某项业务技术,要求胡某利用休息日参加公司组织的培训,并且不能耽误上班时间。无奈,胡某只好和同事换班后参加了连续2天的培训。这样,上班加上培训,胡某等于要连续7天不能休息。而且,根据A公司的规定,培训没有任何加班费和补贴。培训时,由于太过疲惫,胡某不由地打起了瞌睡,结果A公司要扣发胡某的工资。胡某不知道A公司这样做是否合法。

用人单位在劳动者工作时间外安排其参加培训且不支付加班费的做法正确吗?

▼ 法理评析

用人单位组织职工参加培训是企业的法定义务,参加企业组织的培训也是劳动者的义务。但是,任何用人单位的规章制度都只有在不违背法律、法规的前提下才有效。我国《劳动法》第三十八条明确规定,用人单位应当保证劳动者每周至少休息1日。所以,劳动者有依法在休息日休息的权利。如果用人单位根据工作需要确实需要安排劳动者加班的,须经劳动者协商同意,并根据《劳动法》第四十四条第二项"休息日安排劳动者工作又不能安排补休的,支付不低于工资的200%的工资报酬"的规定,在不能安排劳动者补休的情况下支付劳动者平日工资的200%的工资报酬,或者另行安排劳动者补休可以不支付200%的加班报酬。

因此,在本案中,A公司安排胡某在休息日参加培训而不给加班费或安排补休是违反法律规定的行为。

至于胡某在培训时打瞌睡,只能说是胡某违反了A公司的劳动纪律,A公司有权在不违反法律的前提下根据本公司职工代表大会讨论通过的企业规章制度的具体内容进行处理。A公司根据企业规章制度对违纪职工进行适当的处罚是合法的,但其前提必须是在计算了加班费或另行安排了补休的情况下才合法,否则胡某可以拒绝参加培训。

▼ 法条链接

> 《劳动法》第四十四条第二项:(二)休息日安排劳动者工作又不能安排补休的,支付不低于工资的200%的工资报酬。

《劳动合同法》第四条第二款：用人单位在制定、修改或者决定有关劳动报酬、工作时间、休息休假、劳动安全卫生、保险福利、职工培训、劳动纪律以及劳动定额管理等直接涉及劳动者切身利益的规章制度或者重大事项时，应当经职工代表大会或者全体职工讨论，提出方案和意见，与工会或者职工代表平等协商确定。

第四款：用人单位应当将直接涉及劳动者切身利益的规章制度和重大事项决定公示，或者告知劳动者。

项目五

工资报酬争议处理

项目五 工资报酬争议处理

学习情境1 工资构成争议处理

📖 教学目标

【能力目标】通过学习,能够把握法定工资构成因素;能够依法核定加班工资;能够依法核定社会保险缴费基数、解除或终止劳动合同经济补偿的计算基数。

【知识目标】通过学习,能够熟悉我国法定工资构成制度;掌握法定加班工资制度;了解社会保险费的缴费基数以及解除或终止劳动合同经济补偿的计算基数规定。

📖 知识与实践

一、工资的含义与特征

 差旅费是否属于工资的范畴

黄某在A电子商务有限公司(以下简称A公司)担任市场部经理一职。为了扩大经营,A公司在外省成立了分公司,任命黄某为分公司的总经理。为此,双方变更了劳动合同,约定黄某的工资包括基本工资、误餐补助(误餐补助指因出差、特殊工作而影响正常吃饭时给予的适当补助,按实际出差天数计算)、差旅补助和话费补贴。另外,按照A公司的财务制度,黄某可以凭有效凭证按月报销并领取差旅费。几个月后,因在工作中产生了矛盾,A公司经与黄某协商,双方解除了劳动合同。在领取经济补偿时,黄某与A公司对补偿金额产生了争议。黄某认为,按照法律的规定,经济补偿的计算基数应当包括"计时工资或者计件工资以及奖金、津贴和补贴等货币性收入",报销的差旅费是一笔不小的金额,应当算作"货币性收入"计入经济补偿的计算基数。但是,A公司则认为,劳动合同明确约定工资包括基本工资、误餐补助、差旅补助和话费补贴,而差旅费是根据黄某每月的实际出差情况凭有效凭证进行报销,不是固定金额,不属于工资收入,因此不能计入经济补偿的计算基数。

✅ 工作任务

(1)请你熟悉本案的案情,并分析黄某根据每月的实际出差情况凭有效凭证进行报销的金额是否属于工资。

(2)请你解读国务院《关于工资总额组成的规定》等文件中关于工资组成项目的规定。

(3)作为用人单位的人力资源管理工作人员,你认为差旅费是否可以计入工资中,差旅费是否可以计入经济补偿的计算基数中。

(一)工资的含义

工资又称薪金,或者叫劳动报酬,是指在劳动关系中,用人单位根据国家法律、法规、

集体合同、劳动合同的预先规定,以法定货币形式,直接支付给劳动者的物质补偿。《劳动法》第四十七条规定:"用人单位根据本单位的生产经营特点和经济效益,依法自主确定本单位的工资分配方式和工资水平。"本规定为用人单位享有工资分配自主权提供了法律依据。

(二)工资的特征

与其他劳动收入(如个体劳动收入、劳务报酬等)相比,工资具有以下一些特征:
(1)工资是基于劳动关系所获得的劳动报酬;
(2)工资是用人单位对职工履行劳动义务的物质补偿,支付工资是用人单位必须履行的基本义务;
(3)工资额的确定必须以劳动法规、劳动政策、集体合同和劳动合同的规定为依据;
(4)工资必须以法定货币形式定期支付。

(三)关于工资的规范性文件

关于工资的相关规定,散见于《劳动法》、自1995年1月1日起执行的《工资支付暂行规定》、《关于贯彻执行〈中华人民共和国劳动法〉若干问题的意见》、自2000年11月8日起施行的《工资集体协商试行办法》和自2004年3月1日起实施的《最低工资规定》等规范性文件中。

目前,我国尚无统一的工资法,但已基本形成了工资分配制度确立方式多样化和混合化的格局,即:国家机关的工资分配制度由立法确定;事业单位的工资分配制度,部分由立法确定,部分由单位方自主确定;企业的工资分配制度统一由工资集体协商确定。工资的核定不只是劳动者平时利益的体现,也是用人单位支付加班工资、支付解除或终止劳动关系经济补偿的重要参考指标。

二、工资构成与非工资的范围

典型案例 5-2　销售提成工资争议处理

田某在 A 公司工作已有 5 年,主要从事销售工作,计酬方式为基本工资、补助加销售提成、奖金(包含奖励部分),双方没有签订劳动合同。A 公司每月向田某支付工资 1733 元,由于销售提成和奖金是不定期发放的,因此田某收到的月工资有时会超过 1733 元,即 1 月份为 1733 元,2 月份为 1733 元,3 月份为 21 576 元(其中,工资收入为 1733 元,销售提成及奖励为 19 843 元),4 月份为 15 739 元(其中,工资收入为 3239 元,销售提成及奖励为 12 500 元),5 月份为 9437 元(其中,工资收入为 3437 元,销售提成及奖励为 6000 元),6 月份为 5068 元(其中,工资收入为 2000 元,销售提成及奖励为 3068 元),7 月份为 18 274 元(其中,工资收入为 4274 元,销售提成及奖励为 14 000 元),8 月份为 3679 元,9 月份为 3809 元,10 月份为 2441 元,11 月份为 2706 元,12 月份为 2219 元。也就是说,田某这一年在 A 公司得到的报酬是由两个部分构成的,一部分是工资收入(包括基本工资、补助等),另一部分是销售提成及奖励。

后来,A 公司以"不能适应公司高速发展的要求,与公司的发展步调不一致"为由,向田某支付了7500元的经济补偿后辞退了田某。田某以销售提成应作为计算经济补偿的基数为由,向劳动争议仲裁委员会申请仲裁。经审理,仲裁庭认为:劳动者的劳动收入包括工资和其他劳动报酬及收入,本案中劳动者田某得到的销售提成及奖励是与他的工作业绩挂钩的,并非用人单位A公司支付给田某的工资。因此,销售提成及奖励应属于其他劳动报酬的范畴,不应列入劳动者的工资范畴,故在计算经济补偿的月平均工资标准时应将销售提成及奖励部分排除在外。双方均确认田某的计酬方式为基本工资、补助加销售提成、奖金,销售提成及奖金包含奖励部分,其与职工的业绩挂钩,并非企业支付给职工的基本工资,故计算经济补偿的月平均工资标准时应以A公司每月支付给田某的基本工资为准。

工作任务

(1) 请你了解本案的案情,并分析用人单位A公司支付给田某的销售提成是否属于工资项目。

(2) 请你解读我国《关于工资总额组成的规定》《关于贯彻执行〈中华人民共和国劳动法〉若干问题的意见》中关于奖金及计件工资的法律规定。

(3) 在本案中,解除劳动合同经济补偿核算是否应当将销售提成计入月平均工资中?

(一) 工资构成

工资因受制于劳动力的质量结构、支出状况和使用效果等多种因素而由若干个部分所组成。在我国的实践中,工资一般由基本工资和辅助工资两个部分组成。

基本工资是指劳动者在法定或约定的工作时间内提供正常劳动所得的报酬,是劳动者所得工资额的基本组成部分。

辅助工资即基本工资以外的,在工资构成中处于辅助地位的工资组成部分,通常是用人单位对劳动者付出的、超出正常劳动之外的劳动消耗所支付的报酬。辅助工资常见的有奖金、津贴补贴、加班加点等工资。

《关于贯彻执行〈中华人民共和国劳动法〉若干问题的意见》第五十三条规定:"劳动法中的'工资'是指用人单位依据国家有关规定或劳动合同的约定,以货币形式直接支付给本单位劳动者的劳动报酬,一般包括计时工资、计件工资、奖金、津贴和补贴、延长工作时间的工资报酬以及特殊情况下支付的工资等……"

(二) 工资总额

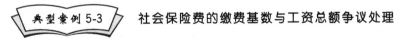

典型案例5-3 社会保险费的缴费基数与工资总额争议处理

章女士是B公司的职工,B公司对职工的工资分配实行结构工资形式,即将工资分解成基本工资、奖金、津贴、补贴等几个部分,并根据具体考核结果来计算每月的工资。由于B公司的生产经营状况受市场不断变化的影响,章女士每月的工资收入也会随之发生变化。为了确定社会保险费的缴费基数,B公司与章女士约定:以基本工资作为缴纳社会保险费的基数。章女士为了能够在 B 公司长期工作下去,虽然对此存有异议,但最终还是不得已同意了 B 公司的做法。于是,B 公司就按双方约定的数额为章女士缴纳了社会保险费。

数年后,B 公司通知章女士劳动合同到期后不再续订。在办理离职手续时,章女士提出自己在 B 公司工作多年,社会保险费的缴费基数与自己实际的工资收入一直不相符,B 公司没有按自己的实际工资收入缴纳社会保险费,违反了国家的有关规定,要求 B 公司补缴未足额缴纳社会保险费的差额部分,希望 B 公司予以解决。

但是,B 公司认为,由于公司的生产经营状况受市场的影响较大,职工每月的工资收入也会因此而发生变化,所以与职工约定了社会保险费的缴费基数。章女士的社会保险费的缴费基数已经双方协商确定,B 公司是严格按照约定的缴费基数为她缴纳社会保险费的,因此不同意章女士的要求。双方因此发生争议。

工作任务

(1) 请你分析:本案中劳动关系双方当事人是否可以自行约定社会保险费的缴费基数?
(2) 请你解读我国关于工资总额与社会保险费的缴费基数的法律规定。
(3) 请你为本案中的章女士确定社会保险费的缴费基数。

工资总额是用人单位在一定时期内直接支付给本单位劳动者的全部劳动报酬总额。工资总额的计算应以直接支付给劳动者的全部劳动报酬为根据。各用人单位支付给劳动者的劳动报酬以及按照有关规定支付的工资,不论是计入成本的还是不计入成本的,只要是以货币形式直接支付给劳动者的劳动报酬,均应列入工资总额的计算范围。

根据 1990 年 1 月 1 日国家统计局发布施行的《关于工资总额组成的规定》,工资总额由计时工资、计件工资、奖金、津贴和补贴、加班加点工资、特殊情况下支付的工资六个部分组成。

1. 计时工资

(1) 计时工资与标准工资的含义。

计时工资是指按照计时工资标准(包括地区生活费补贴)和工作时间支付给劳动者个人的劳动报酬。标准工资是指在实行计时工资的条件下,职工完成法定工作时间和劳动定额后,按本人的工资等级和工资标准领取的工资数额。标准工资可以作为计算工资的其他组成部分、计件工资的计件单价以及某些项目的社会保险待遇的基础或依据。

(2) 计时工资包括的项目。

计时工资包括以下四个方面:
① 对已做工作按计时工资标准支付的工资;
② 实行结构工资制的单位支付给职工的基础工资和职务(岗位)工资;
③ 新参加工作职工的见习工资(学徒的生活费);
④ 运动员体育津贴。

(3) 计时工资的计算办法。

计时工资一般分为月工资标准、日工资标准和小时工资标准。日工资标准是用月工资标准除以月计薪天数(21.75天)所得之商,小时工资标准是用日工资标准除以日法定工作时数(8小时)所得之商。职工全勤,按月工资标准计发工资;职工缺勤或加班加点,按日工资标准或小时工资标准扣发或加发工资。

根据2008年1月3日发布的《劳动和社会保障部关于职工全年月平均工作时间和工资折算问题的通知》的规定,制度工作时间的计算为:

年工作日＝365天－104天(休息日)－11天(法定节假日)＝250天

月工作日＝250天÷12月＝20.83天/月

根据《劳动法》第五十一条的规定,在法定休假日用人单位应当依法支付工资,所以,折算日工资、小时工资时不剔除国家规定的11天法定节假日。据此,日工资、小时工资的折算为:

月计薪天数＝(365天－104天)÷12个月＝21.75天/月

日工资＝月工资收入÷月计薪天数

小时工资＝月工资收入÷(月计薪天数×8小时)

2. 计件工资

 **企业随意提高劳动定额是变相克扣劳动者的计件工资吗**

陈某是甲饮料公司包装车间的职工,与甲饮料公司签订了为期5年的劳动合同。劳动合同中约定"职工完不成劳动定额的,按实际未完成数和单位定额从当月工资中扣发,甲方(指公司)可低于最低工资标准支付乙方(指职工)工资"。包装车间的人数为25人,其中包括车间行政管理人员2名、叉车司机2名、库管员1名等。甲饮料公司对包装车间的陈某等20名打包工实行计件工资,即8小时内完成58箱饮料的包装支付基本工资,每超额完成1件加发2元工资。7月,陈某等20人平均每日包装62箱,基本能超额完成劳动定额。8月,甲饮料公司的人力资源部将劳动定额提高到"每日包装65箱,每超额完成1件加发5元工资"。陈某等17人完成了劳动定额,另外3人因没有完成劳动定额,每少包装1件扣5元工资。9月,甲饮料公司将劳动定额又调整为每日包装70箱。打包工们加班加点,每日工作10小时,仍有陈某等15人未完成劳动定额,被扣发了当月工资150～180元。陈某等15人选派代表到甲饮料公司的人力资源部进行交涉,人力资源部的负责人答复:"少发的工资不能补发,劳动合同中有规定,公司就是这么规定的。"陈某等人认为甲饮料公司连续调整劳动定额的做法不合理,不但迫使职工加班加点,延长了劳动时间,还变相克扣了职工的工资,侵犯了职工的合法权益,双方为此发生争议。

工作任务

(1) 请你了解本案的案情,并分析劳动者在正常工作时间内完不成劳动定额,用人单位是否可以低于最低工资标准支付工资。

(2) 请你解读我国关于正常工作时间、劳动定额及计件工资支付的法律规定。

(3) 作为用人单位的人力资源管理工作人员,请你为用人单位设计一个合理合法的劳动定额方案,其中注意对完不成劳动定额和超额完成劳动定额工资支付办法的设定要合理合法。

(1) 计件工资的含义与包括的项目。

计件工资是指对已做工作按计件单价支付的劳动报酬。计件工资包括：

① 实行超额累进计件、直接无限计件、限额计件、超定额计件等工资制，按劳动部门或主管部门批准的定额和计件单价支付给个人的工资；

② 按工作任务包干方法支付给个人的工资；

③ 按营业额提成或利润提成办法支付给个人的工资。

(2) 计件单价的计算办法。

计件单价是生产某一单位产品或完成某一单位工作的应得工资额，即：

计件单价＝单位时间的标准工资÷单位时间的劳动定额

(3) 计件工资的适用范围。

计件工资一般只适用于劳动工序相对独立，产品量或工作量能精确计算，产品质量有明确标准并能科学测定，生产过程能正常进行，管理制度比较健全的企业。

3. 奖金

 留人高招，年终奖分期付

3年前，齐先生被乙软件技术有限公司（以下简称乙公司）聘用，从事软件开发工作，劳动合同期为3年。齐先生在距劳动合同期满尚有半年的情况下决定离职。2017年12月13日，乙公司作出同意解除与齐先生的劳动合同的决定。该决定确定双方解除劳动合同的生效日期为12月24日，并于2020年1月9日支付了齐先生最后1个月的工资。2018年2月6日，齐先生通过电子邮件的方式与乙公司的相关负责人取得联系，询问在职期间的奖金问题，并要求乙公司支这笔金。该负责人在2月7日回复电子邮件时明确拒绝了齐先生的要求，理由是他已经离职。按照乙公司的《员工手册》第三章第五条的规定："职工当年的年终奖分4年兑现，若职工离职，未兑现完的年终奖将不再兑现。"因此，齐先生到乙公司工作至辞职，第一年的年终奖未能全部领取，其中前两年累计留存在乙公司的年终奖为8000余元，第三年未领取的年终奖为6000余元。

齐先生认为，年终奖是乙公司对自己当年工作的考核，属于考核年度的工资组成部分，考核年度之后自己辞职、终止劳动合同的行为并不导致考核年度自己劳动量的减少，不影响自己考核年度的工作业绩，乙公司据此扣发自己年终奖的行为与《劳动法》同工同酬以及不得克扣劳动报酬的规定相违背，所以乙公司拒绝支付自己年终奖的做法是违法的。于是，齐先生于离职14个月后向劳动争议仲裁委员会申请仲裁。但是，劳动争议仲裁委员会认定齐先生的仲裁申请已超过仲裁时效，故决定不予受理此案。齐先生不服，诉至人民法院，要求乙公司兑现前后拖欠他的年终奖总共1.4万余元。

工作任务

(1) 请你分析：本案中劳动争议仲裁委员会以"仲裁申请已超过仲裁时效"为由不予受理此案的决定是否具有法律依据？齐先生的诉请能否得到人民法院的支持？

(2) 请你解读我国关于工资结构中奖金的法律规定。

(3) 在实践中,一些用人单位通过年终奖分期兑现的方式以期能留住人才。假设你是用人单位的人力资源管理工作人员,你认为这样的方式是否合法?

(4) 请你分析本案中齐先生最终能否成功地得到1.4万余元年终奖,并说出你的理由和法律依据。

(1) 奖金的含义与包括的项目。

奖金是指支付给职工的超额劳动报酬和增收节支的劳动报酬。奖金包括:① 生产奖;② 节约奖;③ 劳动竞赛奖;④ 机关、事业单位的奖励工资;⑤ 其他奖金。

(2) 奖金的种类。

奖金可以分为月度奖金、季度奖金和年度奖金,经常性奖金和一次性奖金,集体奖金和个人奖金,综合奖金和单项奖金(如超产奖、安全奖、节约奖、新产品试制奖)等。除规范性文件明确规定不属于工资项目的奖金外,均应当属于工资的范围。

4. 津贴和补贴

(1) 津贴和补贴的含义。

津贴和补贴是指为了补偿劳动者特殊或额外的劳动消耗和因其他特殊原因支付给职工的津贴,以及为了保证职工的工资水平不受物价影响而支付给职工的物价补贴。

(2) 津贴和补贴包括的项目。

津贴包括补偿职工特殊或额外的劳动消耗的津贴、保健性津贴、技术性津贴、年功性津贴及其他津贴,如高空、高温、夜班津贴,有毒有害岗位津贴,外勤工作、铁路乘务津贴等。

物价补贴包括为保证职工工资水平不受物价上涨或变动影响而支付的各种补贴,如副食品价格补贴。

职工的劳动消耗和生活费用往往因客观条件不同而存在一定的差别,而基本工资不能反映这种状况,所以需要用津贴和补贴来进行补充。

5. 加班加点工资

加班加点工资是指按规定支付的加班工资和加点工资。加班加点是指用人单位在执行标准工时制的基础上延长工作时间。凡在法定节假日和公休假日进行工作的叫作加班,凡在正常工作日延长工作时间的叫作加点。

用人单位应当按照下列标准支付劳动者高于正常工作时间的工资报酬:

(1) 安排劳动者延长工作时间的,支付不低于工资的150%的工资报酬;

(2) 休息日安排劳动者工作又不能安排补休的,支付不低于工资的200%的工资报酬;

(3) 法定节假日安排劳动者工作的,支付不低于工资的300%的工资报酬。

6. 特殊情况下支付的工资

特殊情况下支付的工资包括:

(1) 根据国家法律、法规和政策规定,因病、工伤、产假、计划生育假、婚丧假、事假、探亲假、定期休假（年休假、教师寒暑假）、停工学习、执行国家或社会义务等原因按计时工资标准或计时工资标准的一定比例支付的工资；

（2）附加工资和保留工资。

加班加点工资争议的处理流程参见图 5-1。

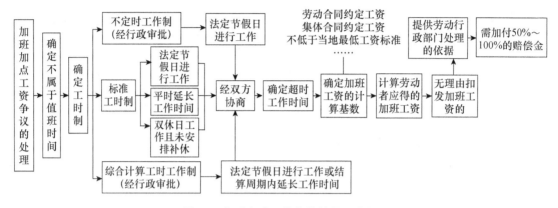

图 5-1　加班加点工资争议的处理流程

（三）非工资范围规定

劳动者的劳动收入并非都是工资。根据劳动部《关于贯彻执行〈中华人民共和国劳动法〉若干问题的意见》的规定，劳动者的以下劳动收入不属于工资范围：

（1）用人单位支付给劳动者个人的社会保险福利费用，如丧葬抚恤救济费、生活困难补助费、计划生育补贴等；

（2）劳动保护方面的费用，如用人单位支付给劳动者的工作服、解毒剂、清凉饮料费用等；

（3）按规定未列入工资总额的各种劳动报酬及其他劳动收入，如根据国家规定发放的创造发明奖、国家星火奖、自然科学奖、科学技术进步奖、合理化建议和技术改进奖、中华技能大奖等，以及稿费、讲课费、翻译费等。

根据《关于工资总额组成的规定》，下列各项不列入工资总额的范围：

（1）根据国务院发布的有关规定颁发的发明创造奖、自然科学奖、科学技术进步奖和支付的合理化建议和技术改进奖以及支付给运动员、教练员的奖金；

（2）有关劳动保险和职工福利方面的各项费用；

（3）有关离休、退休、退职人员待遇的各项支出；

（4）劳动保护的各项支出；

（5）稿费、讲课费及其他专门工作报酬；

（6）出差伙食补助费、误餐补助、调动工作的旅费和安家费；

（7）对自带工具、牲畜来企业工作职工所支付的工具、牲畜等的补偿费用；

（8）实行租赁经营单位的承租人的风险性补偿收入；

（9）对购买本企业股票和债券的职工所支付的股息（包括股金分红）和利息；

（10）劳动合同制职工解除劳动合同时由企业支付的医疗补助费、生活补助费等；

（11）因录用临时工而在工资以外向提供劳动力单位支付的手续费或管理费；

（12）支付给家庭工人的加工费和按加工订货办法支付给承包单位的发包费用；

（13）支付给参加企业劳动的在校学生的补贴；

（14）计划生育独生子女补贴。

思考与训练

一、是非判断题

1. 非全日制用工至少1个月支付一次工资。（   ）
2. 全日制用工至少1个月支付一次工资。（   ）
3. 用人单位计算劳动合同经济补偿基数时，可以扣除平时或年度奖金。（   ）
4. 用人单位计算劳动合同经济补偿基数时，可以不包含平时的加班费。（   ）
5. 因劳动者的过错造成单位损失的，可以从劳动者月工资中扣除赔偿金。（   ）

二、拓展训练

教师组织学生开展关于用人单位劳动合同签订、加班加点工资支付、解除劳动合同经济补偿等履行情况的社会调查，并编写社会调查报告。

学习情境2　工资保障争议处理

教学目标

【能力目标】通过学习，能够依法把握最低工资支付标准；能够掌握特殊情况下的工资支付办法；能够在劳动合同履行中严格应用最低工资标准；能够正确核定最低工资标准不包括的项目。

【知识目标】通过学习，能够熟悉最低工资标准制度；了解我国工资支付保障制度；了解特殊情况下的工资支付制度。

知识与实践

一、最低工资保障

典型案例5-6　最低工资标准争议处理

小元应聘进入一家私营企业A公司工作。A公司和他签订了为期3年的劳动合同，双方约定试用期为6个月，每月的工资为1000元，交通补贴为150元，伙食补贴为200元。几个月后，小元通过报纸得知，目前当地最低工资标准是1120元，虽然自己还在试用期，但同样也可以享受最低工资标准的保护，A公司每月支付给自己的1000元工资没有达到当地规定的最低工资标准。于是，小元向A公司提出希望提高自己试用期期间的劳动报酬至1120元。但是，A公司表示，小元的收入中另外还有交通补贴、伙食补贴,有时还有中班津贴等,他的实际工资收入已经高于当地最低工资标准,公司的这种做法是符合国家有关规定的,因此坚决不同意小元提出的要求。在多次交涉无果的情况下,小元向 A 公司所在地区的劳动争议仲裁委员会申请仲裁,要求 A 公司按最低工资标准补足他工作这几个月的工资差额。

☑ 工作任务

(1) 请你分析本案中试用期工资与地方最低工资标准规定的关系。
(2) 请你解读我国关于最低工资标准组成项目与例外的规定。
(3) 作为用人单位的人力资源管理工作人员,请你为本案中的劳动者设计一份试用期工资构成的方案。

(一) 最低工资标准的含义和构成

1. 最低工资标准的含义

最低工资标准是指国家依法规定的,当劳动者在法定工作时间或依法签订的劳动合同约定的工作时间内提供了正常劳动的前提下,用人单位在最低限度内应当支付的足以维持劳动者及其家庭成员基本生活需要的劳动报酬,也即工资的法定最低限额。

法定工作时间指每天工作 8 小时、每周工作 40 小时。劳动者依法享受的带薪年休假、探亲假、婚丧假、生育(产)假、节育手术假等国家规定的假期间,以及法定工作时间内依法参加社会活动期间,均视为提供了正常劳动。

最低工资标准分两种形式,即月最低工资标准和小时最低工资标准。月最低工资标准适用于全日制就业劳动者,小时最低工资标准适用于非全日制就业劳动者。

2. 不包括在最低工资标准范围的项目

典型案例 5-7 "包吃包住"的费用能否计算在最低工资中

小李到 A 鞋厂做操作工,入职时 A 鞋厂规定,工厂包吃包住,月工资为 2200 元,包括个人缴纳的社会保险费和住房公积金。近日,小李在和朋友闲谈时得知当地最低工资标准已经调至 2480 元/月,于是小李就找到 A 鞋厂的人事部门表示自己的工资也应该增加,要求 A 鞋厂至少要按照 2480 元的工资标准支付自己的月工资。A 鞋厂人事部门的工作人员答复小李,不包吃住,小李自己在外面租房每月至少要 1500 元、吃饭要 600 元,再加上鞋厂发给小李的工资,早就不止 2480 元的工资了;并称将"包吃包住"折算为货币计入工资中,只要折算部分和所发的工资加起来不低于最低工资标准,就不算违法。因此,A 鞋厂拒绝给小李增加工资。

☑ 工作任务

(1) 请你分析本案中 A 鞋厂支付给小李的最低工资中是否可以包括"包吃包住"的费用。
(2) 请你解读我国关于最低工资不包括哪些项目的规定。
(3) 请你为本案中的劳动者编写一份劳动争议仲裁申诉书,要注意诉请事项的合法性。

以下工资不包括在最低工资中：

（1）加班加点工资不能作为最低工资的组成部分；

（2）中班、夜班、高温、低温、井下、有毒有害等特殊工作环境条件下的津贴不能作为最低工资的组成部分；

（3）劳动者在法定或约定工作时间内未能提供正常劳动的，不适于最低工资的有关规定；

（4）职工病假、事假、待工期间的工资待遇，企业因生产经营发生困难，按有关规定经政府批准或有关部门裁定关闭、整顿、进入破产程序的，不适用最低工资的规定；

（5）法律、法规、政策规定的劳动者保险、福利待遇不能作为最低工资的组成部分。

最低工资标准作为一项保障制度，具有强制性特点。如果用人单位因此违反了最低工资标准规定，劳动行政部门可以责令其支付劳动者的差额工资报酬、经济补偿，甚至赔偿金。

根据《劳动合同法》第八十五条的规定，用人单位支付劳动报酬低于当地最低工资标准的，应当支付其差额部分，逾期不支付的，劳动行政部门可以责令用人单位按应付金额50%以上100%以下的标准向劳动者加付赔偿金。

3. 最低工资制度的依据

最低工资制度的依据是原劳动和社会保障部于2004年3月1日起实施的《最低工资规定》以及《劳动法》《劳动合同法》等。

最低工资的具体标准由省、自治区、直辖市人民政府规定，报国务院备案。

（二）最低工资标准的效力

 被退回的不合格的"三期"女职工可否拿最低工资

某科技公司会在每年的第一季度对所有的在职职工进行考核，对考核结果为"优秀"的职工予以升职、加薪，对考核结果为"不及格"的职工予以降职、降薪，对劳务派遣职工考核结果为"不合格"的则退回劳务派遣公司。其中，销售部的一名劳务派遣女工的考核结果为"不合格"。这名女工的约定工资为5000元，她本人也同意回劳务派遣公司。在劳务派遣公司待工期间，劳务派遣公司只支付给她当地最低工资1620元。此时，这名女工突然发现自己已经怀孕45天，于是要求劳务派遣公司依法恢复原先5000元的约定工资，并补发上个月少支付的3380元的差额部分，但劳务派遣公司只同意支付最低工资。

工作任务

（1）请你分析：被退回劳务派遣公司的女职工能否享受"三期"期间不得降低原工资性收入的特殊待遇？这名女职工应该拿到什么工资？

（2）请你解读我国关于被用工单位退回劳务派遣公司的劳动者工资待遇的规定。

（3）试讨论处于"三期"的女职工因不能胜任工作和因客观原因无法履行劳动合同能否被用工单位退回劳务派遣公司，以及能否被解除劳动合同。

根据《劳动法》第四十八条第二款的规定,用人单位支付劳动者的工资不得低于当地最低工资标准。依法制定的最低工资标准具有以下法律效力:

(1) 用人单位应当在当地政府最低工资标准发布后10日内将该标准向本单位全体劳动者公布;

(2) 集体合同和劳动合同中所规定的工资标准,不得低于当地最低工资标准;

(3) 劳动者只要在法定工作时间内提供了正常劳动,用人单位支付给劳动者的工资就不得低于当地最低工资标准;

(4) 劳动者因探亲、婚丧按规定休假期间,以及依法参加社会活动期间,视为提供了正常劳动,用人单位支付给劳动者的工资不得低于最低工资标准;

(5) 非劳动者原因造成劳动者在法定工作时间内未提供正常劳动,用人单位应当按照不低于最低工资标准的要求向劳动者支付工资;

(6) 实行计件工资或提成工资等工资形式的用人单位,必须进行合理折算,其相应的折算额不得低于按时、日、周、月确定的最低工资标准;

(7) 县级以上地方劳动行政部门负责对最低工资标准执行情况进行监督检查,对违反最低工资标准的用人单位及其责任人员依法追究法律责任;

(8) 各级工会有权对最低工资标准执行情况进行监督,发现用人单位有违反最低工资标准的,有权要求当地劳动行政部门处理。

(三) 最低工资标准限制

 **实行承包制的劳动者的工资不得低于最低工资标准**

周华是一家企业的技术能手,年纪不大却带了一帮徒弟。年初,为了提高效益,老板决定在厂里实行承包制,他有意让周华带个头,对于这个既有良好技术又老实和善的小青年,同车间的大部分职工都很信任他。周华决定趁此机会也锻炼锻炼自己,于是他承包了自己所在的车间,并和企业签订了承包合同。承包合同中明确规定,超出承包任务的部分按超额的情况拿奖金,完不成承包任务则视情况扣发工资,上不封顶,下不保底。周华核算过,尽管有几个人的技术不够过硬,但只要大家齐心协力,肯定能够完成任务。周华以身作则,在大家的共同努力下,承包后的几个月都取得了相当不错的绩效。可是,好景不长,春节前几个骨干职工陆续跳槽,新招来的人都是新手,车间的生产速度一下子大大地减慢,人心不稳,承包任务的完成情况也越来越差。超产奖没有了,工资也被扣发了,3月份周华只拿到1600元的工资(当年当地的最低工资是1620元)。周华去人事部门进行交涉,得到的回答是承包合同中有约定,完不成承包任务就要扣减工资且下不保底,1600元工资已属照顾,再这样下去可能会更少。听此答复,周华也没话好说了。

工作任务

(1) 请你了解本案的案情,并分析"下不保底""完不成承包任务则视情况扣发工资"的约定是否合法。

(2) 请你解读我国关于劳动合同约定完不成劳动定额或承包任务,用人单位能否低于最低工资标准支付劳动者工资的规定。

(3) 假设你是用人单位的人力资源管理工作人员,请你对承包的劳动者因客观原因没有完成承包任务、企业能否低于最低工资标准支付劳动者工资的疑问进行答疑解惑。

根据《关于贯彻执行〈中华人民共和国劳动法〉若干问题的意见》和《工资支付暂行规定》,用人单位在执行最低工资标准时受以下一些限制:

(1) 在劳动合同中,双方当事人约定的劳动者在未完成劳动定额或承包任务的情况下,用人单位可低于最低工资标准支付劳动者工资的条款不具有法律效力。

(2) 劳动者与用人单位形成或建立劳动关系后,试用、熟练、见习期间,在法定工作时间内提供了正常劳动,其所在的用人单位应当支付不低于最低工资标准的工资。

(3) 企业下岗待工人员,由企业依据当地政府的有关规定支付其生活费,生活费可以低于最低工资标准,下岗待工人员重新就业的,企业应停发其生活费。女职工因生育、哺乳请长假而下岗的,在其享受法定产假期间,依法领取生育津贴;没有参加生育保险的企业,由企业照发原工资。

(4) 职工患病或非因工负伤治疗期间,在规定的医疗期内由企业按有关规定支付其病假工资或疾病救济费,病假工资或疾病救济费可以低于当地最低工资标准支付,但不能低于最低工资标准的80%。

(5) 因劳动者本人原因给用人单位造成经济损失的,用人单位可按照劳动合同的约定要求其赔偿经济损失。经济损失的赔偿,可从劳动者本人的工资中扣除。但每月扣除的部分不得超过劳动者当月工资的20%。若扣除后的剩余工资部分低于当地月最低工资标准,则按最低工资标准支付。

二、工资支付保障

工资支付保障是对职工获得全部应得工资及其所得工资支配权的保障。《劳动法》、《工资支付暂行规定》、原劳动部于1995年5月12日印发的《对〈工资支付暂行规定〉有关问题的补充规定》和《劳动合同法》等法律、法规都有关于工资支付保障的具体规定。

(一) 工资支付一般规则

 **每月定额报销的差旅费、通信费是否属于工资**

赵某与A制衣公司建立了劳动关系,主要从事销售工作,工作地点在上海,月工资为基本工资1700元+差旅费2600元+销售提成。他离职前12个月的平均工资为每月9134.33元。1年后,A制衣公司通知赵某将其工作地点调整至江苏,赵某表示不同意。几天后,A制衣公司则以赵某既未到新工作地点报到,也未向主管经理请假为由通知赵某解除劳动关系。在计算经济补偿时,A制衣公司认为,赵某每月凭票据享受2500元的差旅费,另外100元的通信费也是差旅费,不是工资,不应计入赵某的工资性收入中作为经济补偿的计算基数。赵某则认为该项费用每月随工资一并打

入自己的账户,是固定的补贴工资,应当计入经济补偿的计算基数中。双方为此争执不下,因此产生争议。

赵某每月凭票报销的2600元差旅补贴费是否属于工资?能否应将该收入计入经济补偿计算基数?

工作任务

(1) 请你分析:劳动者每月固定凭票报销的差旅费、通信费等是否属于货币性工资收入?

(2) 请你解读我国关于工资的规定,明确工资收入范围的界定。

(3) 假设你是用人单位的人力资源管理工作人员,请你为本案起草一个针对类似问题的处理方案。

1. 货币支付

工资应当以法定货币支付,不得以实物和有价证券代替货币支付。

根据《关于贯彻执行〈中华人民共和国劳动法〉若干问题的意见》第五十三条的规定,《劳动法》中的"工资"是指用人单位依据国家有关规定或劳动合同的约定,以货币形式直接支付给本单位劳动者的劳动报酬,一般包括计时工资、计件工资、奖金、津贴和补贴、延长工作时间的工资报酬以及特殊情况下支付的工资等。

2. 直接支付

(1) 用人单位应当将工资支付给职工本人,但职工本人因故不能领取工资时可以由其亲属或委托他人带领。

(2) 用人单位可以委托银行代发工资,但应当将工资存入劳动者本人账户。

(3) 被派遣劳动者的工资可以由派遣单位直接支付,也可以由派遣单位委托用工单位支付。

(4) 建筑施工、矿山的用人单位将工程或经营权发包给不具备用工主体资格的组织或自然人的,承包人所雇佣劳动者的工资由发包人承担支付义务。

(5) 用人单位应当书面记录支付工资的数额、时间、领取者姓名及其签字,并保存2年以上备查。

3. 足额支付

法定和约定应当支付给职工的工资项目和工资额,用人单位必须全部支付,不得克扣。用人单位在支付工资时应当向职工提供一份个人工资清单。

4. 定期支付

工资必须在用人单位与职工约定的日期支付。如遇节假日或休息日,应提前在最近的工作日支付;工资至少每月支付1次,实行周、日、小时工资制的可以按周、日、小时支付工资,但非全日制用工劳动报酬结算支付周期最长不得超过15日;完成一次性临时劳动或某项具体工作的职工,用人单位应按协议在完成劳动任务后即行支付;劳动关系依法终止的,用人单位应在终止劳动关系时一次性付清工资;凡拖欠工资的,应当按拖欠日期和拖欠工资额向职工赔偿损失。

5. 优先支付

企业破产或依法清算时,职工应得工资必须作为优先受偿的债权。

6. 紧急支付

在职工遇有紧急情况以致不能维持生活时,用人单位应当向该职工预支其可得工资的相当部分。

(二)特殊情况下的工资支付

 企业因经营效益不好而停工、停产该如何支付劳动者工资

2020年2月,A公司因新冠肺炎疫情的影响经营效益不好,计划让生产车间的全体职工暂时回家休假3个月,等到形势好转、业务恢复正常、公司的订单多了再让职工回来上班,并公告通知休假后的第一个月支付职工工资2480元(当地最低工资标准),从第二个月起不再支付工资。

A公司的职工看到公告后一片哗然。有的职工认为,A公司的上述决定侵犯了职工的利益,待岗生活费应该由双方协商一致,不能只由A公司单方面说了算。也有的职工认为:A公司不应只在第一个月发放2480元,而应该在休假期间每个月都要发放2480元。更有一部分职工要求A公司与自己解除劳动合同、支付经济补偿。

职工的强烈反应和种种要求令A公司的人力资源部感到十分头疼,无论怎么向职工进行解释都做不通大家的工作。在僵持不下的情况下,有52名职工集体申请劳动仲裁。

工作任务

(1)请你分析:本案中用人单位停工放假并减发、停发工资的做法是否违法?

(2)请你解读《工资支付暂行规定》中非因劳动者原因用人单位停工阶段工资支付的有关规定。

(3)假设你是工会的工作人员,请你为用人单位非因劳动者原因停工放假并停发工资的情况设计一个合法合理的处理方案。

我国法定应当支付工资的特殊情况主要包括以下情形:

(1)职工在法定工作时间内依法参加社会活动,用人单位应视同其提供了正常劳动而支付工资。

社会活动包括:

① 依法行使选举权或被选举权;

② 当选代表出席乡(镇)、区以上政府、党派、工会、青年团、妇女联合会等组织召开的会议;

③ 出任人民法院证明人、陪审员;

④ 出席劳动模范、先进工作者的大会;

⑤《工会法》规定的不脱产工会基层委员会委员因工会活动占用生产时间;
⑥其他依法参加的社会活动。

(2)职工在法定休息日和年休假、探亲假、婚丧假期间,用人单位应按规定标准支付工资。

(3)非劳动者原因造成的停工、停产在一个工资支付周期内的工资支付,《工资支付暂行规定》第十二条规定:"非因劳动者原因造成单位停工、停产在一个工资支付周期内的,用人单位应按劳动合同规定的标准支付劳动者工资。超过一个工资支付周期的,若劳动者提供了正常劳动,则支付给劳动者的劳动报酬不得低于当地的最低工资标准;若劳动者没有提供正常劳动,应按国家有关规定办理。"

(4)职工在调动工作期间、脱产学习期间、被错误羁押期间、错判服刑期间,用人单位应当按国家规定或劳动合同规定的标准支付工资。

(5)职工被公派在国(境)外工作、学习期间,其国内工资按国家规定的标准支付。

(6)职工加班加点,应当依照法定标准支付加班加点工资。

(三)代扣代缴的工资

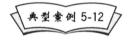 **用人单位在什么情况下可以代扣劳动者的工资**

某制衣厂职工范某向本厂同事刘某借了2000元,之后,因二人发生矛盾,范某一直不将所借的2000元还给刘某。为此,刘某多次找到厂领导要求解决问题。厂领导给范某做工作让他把钱还给刘某,但范某一直不予理睬。刘某提出从范某的工资中扣除,厂领导经协商后表示同意,并通知财务部门把范某1个月的工资由刘某领走,以偿还其所借的2000元。范某认为制衣厂私自将自己的工资支付给他人的行为违反了有关工资支付的法律规定,侵犯了自己的劳动报酬权,主张制衣厂赔偿自己2000元工资和500元克扣工资的经济补偿。

工作任务

(1)请你了解本案的案情,并分析用人单位是否可以用劳动者的工资偿还个人债务。

(2)请你解读我国关于用人单位可以依法代扣代缴工资的相关规定。

(3)假设你是用人单位的人力资源管理工作人员,请你为本单位代扣代缴工资做一个设计方案。

根据《工资支付暂行规定》第十五条的规定,用人单位不得克扣劳动者工资。有下列情况之一的,用人单位可以代扣劳动者工资:

(1)用人单位代扣代缴的个人所得税;
(2)用人单位代扣代缴的应由劳动者个人负担的各项社会保险费用;
(3)法院判决、裁定中要求代扣的抚养费、赡养费;
(4)法律、法规规定可以从劳动者工资中扣除的其他费用。

另外,因劳动者本人原因给用人单位造成经济损失的,用人单位可以按照劳动合同的约定要求其赔偿经济损失。经济损失的赔偿,可以从劳动者本人的工资中扣除。但每月扣除的部分不得超过劳动者当月工资的20%。若扣除后的剩余工资部分低于当地月最低工资标准,则按最低工资标准支付。

(四) 支付令保障措施

支付令是指人民法院责令债务人在规定期限履行债务的一种法律文书,是我国《民事诉讼法》督促程序中的一个旨在保护债权人合法利益的法律措施,也是债权人起诉之前的一种快捷和低成本的法律救济方式。

我国《劳动合同法》第三十条明确规定,用人单位拖欠或者未足额支付劳动报酬的,劳动者可以依法向当地人民法院申请支付令,人民法院应当依法发出支付令。《劳动争议调解仲裁法》第十六条进一步规定,因支付拖欠劳动报酬、工伤医疗费、经济补偿或者赔偿金事项达成调解协议,用人单位在协议约定期限内不履行的,劳动者可以持调解协议书依法向人民法院申请支付令。人民法院应当依法发出支付令。

(五) 农民工工资保障措施

根据原劳动和社会保障部、原建设部于2004年9月6日印发的《建设领域农民工工资支付管理暂行办法》的规定,对农民工工资采取以下保障措施:

(1) 工程总承包企业应对劳务分包企业工资支付进行监督,督促其依法支付农民工工资;

(2) 业主或工程总承包企业未按合同约定与建设工程承包企业结清工程款,致使建设工程承包企业拖欠农民工工资的,由业主或工程总承包企业先行垫付农民工被拖欠的工资,先行垫付的工资数额以未结清的工程款为限;

(3) 企业因被拖欠工程款导致拖欠农民工工资的,企业追回的被拖欠工程款,应优先用于支付拖欠的农民工工资;

(4) 工程总承包企业不得将工程违反规定发包、分包给不具备用工主体资格的组织或个人,否则应承担清偿拖欠工资连带责任;

(5) 企业违反国家工资支付规定拖欠或克扣农民工工资的,计入信用档案,并通报有关部门;

(6) 企业应按有关规定缴纳工资保障金,存入当地政府指定的专户,用于垫付拖欠的农民工工资。

思考与训练

一、是非判断题

1. 劳动者在探亲假、婚丧假期间,用人单位可以不支付工资。( )
2. 用人单位可以代扣人民法院判决中要求代扣的抚养费、赡养费。( )
3. 除人民币外,用人单位不能用其他货币支付工资。( )
4. 用人单位支付劳动者病假工资不能低于当地最低工资标准的80%。( )
5. 用人单位拖欠或未足额支付工资,劳动者可以依法向当地人民法院申请支付令。( )

二、单项选择题

1. 下列情形中属于《劳动法》调整的是（　　）。
   A. 企业支付给未签订劳动合同的农民工的劳动报酬
   B. 出版社向作者支付的稿酬
   C. 甲企业支付给乙企业的零件加工费
   D. 李阿姨支付给钟点工的劳动报酬

2. 法定节假日安排劳动者工作的,应支付不低于工资（　　）的工资报酬。
   A. 150%　　　B. 200%　　　C. 250%　　　D. 300%

3. 用人单位因工作原因不能安排职工休10天的年休假。根据有关规定,职工应该获得的工资为不低于其标准工资报酬的（　　）。
   A. 150%　　　B. 200%　　　C. 250%　　　D. 300%

4. 用人单位应当按照劳动合同的约定和国家规定,向劳动者（　　）支付劳动报酬。
   A. 提前　　　B. 延后足额　　　C. 延后分期　　　D. 及时足额

5. 以下关于工资支付的表述中错误的是（　　）。
   A. 工资必须以货币形式发放,不得以实物或者有价证券代替货币发放
   B. 工资应当按月支付给劳动者本人
   C. 劳动者未完成劳动合同约定定额时,用人单位可以低于最低工资标准支付工资
   D. 劳动者非因工负伤治疗期间,用人单位可以低于最低工资标准支付劳动者工资

项目六

特殊劳动保护争议处理

学习情境 1　女职工劳动保护

教学目标

【能力目标】 通过学习,能够把握对女职工禁忌劳动的认定;能够规范应用女职工"三期"假期待遇;能够依法处理女职工"三期"劳动争议。

【知识目标】 通过学习,能够了解我国女职工特殊劳动保护的禁忌规定;掌握女职工劳动关系特殊保护制度;熟悉女职工"三期"假期及待遇规定。

知识与实践

一、劳动保护概述

劳动保护是国家和用人单位为了保护劳动者在劳动生产过程中的安全和健康所采取的立法、组织和技术措施的总称。国家对劳动者在劳动过程中实施劳动安全卫生和健康保护。劳动保护的任务是用人单位在职业伤害发生之前积极采取组织管理措施和工程技术措施,尽可能地消除职业伤害赖以发生的条件,从而有效地保护劳动者的安全和健康,不致发生职业伤害。我国的《安全生产法》第三条明确规定安全生产工作必须坚持"安全第一、预防为主、综合治理"的方针。当生产与安全发生矛盾时,应当优先满足安全的需要,即安全重于生产,而不允许以生产压安全。

劳动保护的主要内容包括劳动保护的立法和监察、劳动保护的管理与宣传、劳动安全设施标准、劳动安全卫生条件要求。

用人单位的劳动保护义务包括:

(1) 向劳动者提供符合劳动安全卫生标准的劳动条件;

(2) 对劳动者进行劳动保护教育和劳动保护技术培训;

(3) 建立和实施劳动保护管理制度;

(4) 保障职工休息权的实现;

(5) 为女职工和未成年工提供特殊劳动保护;

(6) 接受政府有关部门、工会组织和职工群众的监督。

劳动者的劳动保护权利包括:

(1) 有权获得符合标准的劳动安全卫生条件;

(2) 有权获得法定的休息休假待遇;

(3) 有权获得本岗位安全卫生知识、技术的学习和培训;

(4) 有权拒绝用人单位提出的违章操作要求,在劳动条件恶劣、隐患严重的情况下,有权拒绝作业和主动撤离工作现场;

(5) 有权对用人单位执行劳动保护规定的情况进行监督并提出建议。

劳动者负有学习和掌握劳动保护知识和技术、严格遵守操作技术规程的义务。

二、女职工特殊劳动保护

典型案例6-1 未婚先孕产假争议

北京A公司的蔡女士被单位派往南京担任A公司驻南京办事处的副主任。在外地工作期间，蔡女士感到很孤单，不久便开始同南京的一个小伙子恋爱并且同居，2个月后她怀孕了。父母得知此事后，强烈反对蔡女士在外地谈恋爱，希望她与那个小伙子断绝来往，并尽快到当地的医院做人工流产手术。但是，蔡女士对父母的意见却置之不理，继续与那个小伙子交往。8个月后，就在她即将临产时，小伙子却突然离开了她。于是，蔡女士独自回到北京，并生下了孩子。在家休息了2个多月后，她来到A公司向经理提出希望能将她调回北京工作，并给予她产假待遇，支付她在产假期间的工资。经理当即表示同意将蔡女士调回北京工作，但是不同意向她支付产假期间的工资，理由是她非婚生育不能享受产假，并将其休的2个多月假按事假处理。蔡女士认为，非婚生育是不对，A公司可以按有关规定对她进行处罚，但不能因此而剥夺她休产假的权利，根据《劳动法》和《女职工劳动保护特别规定》，自己应该享受98天的产假，A公司必须发给自己产假期间的工资。

工作任务

（1）请你分析：本案中蔡女士的行为是否违反了《民法典》的有关规定？女职工非婚生育时能否享受法定产假？其产假待遇应如何认定？

（2）请你解读《民法典》《劳动法》及《女职工劳动保护特别规定》的有关规定。

（3）假设你是用人单位的人力资源管理工作人员，请你设计一份与本案中的蔡女士进行沟通的方案。

女职工劳动保护既是劳动保护工作的一项重要内容，也是工会维护职工合法权益的重要方面。女职工特殊劳动保护制度是针对女职工的生理特点和抚育后代的需要，对女职工在劳动过程中的安全和健康依法加以特殊保护。《中华人民共和国人口与计划生育法》（以下简称《人口与计划生育法》）第二十五条和第二十六条明确规定，公民晚婚晚育，可以获得延长生育假的奖励或者其他福利待遇；妇女怀孕、生育和哺乳期间，按照国家有关规定享受特殊劳动保护并可以获得帮助和补偿。

女职工劳动保护的主要依据有《劳动法》《妇女权益保障法》《人口与计划生育法》《社会保险法》《女职工劳动保护特别规定》等。

（一）禁止安排女职工从事有害妇女健康的劳动

典型案例6-2 如何处理怀孕期女职工工作岗位问题

小霞进入A化工销售公司（以下简称A公司）工作后的一周里，A公司对其进行了规章制度、岗位职责的培训。经过培训和学习，小霞通过了相关的考试，并在《员工手册》上签字确认。半年后的一天，小霞发现自己已经怀孕3个月，由于身体原因，小霞时常感觉不适，在1个月内连续请病假超过10日（该病假均得到部门领导的同意）。由于请假天数过多，A公司人力资源部根据《员工手册》第八章第三条的规定"病假超过10日的，公司有权根据情况调整职工的工作岗位"，对小霞作出了将其工作岗位调整为清洁工的决定。小霞收到调岗通知书后，认为清洁工的工作不利于胎儿和自身的健康，故不接受调岗通知，并与领导进行了沟通。在与领导沟通无果后，小霞一气之下连续请假10日（均为口头请假，未履行任何书面手续）。之后，A公司人力资源部根据《员工手册》第十二章第九条"职工无故旷工3天，公司可以解除劳动合同，且不支付经济补偿"，对小霞作出解除劳动合同并不支付经济补偿的决定。小霞收到决定书后不服，申请了劳动仲裁，要求A公司解除决定书，恢复双方的劳动关系，并按正常工作时的工资计发其休假工资。

工作任务

(1) 请你分析本案的争议焦点，A公司是否可以对小霞进行岗位调整？清洁工的工作是否属于有害妇女健康的劳动？

(2) 小霞不接受调岗决定，连续口头请假10天不上班，A公司是否可以解除与她的劳动合同？

(3) 请你解读我国关于女职工在"三期"严重违反企业规章制度与用人单位解除劳动合同的法律规定。

(4) 假设你是用人单位的人力资源管理工作人员，请你依法设计解除劳动合同通知的送达流程及相关证据的收集工作。

(5) 假设你是工会的工作人员，你认为是否应当支持小霞"按正常工作时的工资计发其休假工资"的主张？你的理由是什么？

根据《女职工禁忌从事的劳动范围》的规定，女职工禁忌从事的劳动范围包括：

(1) 矿山井下作业；

(2) 体力劳动强度分级标准中规定的第四级体力劳动强度的作业；

(3) 每小时负重6次以上、每次负重超过20公斤的作业，或者间断负重、每次负重超过25公斤的作业。

（二）女职工"三期"保护

女职工"三期"是指孕期、产期、哺乳期。根据《劳动合同法》第四十二条的规定，女职工在孕期、产期、哺乳期的，用人单位不得随意解除劳动合同。根据《妇女权益保障法》第二十七条的规定，任何单位不得因结婚、怀孕、产假、哺乳等情形，降低女职工的工资，辞退女职工，单方解除劳动（聘用）合同或者服务协议。但是，女职工要求终止劳动（聘用）合同或者服务协议的除外。为减少和解决女职工在劳动中因生理特点造成的特殊困难，保护女职工健康，《女职工劳动保护特别规定》做了一系列的规定（参见表6-1）。

表 6-1　女职工"三期"保护

依据	内容摘要		施行时间
《女职工劳动保护特别规定》	产前检查	怀孕女职工在劳动时间内进行产前检查,所需时间计入劳动时间	自2012年4月28日起
	产假 顺产	产假98天,其中产前可以休假15天	
	产假 难产	增加产假15天; 生育多胞胎的,每多生育1个婴儿,增加产假15天	
	产假 流产	怀孕未满4个月流产的,享受15天产假; 怀孕满4个月流产的,享受42天产假	
	哺乳时间	用人单位应当在每天的劳动时间内为哺乳期女职工安排1小时哺乳时间;女职工生育多胞胎的,每多哺乳1个婴儿每天增加1小时哺乳时间	

1. 女职工孕期保护

女职工在孕期不能适应原劳动的,用人单位应当根据医疗机构的证明,予以减轻劳动量或者安排其他能够适应的劳动;对怀孕7个月以上的女职工,用人单位不得延长劳动时间或者安排夜班劳动,并应当在劳动时间内安排一定的休息时间;怀孕女职工在劳动时间内进行产前检查,所需时间计入劳动时间。根据《女职工禁忌从事的劳动范围》的规定,女职工在孕期禁忌从事的劳动范围包括:

（1）作业场所空气中铅及其化合物、汞及其化合物、苯、镉、铍、砷、氰化物、氮氧化物、一氧化碳、二硫化碳、氯、己内酰胺、氯丁二烯、氯乙烯、环氧乙烷、苯胺、甲醛等有毒物质浓度超过国家职业卫生标准的作业;

（2）从事抗癌药物、已烯雌酚生产,接触麻醉剂气体等的作业;

（3）非密封源放射性物质的操作,核事故与放射事故的应急处置;

（4）高处作业分级标准中规定的高处作业;

（5）冷水作业分级标准中规定的冷水作业;

（6）低温作业分级标准中规定的低温作业;

（7）高温作业分级标准中规定的第三级、第四级的作业;

（8）噪声作业分级标准中规定的第三级、第四级的作业;

（9）体力劳动强度分级标准中规定的第三级、第四级体力劳动强度的作业;

（10）在密闭空间、高压室作业或者潜水作业,伴有强烈振动的作业,或者需要频繁弯腰、攀高、下蹲的作业。

2. 女职工产期保护

根据《女职工劳动保护特别规定》第七条和第八条的规定,女职工享受以下产期保护:

（1）女职工生育享受98天产假,其中产前可以休假15天;难产的,增加产假15天;生育多胞胎的,每多生育1个婴儿,增加产假15天。女职工怀孕未满4个月流产的,享受15天产假;怀孕满4个月流产的,享受42天产假。

（2）女职工产假期间的生育津贴,对已经参加生育保险的,按照用人单位上年度职工月平均工资的标准由生育保险基金支付;对未参加生育保险的,按照女职工产假前工资的标准由用人单位支付。

（3）女职工生育或者流产的医疗费用，按照生育保险规定的项目和标准，对已经参加生育保险的，由生育保险基金支付；对未参加生育保险的，由用人单位支付。

3. 女职工哺乳期保护

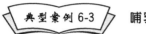 哺乳期不得降低女职工的工资

王女士应聘进入A公司担任部门主管，双方签订了1年的劳动合同，约定王女士每月税前工资为3986元。在劳动合同履行的过程中，王女士的工资调整为税前4142元。去年5月，王女士在医院生产。3个月后，王女士休完产假后回A公司上班，A公司将其调至销售部担任美容顾问主管，双方又续订了1年的劳动合同。A公司按美容顾问主管岗位的工资标准向王女士发放工资。拿到工资后，王女士发现自己的月工资比原来的减少了，便向A公司提出异议，在没有得到满意答复后，王女士提出劳动争议仲裁申请，但未获支持。王女士起诉至人民法院，要求A公司按照原工资水平补足工资。她认为，A公司在她的哺乳期内擅自降低工资的行为违反了相关法律、法规的规定。人民法院认为，王女士之前正处于哺乳期阶段，依据《女职工劳动保护特别规定》，用人单位不得在女职工哺乳期降低女职工的基本工资，因此判决王女士胜诉。

工作任务

（1）请你分析本案中A公司败诉的原因。
（2）请你解读我国关于女职工在哺乳期内用人单位支付工资的法律规定。
（3）请你为本案中的王女士编写一份劳动争议仲裁申诉书。

对于哺乳未满1周岁婴儿的女职工，用人单位应当在每天的劳动时间内为哺乳期女职工安排1小时哺乳时间；女职工生育多胞胎的，每多哺乳1个婴儿每天增加1小时哺乳时间。根据《女职工禁忌从事的劳动范围》的规定，女职工在哺乳期禁忌从事的劳动范围包括：

（1）作业场所空气中铅及其化合物、汞及其化合物、苯、镉、铍、砷、氰化物、氮氧化物、一氧化碳、二硫化碳、氯、己内酰胺、氯丁二烯、氯乙烯、环氧乙烷、苯胺、甲醛等有毒物质浓度超过国家职业卫生标准的作业；
（2）非密封源放射性物质的操作，核事故与放射事故的应急处置；
（3）体力劳动强度分级标准中规定的第三级、第四级体力劳动强度的作业；
（4）作业场所空气中锰、氟、溴、甲醇、有机磷化合物、有机氯化合物等有毒物质浓度超过国家职业卫生标准的作业。

（三）女职工"三期"劳动合同限制解除保护

 休产假被公司要求每天手写销售心得

日前，上海A家具公司的内部电子邮件被曝光，该电子邮件要求正在休产假的女职工朱女士每天需要手写一篇600个字的销售心得，如果出差错就会被罚款，1个错别字

扣 50 元,重复一句话扣 100 元。该事件在网上引发了热议。随后几日,A 家具公司出于社会的压力,公开发表致歉信称电子邮件的内容属实。朱女士决定与 A 家具公司解除劳动关系,A 家具公司就解除劳动合同经济补偿和其他事宜委派专人与朱女士进行商量。经过上海市妇联的调解,最终以 A 家具公司支付朱女士各种费用共计 15 万元而告结。

工作任务

（1）请你了解本案的案情,分析用人单位要求女职工在休产假期间每天手写一篇销售心得及对其进行罚款的做法是否合法。

（2）请你解读我国关于女职工在孕期、产期、哺乳期工资报酬的规定。

（3）假设你是用人单位的人力资源管理工作人员,请你针对 A 家具公司的做法是否存在歧视、违法与朱女士进行有效沟通。

《劳动法》《妇女权益保障法》《劳动合同法》《女职工劳动保护特别规定》分别规定：

（1）用人单位不得因女职工在孕期、产期、哺乳期违法与其解除劳动合同；

（2）女职工在孕期、产期、哺乳期劳动合同期满的,劳动合同延续至孕期、产期、哺乳期消失时方可依法终止劳动合同；

（3）任何单位不得因结婚、怀孕、产假、哺乳等情形,降低女职工的工资,辞退女职工,单方解除劳动（聘用）合同或者服务协议。但是,女职工要求终止劳动（聘用）合同或者服务协议的除外。

女职工"三期"保护争议的处理流程参见图 6-1。

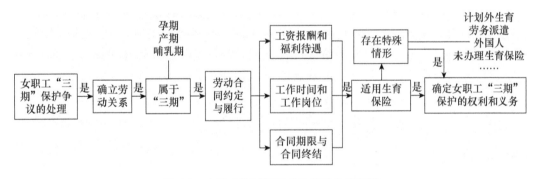

图 6-1 女职工"三期"保护争议的处理流程

（四）女职工维权保护

女职工劳动保护的权益受到侵害时,有权向所在单位主管部门或当地劳动行政部门提出申诉。受理申诉的部门应当自收到申诉书之日起 30 日内作出处理决定；女职工对处理决定不服的,可以在收到处理决定书之日起 15 日内向人民法院起诉。

思考与训练

一、是非判断题

1. 劳动保护包括安全生产、女工保护、未成年人保护等。（   ）

2. 综合计算工时工作制主要适用于从事特别艰苦、繁重、有毒有害、过度紧张的劳动者以及在哺乳期的女工。（   ）

3. 根据女职工生理机能变化的特点，《劳动法》只针对女职工产期、哺乳期的工作和休息规定了一系列特殊保护办法。（   ）

4. 用人单位在裁员时，应当优先留用女职工。（   ）

5. 女职工在孕期、产期、哺乳期的，除非劳动者有严重过错，否则用人单位不得解除劳动合同。（   ）

二、拓展训练

案情简介

被退回劳务派遣单位的"三期"女职工能否拿最低工资

顾女士被A人才中介公司派遣至B科技公司做项目主管，B科技公司每月支付给顾女士的工资为8500元。正值顾女士怀孕6个月时，B科技公司的业务受金融危机的影响，决定取消顾女士所负责的项目。之后，B科技公司因无其他合适的岗位安排顾女士，经与顾女士协商，决定将其退回A人才中介公司，顾女士本人也同意，但要求在无工作期间A人才中介公司继续支付其原约定工资。而A人才中介公司只同意按当地最低工资标准按月向顾女士支付最低工资。

用人单位因客观情势发生重大变化，导致原劳动合同无法履行，被退回劳务派遣单位的"三期"女职工能否拿最低工资？

法理评析

根据《劳动合同法》第六十五条的规定，被派遣劳动者有该法第三十九条和第四十条第一项、第二项规定情形的，用工单位可以将劳动者退回劳务派遣单位，劳务派遣单位依照该法有关规定，可以与劳动者解除劳动合同。被派遣劳动者被用工单位退回后在无工作期间，劳务派遣单位应当按照所在地人民政府规定的最低工资标准，向其按月支付报酬。

但是，国家对处于"三期"期间的女职工实施特殊保护。《女职工劳动保护特别规定》第五条规定："用人单位不得因女职工怀孕、生育、哺乳降低其工资、予以辞退、与其解除劳动或者聘用合同。"

据此，本案中处于"三期"期间的女职工因用人单位的客观情势发生重大变化，导致原有工作岗位被取消，被用工单位退回劳务派遣单位后，劳务派遣单位应当按照不低于原约定的工资标准向女职工支付工资。

法条链接

《劳动合同法》第四十二条： 劳动者有下列情形之一的，用人单位不得依照本法第四十条、第四十一条的规定解除劳动合同：

……

（四）女职工在孕期、产期、哺乳期的。

项目六 特殊劳动保护争议处理

第五十八条第二款：……被派遣劳动者在无工作期间，劳务派遣单位应当按照所在地人民政府规定的最低工资标准，向其按月支付报酬。

《女职工劳动保护特别规定》第五条：用人单位不得因女职工怀孕、生育、哺乳降低其工资、予以辞退、与其解除劳动或者聘用合同。

学习情境 2　未成年工劳动保护

教学目标

【能力目标】 通过学习，能够把握未成年工法定年龄段；能够规范未成年工身体保护；能够认定未成年工禁忌从事的劳动范围。

【知识目标】 通过学习，能够熟悉未成年工特殊保护制度；掌握未成年工劳动合同制度；了解未成年工禁忌从事的劳动项目规定。

知识与实践

一、未成年工特殊劳动保护

未成年人的劳动合同

小丽只有15岁，但因为家庭条件不好所以她决定外出打工。小丽到处寻找招聘信息，其中一则洗浴中心招聘服务员的广告引起了她的注意，因为上面的待遇实在很诱人，不但给予高薪，还提供住宿。她惴惴不安地找到这家洗浴中心。本来小丽还担心老板会嫌她年龄小，谁知对方看到她满脸笑意，说了一大堆好听的话，哄着她签下了一份劳动合同。可是，这份工作和她想象的实在差得太多，小丽以为服务员的工作就是端茶倒水，而她的主要工作却是给客人洗脚。她向老板提出辞职，可对方却拿出他们二人当初签订的那份劳动合同，要求她承担违约责任。听了这些话，小丽傻眼了。她想早日离开洗浴中心，却不知道自己还能做些什么。

工作任务

（1）请你熟悉本案的案情，了解未成年工与非法使用童工的区别。
（2）请你解读我国关于未成年人就业的法律规定，明确合法未成年工的年龄范围。
（3）小丽辞职是否需要交付违约金？请你为本案中的小丽提供维权帮助。

所谓未成年工,是指年满16周岁未满18周岁的劳动者。未成年工的特殊保护是针对未成年人处于生长发育期的特点,以及接受义务教育的需要,依法采取的特殊劳动保护措施。

由于未成年工的身体还没有完全发育成熟,从事某些工作会危害其生长发育和身体健康,因此,国家对未成年人就业作出了一些保护性的规定。对未成年工实行特殊保护的立法主要有《未成年人保护法》《劳动法》《劳动合同法》和原劳动部于1994年12月9日发布的《未成年工特殊保护规定》等,其内容主要包括:

(1) 禁止用人单位招用未满16周岁的未成年人;

(2) 违反法律、行政法规强制性规定的劳动合同无效或者部分无效。

二、未成年工禁忌从事的劳动范围

典型案例6-6　违法雇用童工将受到严惩

2019年6月,劳动保障监察机构接到群众举报:某高校后勤集团的食堂正在使用1名童工。劳动保障监察机构根据举报人提供的线索找到1名疑似童工的职工张某。单位负责人解释说张某是他在本单位食堂担任厨师的舅舅介绍来打工的,刚工作了20多天,录用他时张某的舅舅保证说他已年满16周岁。但是,该单位不能提供张某的身份证以及其他录用登记证明材料。劳动保障监察机构立即与张某户籍所在地的派出所取得联系,查明张某出生于2005年7月15日,年龄未满16周岁,确实是童工。劳动保障监察机构根据国务院自2002年12月1日起施行的《禁止使用童工规定》第六条和第八条的规定,对该单位处以1.5万元的罚款,并责令该单位在3日内将该童工遣送回家。

工作任务

(1) 请你了解未成年工禁忌从事的劳动范围的规定,说明本案中的用人单位被处罚的法律原因。

(2) 请你解读我国关于非法使用未成年工的罚则规定。

根据《劳动法》和《未成年工特殊保护规定》的规定,除了对未成年人做了粉尘、有毒、高处、冷水、高温、低温、劳动强度等级限制性规定外,还具体规定用人单位不得安排未成年工从事矿山井下、有毒有害、国家规定的第四级体力劳动强度的劳动和其他禁忌从事的劳动;不得安排未成年工从事其他禁忌从事的劳动,包括森林业中的伐木、流放及守林作业,工作场所接触放射性物质的作业,有易燃易爆、化学性烧伤和热烧伤等危险性大的作业,地质勘探和资源勘探的野外作业,潜水、涵洞、涵道作业和海拔3000米以上的高原作业(不包括世居高原者),连续负重每小时在6次以上并每次超过20公斤,间断负重每次超过25公斤的作业,使用凿岩机、捣固机、气镐、气铲、铆钉机、电锤的作业,工作中需要长时间保持低头、弯腰、上举、下蹲等强迫体位和动作频率每分钟大于50

次的流水线作业,锅炉司炉等会影响生长发育的作业。

三、未成年工定期健康检查制度

 应对未成年工定期进行健康检查

小强今年16岁,学习成绩优异,迫于家庭的压力不得不辍学打工。王某是当地某化工企业的老板,听说了小强的事情后,他主动与小强取得联系,答应为小强安排工作。小强上岗前,王某安排他进行了健康检查,并根据他的身体状况为他安排了工作,并提醒人力资源部门定期安排小强进行健康检查。除此之外,王某在生活上对小强非常照顾,经常鼓励他不要放弃学习,争取以后能够学有所成。小强非常感动,工作也非常认真,并利用业余时间积极学习,想以此来报答王某。

工作任务

(1) 请你分析:本案中王某的做法是否合法?
(2) 请你解读我国关于使用未成年工条件的法律规定。

根据《劳动法》第六十五条和《未成年工特殊保护规定》第六条的相关规定,用人单位应当对未成年工定期进行健康检查。用人单位应当对未成年工安排工作岗位之前、工作满1年时以及年满18周岁,距前一次的体检时间已超过半年时进行健康检查。未成年工的健康检查应按《未成年工健康检查表》列出的项目进行。用人单位应根据未成年工的健康检查结果安排其从事适合的劳动,对不能胜任原劳动岗位的,应根据医务部门的证明,予以减轻劳动量或安排其他劳动。

四、未成年工使用和特殊保护登记

 未满16周岁的未成年工因工受伤的赔偿责任

田某,2005年12月28日出生,2020年3月2日到A建筑公司的工地工作。2020年4月8日,田某在工作中被工地的模板砸伤,经劳动能力鉴定委员会鉴定,田某为工伤四级伤残。田某因看病支出的医疗费、交通费等费用,A建筑公司拒绝赔偿。田某申请劳动争议仲裁,要求A建筑公司赔偿其医疗费、护理费、住院伙食补助费、一次性赔偿费、精神损害抚慰金等共计40余万元。本案在处理中出现了以下两种观点:

观点一:使用童工是严重违法行为。按照《最高人民法院关于审理人身损害赔偿案件适用法律若干问题的解释》第一条的规定,单位应承担赔偿责任,童工可以获得精神损害赔偿。因未成年人不是《劳动法》中规定的劳动者,不具备劳动者主体资格,与单位不是劳动关系,不受《劳动法》的调整,应适用我国《民法典》中有关劳务关系的规定,由非法用工单位对童工或其直系亲属进行赔偿,也可以依法请求精神损害抚慰金。

观点二:《最高人民法院关于审理人身损害赔偿案件适用法律若干问题的解释》第三条规定:"依法应当参加工伤保险统筹的用人单位的劳动者,因工伤事故遭受人身损

害,劳动者或者其近亲属向人民法院起诉请求用人单位承担民事赔偿责任的,告知其按《工伤保险条例》的规定处理。"根据《工伤保险条例》第六十六条的规定,用人单位不得使用童工,用人单位使用童工造成童工伤残、死亡的,由该单位向童工或者童工的近亲属给予一次性赔偿,赔偿标准不得低于本条例所规定的工伤保险待遇。童工或者童工的近亲属就赔偿数额与单位发生争议的,按照处理劳动争议的有关规定处理。故本案不应按《民法典》的相关规定进行赔偿。

工作任务

(1) 请你了解合法使用未成年工的规定,说出你支持本案中的哪个观点。
(2) 请你解读处理本争议所需要的法律、政策规定。
(3) 假设你是劳动争议仲裁工作人员,请根据本案的事实和法律规定设计你的处理方案。

《劳动法》第十五条规定:"禁止用人单位招用未满十六周岁的未成年人。文艺、体育和特种工艺单位招用未满16周岁的未成年人,必须遵守国家有关规定,并保障其接受义务教育的权利。"

用人单位招收使用未成年工,除符合一般的用工要求外,还须向所在地的县级以上劳动行政部门办理登记。劳动行政部门根据《未成年工健康检查表》《未成年工登记表》的内容,审核体检情况和拟定安排的劳动范围,核发国务院劳动行政部门统一印制的《未成年工登记证》。未成年工须持《未成年工登记证》上岗。

未成年工体检和登记,由用人单位统一办理并承担所需费用。

思考与训练

一、是非判断题

1. 在我国,未成年工被纳入了特殊劳动保护。(   )
2. 足球俱乐部经过劳动行政部门审批,并提供九年义务教育的,可以招用不满10周岁的少年足球运动员。(   )
3. 禁止用人单位招用未满16周岁的未成年人。(   )
4. 只要本人自愿且家长同意,用人单位可以招用未满16周岁的未成年工。(   )
5. 未成年工的工作岗位、工作内容不受任何限制。(   )

二、单项选择题

1. 用人单位招用未满(   )周岁的未成年工为违法。
   A. 12   B. 15   C. 16   D. 18

2. 以下不能招用未满16周岁的未成年工的用人单位有(   )。
   A. 东方歌舞团   B. 上海杂技团   C. 国家体操队   D. 酒店或招待所

3. 用人单位招用未成年工,必须履行(   )手续。
   A. 行政审批   B. 司法审批   C. 家长审批   D. 上级机关

4. 用人单位招用未成年工,必须保障其接受( )的权利。
   A. 义务教育   B. 小学教育   C. 中学教育   D. 大学教育

5. 用人单位可以安排未成年工从事( )工作。
   A. 加班   B. 夜班
   C. 空气中含汞、苯等   D. 文秘

项目七

社会保障争议处理

学习情境1　社会保险争议处理

教学目标

【能力目标】通过学习,能够掌握社会保险五大种类的基本制度和缴费比例。

【知识目标】通过学习,能够了解我国法定社会保险的种类和缴费规定。

知识与实践

一、社会保险概述

 企业应依法为劳动者缴纳社会保险费

从某名牌高校计算机专业获得博士学位后,小赵被一家专门从事计算机软件开发的外商独资企业A公司聘用,担任副总经理的职位。双方洽谈的过程很顺利,A公司的董事长在和小赵谈到工资待遇时说:"董事会决定你的月薪为3万元。不过需要提前说明的是,我们是一家外资公司,之所以工资定得这么高,是因为除工资外再没有其他福利待遇了。像什么医药费报销、养老等问题都得要你自己解决,公司概不负责。"听了董事长的话,小赵心想这个公司给我的工资确实是挺高的,可就是万一将来得了什么大病或是老了怎么办呢?但是,他转念又一想:我刚30岁,一般也不会有什么大病,至于养老的问题,现在考虑还为时过早,倒不如趁年轻时多挣些钱。

参加工作后,为了解除自己的后顾之忧,赵某每月从工资中拿出1500元向保险公司投保了一份养老保险和一份医疗保险,这样一来他在A公司上班也觉得踏实多了。

小赵工作了半年,一直没有发生什么问题。可后来由于小赵和董事长在经营理念、发展策略等重大问题上发生了严重分歧,被A公司解雇了。小赵不服,双方为此诉至当地的劳动争议仲裁委员会。

在劳动争议仲裁审理过程中,小赵提出A公司未给他缴纳社会保险的问题。他认为,A公司侵害了自己的合法权益。但是,A公司的董事长争辩说:"不为你缴纳社会保险是事先跟你讲好的。你要是不同意,当时可以提出来。你既然同意了,那就不要反过头来倒打一耙。再说,你不是自己已经向保险公司购买了保险吗?"

工作任务

（1）请你分析本案的争议焦点,劳动合同当事人是否可以自愿协商免除缴纳社会保险费。

（2）请你解读我国关于劳动合同当事人依法办理社会保险的法律规定。

（3）假设你是劳动争议仲裁工作人员,请你为本案提供处理意见书。

社会保障是指以国家或政府为主体,依据法律规定,通过国民收入再分配,对公民在暂时或永久失去劳动能力以及由于各种原因生活发生困难时给予物质帮助,保障其基本生活的制度。①

社会保险的设立是为了使劳动者在衰老、失业、工伤、医疗、生育等因丧失或者暂时丧失劳动能力而失去劳动报酬的情况下,能够从社会获得物质帮助和经济补偿。根据《社会保险法》第二条的规定,国家建立基本养老保险、基本医疗保险、工伤保险、失业保险、生育保险等社会保险制度保障公民在年老、疾病、工伤、失业、生育等情况下依法从国家和社会获得物质帮助的权利。《劳动法》第七十三条规定,我国的劳动者在下列情形下可以依法享受社会保险待遇:(1)退休;(2)患病、负伤;(3)因工负伤或者患职业病;(4)失业;(5)生育。这就形成了我国的社会保险体系。

社会保险是一种强制性保险,用人单位必须按时足额缴纳其应缴份额,否则将会承担相关的法律责任。《劳动法》第七十二条规定:"社会保险基金按照保险类型确定资金来源,逐步实行社会统筹。用人单位和劳动者必须依法参加社会保险,缴纳社会保险费。"《社会保险法》第十条第一款和第二款规定:"职工应当参加基本养老保险,由用人单位和职工共同缴纳基本养老保险费。无雇工的个体工商户、未在用人单位参加基本养老保险的非全日制从业人员以及其他灵活就业人员可以参加基本养老保险,由个人缴纳基本养老保险费。"

二、社会保险的种类

(一) 基本养老保险

典型案例7-2 基本养老保险缴费不满15年最终得以妥善解决

高级工程师蒋先生自1962年开始在南京的大型国有企业A厂工作。1989年,他以停薪留职的方式离开原单位(A厂),成了深圳的"新移民"。几经辗转,他于1995年应聘到深圳的一家民营企业工作,直到2002年4月7日才正式退休。但是,让他没有想到的是,深圳和南京两地的社保局都拒绝向他支付养老金。

深圳市社保局表示:根据深圳市的有关规定,非深圳户籍职工必须实际缴费年限累计满15年才能享受按月领取基本养老金的待遇。而蒋先生在深圳的实际缴费年限只有7年。

南京市社保局的理由是:按国务院有关规定,蒋先生应在深圳领取养老金。因为蒋先生辞职多年,南京已经没有他的社保账号,而且已过退休年龄,无法办理退休手续。

蒋先生无法理解:"我在国企干了30年,一直缴纳社保金,又在民企按规定缴纳了7年的社保金。一辈子缴纳社保费用,合起来总共缴了37年,怎么临退休了反倒没有了退休金?"

此后,蒋先生走上了7年的诉讼之路,打官司都以败诉而告终。

2008年11月,国家人力资源和社会保障部派人找到蒋先生,作为特事特办,从

---

① 孙光德,董克用.社会保障概论[M].5版.北京:中国人民大学出版社,2016:7.

2009年1月1日开始,蒋先生终于可以每月从南京市社保局领取1500元的基本养老保险金,并享受医保待遇。

工作任务

(1) 请你了解本案的案情,试比较新养老保险制度惠及劳动者的重大进步。
(2) 请你解读《社会保险法》中关于基本养老保险制度的规定。

养老保险是指由国家通过立法强制实行的,保障劳动者在年老退出劳动岗位后的基本生活而建立的一种社会保险。基本养老保险是社会保险五大险种中最重要的险种。办理基本养老保险是用人单位负有的强制性法定义务。用人单位办理基本养老保险应当掌握以下内容:

1. 基本养老保险的缴费基数

《社会保险法》第十二条第一款规定:"用人单位应当按照国家规定的本单位职工工资总额的比例缴纳基本养老保险费,记入基本养老保险统筹基金。"基本养老保险的缴费基数一般以职工本人上年度月平均工资为准。在计算职工上年度月平均工资时,列入工资总额的项目应包括工资、奖金、津贴、补贴、加班加点工资、特殊情况下支付的工资。

2. 享受基本养老保险待遇的条件

劳动者满足下列条件可以享受基本养老保险待遇,按月领取基本养老金:
(1) 达到法定退休年龄时;
(2) 履行缴费义务,单位和本人按规定缴纳基本养老保险费;
(3) 累计缴费满15年的。

(二) 基本医疗保险

基本医疗保险是社会保险中的重要险种之一。医疗保险是指在人们生病或者受到伤害的时候,由国家或社会向病人或者受害人提供医疗服务、经济补偿的一种社会保险,包括基本医疗保险、企业补充医疗保险和个人补充医疗保险三个层次。对于用人单位来说,为劳动者办理基本医疗保险是法定义务,不能因为缴纳基本医疗保险费会增加用人单位的开支而不为职工办理基本医疗保险手续。

(三) 工伤保险

1. 工伤保险的含义

工伤保险是指劳动者在工作中遭受事故伤害或患职业病后受伤、患病、致残或死亡时,依照国家有关规定,可以获得医疗救治、经济补偿和职业康复权利,以促进工伤预防和职业康复,分散用人单位的工伤风险的一种社会保险。

2. 工伤保险的适用主体

(1) 在我国境内的所有企事业单位、社会团体、民办非企业单位、基金会、律师事务所、会计师事务所等组织和有雇工的个体工商户均应当参加工伤保险,为本单位全部职工或者雇工缴纳工伤保险费。

（2）无营业执照或者未经依法登记、备案的单位以及被依法吊销营业执照或者撤销登记、备案的单位的职工受到事故伤害或者患职业病的,由该单位向伤残职工或者死亡职工的近亲属给予一次性赔偿,赔偿标准不得低于《工伤保险条例》规定的工伤保险待遇。

（3）用人单位不得使用童工,用人单位使用童工造成童工伤残、死亡的,由该单位向童工或者童工的近亲属给予一次性赔偿,赔偿标准不得低于《工伤保险条例》规定的工伤保险待遇。具体办法由国务院社会保险行政部门规定。

（4）公务员和参照《公务员法》管理的事业单位、社会团体的工作人员因工作遭受事故伤害或者患职业病的,由所在单位支付费用。具体办法由国务院社会保险行政部门会同国务院财政部门规定。

3. 工伤保险的缴费基数

（1）工资总额。

《工伤保险条例》第六十四条第一款所称工资总额,是指用人单位直接支付给本单位全部职工的劳动报酬总额。

（2）本人工资。

《工伤保险条例》第六十四条第二款所称本人工资,是指工伤职工因工作遭受事故伤害或者患职业病前12个月平均月缴费工资。本人工资高于统筹地区职工平均工资300%的,按照统筹地区职工平均工资的300%计算;本人工资低于统筹地区职工平均工资60%的,按照统筹地区职工平均工资的60%计算。

（四）失业保险

1. 失业保险的含义

失业保险是指在劳动者的劳动年龄内,由于非本人原因而失去工作,无法获得维持生活的经济来源情况下,由国家和社会为其提供基本生活保障的一种社会保险。失业保险属于强制性保险。失业与下岗不同:下岗的劳动者离开所在用人单位的具体工作岗位,但与用人单位并未解除或终止劳动关系;而失业则是劳动者与用人单位已解除或终止劳动关系,没有新的就业岗位。

2. 失业保险费的缴纳

我国的《社会保险法》加强了对失业人员的保护力度。其中,该法第四十八条规定,失业人员在领取失业保险金期间,参加职工基本医疗保险,享受基本医疗保险待遇。失业人员应当缴纳的基本医疗保险费从失业保险基金中支付,个人不缴纳基本医疗保险费。

3. 领取失业保险金的条件

失业人员符合下列条件的,从失业保险基金中领取失业保险金:

（1）失业前用人单位和本人已经缴纳失业保险费满1年的;

（2）非因本人意愿中断就业的;

（3）已经进行失业登记,并有求职要求的。

4. 领取失业保险金的期限

为了鼓励失业人员再就业,《社会保险法》第四十六条和第四十七条对失业人员领取失业保险金的时间作了一定限制:

(1) 失业前用人单位和本人累计缴费满1年不足5年的,领取失业保险金的期限最长为12个月;

(2) 累计缴费满5年不足10年的,领取失业保险金的期限最长为18个月;

(3) 累计缴费10年以上的,领取失业保险金的期限最长为24个月;

(4) 重新就业后,再次失业的,缴费时间重新计算,领取失业保险金的期限与前次失业应当领取而尚未领取的失业保险金的期限合并计算,最长不超过24个月;

(5) 失业保险金的标准,由省、自治区、直辖市人民政府确定,不得低于城市居民最低生活保障标准。

5. 领取失业保险金期间的医疗保险与遗属补助

根据《社会保险法》第四十八条和第四十九条的规定:

(1) 失业人员在领取失业保险金期间,参加职工基本医疗保险,享受基本医疗保险待遇。失业人员应当缴纳的基本医疗保险费从失业保险基金中支付,个人不缴纳基本医疗保险费。

(2) 失业人员在领取失业保险金期间死亡的,参照当地对在职职工死亡的规定,向其遗属发给一次性丧葬补助金和抚恤金。所需资金从失业保险基金中支付。需要注意的是,个人死亡同时符合领取基本养老保险丧葬补助金、工伤保险丧葬补助金和失业保险丧葬补助金条件的,其遗属只能选择领取其中的一项。

6. 失业证明与办理手续

根据《社会保险法》第五十条的规定:

(1) 用人单位应当及时为失业人员出具终止或者解除劳动关系的证明,并将失业人员的名单自终止或者解除劳动关系之日起15日内告知社会保险经办机构。

(2) 失业人员应当持本单位为其出具的终止或者解除劳动关系的证明,及时到指定的公共就业服务机构办理失业登记。

(3) 失业人员凭失业登记证明和个人身份证明,到社会保险经办机构办理领取失业保险金的手续。失业保险金领取期限自办理失业登记之日起计算。

7. 停止享受失业保险待遇的情形

根据《社会保险法》第五十一条的规定,失业人员在领取失业保险金期间有下列情形之一的,停止领取失业保险金,并同时停止享受其他失业保险待遇:

(1) 重新就业的;

(2) 应征服兵役的;

(3) 移居境外的;

(4) 享受基本养老保险待遇的;

(5) 无正当理由,拒不接受当地人民政府指定部门或者机构介绍的适当工作或者提供的培训的。

(五）生育保险

 **职工未就业配偶享受生育医疗费用待遇**

在 2008 年中央电视台春节联欢晚会的小品《公交协奏曲》里，由演员王宝强扮演的农民工身着蓝色工作服、头戴安全帽、脚踩雨靴，一身建筑工人打扮，其表演极具舞台效果。

当冯巩问他为什么不舍得从兜中取出 1 元钱买公交车票时，他回答说："大哥，俺捂的不是钱，是命！这是兄弟们捐的救命钱啊……俺有个工友，他老婆生孩子，难产大出血，这钱交了押金，还欠 1000 多元呢！"

工作任务

（1）用人单位是否需要为男职工缴纳生育保险费？生育保险费应当由谁来缴纳？
（2）用人单位男职工未就业配偶未缴纳生育保险费的，能否享受生育保险待遇？
（3）请你解读《社会保险法》中的相关规定，并分析用人单位是否应当为农民工缴纳生育保险费。

生育保险是指女职工因怀孕和分娩暂时中断劳动，由国家和社会提供医疗服务、生育津贴和产假待遇的一种社会保险。生育保险制度为女职工在生育期间提供基本生活需求保障，帮助女职工恢复劳动能力，重返工作岗位。

1. 享受生育保险的条件

符合以下条件的职工可以享受生育保险：
（1）用人单位为符合生育保险条件的职工办理了生育保险参保手续；
（2）参保人由于合法的婚姻关系，发生了计划生育政策生育的事实；
（3）有婴儿出生、死亡或流产证明；
（4）办理了符合程序的生育保险金申领手续。

2. 生育保险待遇

《社会保险法》第五十四条规定："用人单位已经缴纳生育保险费的，其职工享受生育保险待遇；职工未就业配偶按照国家规定享受生育医疗费用待遇。所需资金从生育保险基金中支付。生育保险待遇包括生育医疗费用和生育津贴。"

根据《社会保险法》第五十五条的规定，生育医疗费用包括：（1）生育的医疗费用；（2）计划生育的医疗费用；（3）法律、法规规定的其他项目费用。

职工有下列情形之一的，可以按照国家规定享受生育津贴：（1）女职工生育享受产假；（2）享受计划生育手术休假；（3）法律、法规规定的其他情形。生育津贴，按照职工所在用人单位上年度职工月平均工资计发。

三、社会保险争议

我国《劳动争议调解仲裁法》第二条规定，中华人民共和国境内的用人单位与劳动者发生的下列劳动争议，适用该法：

(1) 因确认劳动关系发生的争议;
(2) 因订立、履行、变更、解除和终止劳动合同发生的争议;
(3) 因除名、辞退和辞职、离职发生的争议;
(4) 因工作时间、休息休假、社会保险、福利、培训以及劳动保护发生的争议;
(5) 因劳动报酬、工伤医疗费、经济补偿或者赔偿金等发生的争议;
(6) 法律、法规规定的其他劳动争议。

判断社会保险争议是否属于劳动争议,其前提是争议的双方是否建立了劳动关系。用人单位与劳动者是劳动关系的法定主体,根据《劳动争议调解仲裁法》第二条第四项的规定,双方因社会保险发生的争议属于劳动仲裁范围的劳动争议。用人单位或者劳动者与社会保险机构之间没有建立劳动关系,因此,用人单位或者劳动者与社会保险机构因社会保险发生的争议不属于劳动争议。

学习情境 2　工伤保险争议处理

教学目标

【能力目标】通过学习,能够掌握认定工伤或职业病的法定标准;能够处理工伤或职业病涉及的劳动关系管理问题。

【知识目标】通过学习,熟悉我国工伤或职业病的认定制度,了解工伤待遇标准。

知识与实践

一、工伤保险认定

工伤保险事故的表现形式为职业伤害,包括工伤和职业病。其中,工伤是指用人单位的劳动者在生产劳动过程中,由于外部因素直接作用而引起机体组织突发性的意外伤害,如因工作事故导致的伤亡及急性化学物中毒等。职业病是指用人单位的劳动者在职业活动中,因接触粉尘、放射性物质或其他有毒有害物质等因素而引起的疾病。

(一) 工伤认定标准

典型案例 7-4　工伤认定标准的争议

【案例一】在工作时间和工作岗位上突发疾病是否可以认定为工伤

某日 22 时左右,A 县某公司职工徐某在上班时感到头痛,到 23 时左右公司的领导和其他同事一同将徐某送往 A 县人民医院急诊科,拍片后发现徐某的脑血管破裂出血。当晚,徐某又被转到省人民医院就诊,被诊断为自发性脑室内出血、枕骨大孔疝(晚期)。待病情稳定后,徐某向 A 县的人力资源和社会保障局提出工伤认定申请,A 县的人力资源和社会保障局对申请人徐某所提出的工伤认定申请作出了不予认定为工伤的决定。

【案例二】工作时间从事非本职工作而受的伤能否算工伤

李某是某家具厂的职工,他的工作岗位是在拉网机上测量网片。操作整平机不是李某的本职工作,厂方口头规定职工不得操作非本职工作岗位上的机器,但并没有严格执行这个规定。李某在工作时较为勤快,遇有需要时经常帮助其他的职工临时看管机器。某日,李某上夜班,晚上12点左右,班长因故临时离开生产线,李某操作整平机整平网片时右手不慎被整平机压伤。发生事故前,李某因工作的需要也曾多次操作过整平机。市劳动行政部门确认李某上晚班时受的伤为工伤。家具厂不服,向人民法院提起行政诉讼,请求撤销劳动行政部门作出的企业职工伤亡认定书。

工作任务

(1) 请你熟悉上述案例的案情,并分析劳动者徐某和李某是否能够被认定为工伤。
(2) 请你解读我国工伤认定情形和视为工伤的情形规定。
(3) 假设你是用人单位的人力资源管理工作人员,请你为工伤职工申报工伤申请准备相关材料。

工伤认定是受伤职工是否享受工伤保险待遇的基础,《工伤保险条例》明确规定了7种认定为工伤、3种视同工伤以及3种不得认定为工伤或者视同为工伤的主要情形。

1. 工伤认定的原则

我国的工伤认定实行的是无过错赔偿原则,该原则的主要含义在于:无论职业责任属于用人单位、其他人或者劳动者自己,受害者都应按照规定的标准享受工伤保险待遇。待遇的给付与责任的追究分开,不能因为事故责任的追究与归属影响待遇给付的时间及额度(本人犯罪或故意行为除外)。

2. 工伤认定的情形

根据《工伤保险条例》第十四条的规定,职工有下列情形之一的,应当认定为工伤:
(1) 在工作时间和工作场所内,因工作原因受到事故伤害的;
(2) 工作时间前后在工作场所内,从事与工作有关的预备性或者收尾性工作受到事故伤害的;
(3) 在工作时间和工作场所内,因履行工作职责受到暴力等意外伤害的;
(4) 患职业病的;
(5) 因工外出期间,由于工作原因受到伤害或者发生事故下落不明的;
(6) 在上下班途中,受到非本人主要责任的交通事故或者城市轨道交通、客运轮渡、火车事故伤害的;
(7) 法律、行政法规规定应当认定为工伤的其他情形。

3. 视同工伤的情形

根据《工伤保险条例》第十五条的规定,职工有下列情形之一的,视同工伤:
(1) 在工作时间和工作岗位,突发疾病死亡或者在48小时之内经抢救无效死亡的;
(2) 在抢险救灾等维护国家利益、公共利益活动中受到伤害的;
(3) 职工原在军队服役,因战、因公负伤致残,已取得革命伤残军人证,到用人单位后旧伤复发的。

职工有前述第一项、第二项情形的,按照《工伤保险条例》的有关规定享受工伤保险待遇;职工有前述第三项情形的,按照《工伤保险条例》有关规定享受除一次性伤残补助金以外的工伤保险待遇。

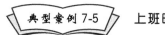

典型案例7-5　　上班时间自杀,是否算工伤

王晶是甲公司的仓库保管员,多年前被确诊患有精神分裂症。王晶曾3次住院治疗,甚至曾经企图自杀,被人发现后获救。去年9月,王晶又因病发去医院就诊,医院为他出具了7天的病假证明。病假结束后,王晶回甲公司正常上班。10月,王晶被发现死于工作场所的仓库内。经公安部门鉴定,王晶是服用了甲公司保存在仓库中的杀虫剂而死亡的,而该杀虫剂含有"甲胺磷"成分。

当地的社会保险行政部门作出了工伤认定书,认定王晶为因工死亡。甲公司不服,提起行政复议,省人力资源和社会保障厅作出维持工伤认定结论的决定。甲公司仍然不服,提起行政诉讼,将当地的社会保险行政部门告上了人民法院。

甲公司称,王晶是自杀身亡,对此公安机关已经得出结论。并且,王晶死亡的当天及之前的工作和生活一切正常,不存在无意识地服食杀虫剂或者误食杀虫剂的情况,因此被告认定王晶因工死亡缺乏事实依据。

当地的社会保险行政部门辩称,根据公安机关的鉴定结论,可以证实王晶死于工作时间和工作场所内;王晶确实有精神病史,并且在事发前不久又因病发到医院就诊,医生还出具了病假证明。因此,王晶在工作时间喝杀虫剂的行为应当属于精神病发作期间的无意识行为。并且,甲公司也没有按照国家有关规定妥善保管杀虫剂,因此对王晶的死亡应承担相应的责任。所以,他们作出的工伤认定书是完全正确的。

人民法院经审理认为,甲公司明知王晶属于有自杀倾向的职工,对其应负有更为严格的劳动安全卫生保护义务。杀虫剂系危险化学品,甲公司在未经培训和考核的情况下安排一名精神病人从事储存危险化学品的工作,显然未尽到劳动安全卫生保护的义务,使得王晶的工作场所存在不安全因素,并直接导致他的死亡。由此可见,王晶的死亡与其工作环境存在不安全因素有关,据此可以认定,王晶系因工作原因死亡。

《工伤保险条例》第十六条规定,自杀不得认定为工伤。甲公司仅能证明王晶在工作期间的精神状态正常,不能证明王晶喝杀虫剂时的精神状态正常。结合王晶的精神病史,可以推定王晶是在精神病发作、无意识的状况下喝杀虫剂的。所以,不能认定王晶在主观上有结束自己生命的意愿。

综上所述,王晶是在工作时间和工作场所内,因工作原因死亡的,不属于不应当认定为工伤的情形。因此,当地的社会保险行政部门作出的工伤认定是正确的,依法应予维持。

工作任务

(1)请你熟悉本案的案情,并分析本案的争议焦点及当地的社会保险行政部门作出工伤认定的合法性。

(2) 请你解读我国关于视同工伤认定标准的法律规定。

(3) 作为用人单位的人力资源管理工作人员,你认为王晶的自杀行为是否属于工伤,请说出你的分析依据。

根据《工伤保险条例》第十六条的规定,职工因下列情形之一导致本人在工作中伤亡的,不认定为工伤:(1) 故意犯罪的;(2) 醉酒或者吸毒的;(3) 自残或者自杀的;(4) 法律、行政法规规定的其他情形。

(二) 职业病认定

 有毒有害工作与职业病的认定

由于工作需要,在A包装印刷公司从事制版工作的女工周某每个月有26天、每天有8小时要接触香蕉水。工作2年后,周某在职业健康体检中被发现白细胞和中性粒细胞计数均低于正常值。医疗卫生机构对周某工作的现场进行了空气检测,结果显示空气中苯含量明显超标,且无任何防护设施和个人防护用品,最后周某被诊断为"职业性慢性中度苯中毒"。

工作任务

(1) 请你解读我国关于职业病认定的法律规定及工伤待遇规定。

(2) 假设用人单位不为本案中的周某申报职业病认定,你认为周某应当如何申请职业病的认定和工伤待遇?

职业病作为劳动者在劳动过程中接触职业性有害因素而导致的疾病,往往表现为慢性伤害,在实践中比工伤更难认定。只有被列入法律、法规和法定部门所规定的疾病,才是法律上承认的职业病。我国现行的法定职业病的范围,以《职业病分类和目录》所列明的病种来确定。

用人单位和医疗卫生机构发现职业病病人或者疑似职业病病人时,应当及时向所在地卫生行政部门报告。确诊为职业病的,用人单位还应当向所在地劳动保障行政部门报告。接到报告的部门应当依法作出处理。职业病患者在治疗休息期间以及确定为伤残或治疗无效死亡时,按照《社会保险法》第三十六条第一款的规定:"职工因工作原因受到事故伤害或者患职业病,且经工伤认定的,享受工伤保险待遇;其中,经劳动能力鉴定丧失劳动能力的,享受伤残待遇。"

(三) 工伤认定的举证责任

职工或者其近亲属认为是工伤,用人单位不认为是工伤的,由用人单位承担举证责任。

二、申请工伤认定流程

(一) 提出工伤认定申请

根据《工伤保险条例》和《社会保险法》,工伤认定申请的相关规定如下:

1. 用人单位

职工发生事故伤害或者按照《职业病防治法》规定被诊断、鉴定为职业病,所在用人单位应当自事故伤害发生之日或者被诊断、鉴定为职业病之日起30日内,向统筹地区社会保险行政部门提出工伤认定申请。遇有特殊情况,经报社会保险行政部门同意,申请时限可以适当延长。用人单位未在规定的时限内提交工伤认定申请的,在此期间发生符合《工伤保险条例》规定的工伤待遇等有关费用由该用人单位负担。

2. 职工及其近亲属或工会

用人单位未按规定提出工伤认定申请的,工伤职工或者其近亲属、工会组织在事故伤害发生之日或者被诊断、鉴定为职业病之日起1年内,可以直接向用人单位所在地统筹地区社会保险行政部门提出工伤认定申请。

3. 递交材料

提出工伤认定申请应当提交下列材料:

(1) 工伤认定申请表,其内容应当包括事故发生的时间、地点、原因以及职工伤害程度等基本情况。

(2) 与用人单位存在劳动关系(包括事实劳动关系)的证明材料。

(3) 医疗诊断证明或者职业病诊断证明书(或者职业病诊断鉴定书)。

工伤认定申请人提供材料不完整的,社会保险行政部门应当一次性书面告知工伤认定申请人需要补正的全部材料。申请人按照书面告知要求补正材料后,社会保险行政部门应当受理。

4. 调查核实

工伤认定申请人提供的材料完整,属于社会保险行政部门管辖范围且在受理时效内的,社会保险行政部门应当受理。社会保险行政部门受理或者不予受理的,应当书面告知工伤认定申请人并说明理由。社会保险行政部门受理工伤认定申请后,根据审核需要可以对事故伤害进行调查核实,用人单位、职工、工会组织、医疗机构以及有关部门应当予以协助。

(二) 作出工伤认定决定

1. 认定期限

社会保险行政部门应当自受理工伤认定申请之日起60日内作出工伤认定的决定,并书面通知申请工伤认定的职工或者其近亲属和该职工所在单位。社会保险行政部门对受理的事实清楚、权利义务明确的工伤认定申请,应当在15日内作出工伤认定的决定。

2. 认定中止

作出工伤认定决定需要以司法机关或者有关行政主管部门的结论为依据的,在司法机关或者有关行政主管部门尚未作出结论期间,作出工伤认定决定的时限中止。

3. 认定回避

社会保险行政部门工作人员与工伤认定申请人有利害关系的,应当回避。

(三)申领工伤保险待遇

社会保险行政部门认定为工伤以后,用人单位或职工就可以申领工伤保险待遇。
在申领工伤保险待遇时,申领者需提供以下资料:
(1)《工伤认定书》复印件;
(2)《鉴定结论书》复印件;
(3)工伤医疗费用凭证;
(4)工伤人员的身份证及复印件、本人实名制银行结算账户卡(折)原件及复印件,工伤人员或者其近家属如选择邮汇支付方式,需提供正确的邮汇地址、邮汇编码等基本信息;
(5)劳动能力鉴定费支付凭证原件;
(6)由用人单位、本人填写的《工伤保险待遇申请表》,承担工伤责任的用人单位需加盖公章;
(7)根据工伤人员的不同情况出具的其他材料。

三、劳动能力鉴定

(一)劳动能力鉴定标准

1. 劳动能力鉴定的含义

劳动能力鉴定也称伤残程度的鉴定,是指劳动能力鉴定机构根据法定的鉴定标准,对因工伤或职业病致使劳动者丧失劳动能力的程度和依赖护理的程度进行的一种技术性的法律证明。职工因工作原因受到事故伤害或者患职业病,且经工伤认定的,享受工伤保险待遇;其中,经劳动能力鉴定丧失劳动能力的,享受伤残待遇。

2. 劳动能力鉴定等级

劳动能力鉴定包括劳动功能障碍程度和生活自理障碍程度的等级鉴定。劳动功能障碍分为10个伤残等级,最重的为一级,最轻的为十级。生活自理障碍分为3个等级,即生活完全不能自理、生活大部分不能自理和生活部分不能自理。

劳动能力等级标准具体划分如下:
(1)完全丧失劳动能力,生活不能自理、部分不能自理或能够自理的,视情况分别划入到一级至四级;
(2)大部分丧失劳动能力的,视伤残情况分别划入到五级至六级;
(3)部分丧失劳动能力的,视伤残情况划入到七级至十级。

(二) 劳动能力鉴定程序

1. 申请人

劳动能力鉴定由用人单位、工伤职工或者其近亲属向设区的市级劳动能力鉴定委员会提出申请,并提供工伤认定决定和职工工伤医疗的有关资料。自劳动能力鉴定结论作出之日起1年后,工伤职工或者其近亲属、所在单位或者经办机构认为伤残情况发生变化的,可以申请劳动能力复查鉴定。

申请鉴定的单位或者个人对设区的市级劳动能力鉴定委员会作出的鉴定结论不服的,可以在收到该鉴定结论之日起15日内向省、自治区、直辖市劳动能力鉴定委员会提出再次鉴定申请。省、自治区、直辖市劳动能力鉴定委员会作出的劳动能力鉴定结论为最终结论。

2. 提出申请

工伤职工在停工留薪期内治愈或伤病处于相对稳定状态,停工留薪期满或伤情造成残疾并影响劳动能力的应当进行劳动能力鉴定。

3. 鉴定机构

设区的市级劳动能力鉴定委员会应当自收到劳动能力鉴定申请之日起60日内作出劳动能力鉴定结论,必要时,作出劳动能力鉴定结论的期限可以延长30日。劳动能力鉴定结论应当及时送达申请鉴定的单位和个人。鉴定工作步骤如下:
(1) 审核、受理材料并对受理材料进行分类、登记;
(2) 根据需要从专家库中随机抽取3名或者5名相关专家组成专家组;
(3) 确定鉴定时间和场所;
(4) 通知被鉴定人和用人单位有关人员到场;
(5) 由专家组依据《劳动能力鉴定 职工工伤与职业病致残等级》提出鉴定意见,必要时可以委托具备资格的医疗机构协助进行有关的诊断;
(6) 劳动能力鉴定委员会根据专家组的鉴定意见作出工伤职工劳动能力鉴定结论;
(7) 劳动能力鉴定结论应及时送达申请鉴定的单位和个人。

四、工伤保险待遇

 一起工伤能否获得两份赔偿

张某从广西到重庆务工,在一家运输公司工作,虽然运输公司与张某签订了劳动合同,但一直都没有为他缴纳工伤保险。一次,张某随运输公司的货车到江西送货,到达目的地后,崔某无证驾驶该货车倒车卸货时不慎将张某撞死。

事故发生后,张某的妻子和儿子以交通事故损害赔偿为由向事故发生地人民法院提起诉讼,将崔某、该车的驾驶员和实际所有权人、被挂靠单位及保险公司告上人民法院,要求5名被告共同承担其各类损失共计50万余元。

人民法院经审理后作出以下判决:
(1) 由保险公司支付张某的妻子、儿子赔偿款20万元;

(2) 崔某支付其余的损失 30 余万元；

(3) 其他被告对赔偿责任承担连带责任。

同时，张某的妻子又以工伤保险赔偿为由向重庆市某区劳动争议仲裁委员会申诉，要求运输公司支付丧葬补助金、因工死亡补助金和供养亲属抚恤金等共计 20.33 万元。

劳动争议仲裁委员会裁决：运输公司应支付丧葬补助金、因工死亡补助金和供养亲属抚恤金等共计 14.16 万元。运输公司不服裁决，认为这起事故只造成了张某死亡这一个伤害结果，而死者的家属却要求获得 2 次赔偿，即交通事故赔偿和工伤保险赔偿，该请求缺乏法律依据，因此请求人民法院判令不支付张某的妻子、儿子有关工伤保险赔偿的请求。

工作任务

(1) 请你分析：在劳动过程中被第三人伤害，张某的妻子和儿子是否能同时获得工伤保险赔偿和民事损害赔偿。

(2) 请你解读《社会保险法》中关于第三人导致工伤保险赔偿主体的法律规定。

(3) 请你解读我国关于工伤认定的法定条件标准。

(4) 请你讨论如果企业不缴纳工伤保险，职工发生工伤后应由谁来承担责任。

工伤保险待遇由工伤保险基金支付，不足部分由用人单位补足，主要是对于工伤职工及其近亲属给予一定的经济补偿和医疗救治费用等。

职工所在用人单位未依法缴纳工伤保险费，发生工伤事故的，由用人单位支付工伤保险待遇。用人单位不支付的，从工伤保险基金中先行支付。从工伤保险基金中先行支付的工伤保险待遇应当由用人单位偿还。

由于第三人的原因造成工伤，第三人不支付工伤医疗费用或者无法确定第三人的，由工伤保险基金先行支付。工伤保险基金先行支付后，有权向第三人追偿。

（一）工伤医疗期待遇

1. 工伤医疗待遇

工伤医疗待遇是指职工因工负伤或者患职业病停止工作进行治疗所享受的待遇，如挂号费、治疗费、医药费、住院费等。在这些费用中，符合工伤保险诊疗项目目录、工伤保险药品目录、工伤保险住院服务标准的，从工伤保险基金支付。

职工治疗工伤应当在签订服务协议的医疗机构就医，情况紧急时可以先到就近的医疗机构急救。工伤职工到签订服务协议的医疗机构进行工伤康复治疗的费用，符合规定的，从工伤保险基金支付。

职工住院治疗工伤的伙食补助费，以及经医疗机构出具证明，报经办机构同意，工伤职工到统筹地区以外就医所需的交通、食宿费用从工伤保险基金支付，基金支付的具体标准由统筹地区人民政府规定。

根据《工伤保险条例》第三十条第五款的规定，工伤职工治疗非工伤引发的疾病，不享受工伤医疗待遇，按照基本医疗保险办法处理。

2. 停工留薪期待遇

职工因工作遭受事故伤害或者患职业病需要暂停工作接受工伤医疗的,在停工留薪期内,原工资福利待遇不变,由所在单位按月支付。

停工留薪期一般不超过12个月。伤情严重或者情况特殊,经设区的市级劳动能力鉴定委员会确认,可以适当延长,但延长不得超过12个月。

工伤职工评定伤残等级后,停发原待遇,按照《工伤保险条例》中工伤保险待遇的有关规定享受伤残待遇。工伤职工在停工留薪期满后仍需治疗的,继续享受工伤医疗待遇。

3. 生活护理待遇

工伤职工已经评定伤残等级并经劳动能力鉴定委员会确认需要生活护理的,从工伤保险基金按月支付生活护理费。

生活护理费按照生活完全不能自理、生活大部分不能自理或者生活部分不能自理3个不同等级支付,其标准分别为统筹地区上年度职工月平均工资的50%、40%或者30%。

(二)劳动关系待遇

根据《工伤保险条例》第三十五条、第三十六条和第三十七条的规定,工伤职工的劳动关系按伤残等级分别受到相应保护。

(1)职工因工致残被鉴定为一级至四级伤残的,保留劳动关系,退出工作岗位,享受以下待遇:

① 从工伤保险基金按伤残等级支付一次性伤残补助金,标准为:一级伤残为27个月的本人工资,二级伤残为25个月的本人工资,三级伤残为23个月的本人工资,四级伤残为21个月的本人工资。

② 从工伤保险基金按月支付伤残津贴,标准为:一级伤残为本人工资的90%,二级伤残为本人工资的85%,三级伤残为本人工资的80%,四级伤残为本人工资的75%。伤残津贴实际金额低于当地最低工资标准的,由工伤保险基金补足差额。

③ 工伤职工达到退休年龄并办理退休手续后,停发伤残津贴,按照国家有关规定享受基本养老保险待遇。基本养老保险待遇低于伤残津贴的,由工伤保险基金补足差额。

职工因工致残被鉴定为一级至四级伤残的,由用人单位和职工个人以伤残津贴为基数,缴纳基本医疗保险费。

(2)职工因工致残被鉴定为五级、六级伤残的,享受以下待遇:

① 从工伤保险基金按伤残等级支付一次性伤残补助金,标准为:五级伤残为18个月的本人工资,六级伤残为16个月的本人工资。

② 保留与用人单位的劳动关系,由用人单位安排适当工作。难以安排工作的,由用人单位按月发给伤残津贴,标准为:五级伤残为本人工资的70%,六级伤残为本人工资的60%,并由用人单位按照规定为其缴纳应缴纳的各项社会保险费。伤残津贴实际金额低于当地最低工资标准的,由用人单位补足差额。

经工伤职工本人提出,该职工可以与用人单位解除或者终止劳动关系,由工伤保险基金支付一次性工伤医疗补助金,由用人单位支付一次性伤残就业补助金。一次性工伤医疗补助金和一次性伤残就业补助金的具体标准由省、自治区、直辖市人民政府规定。

(3) 职工因工致残被鉴定为七级至十级伤残的,享受以下待遇:

① 从工伤保险基金按伤残等级支付一次性伤残补助金,标准为:七级伤残为13个月的本人工资,八级伤残为11个月的本人工资,九级伤残为9个月的本人工资,十级伤残为7个月的本人工资;

② 劳动、聘用合同期满终止,或者职工本人提出解除劳动、聘用合同的,由工伤保险基金支付一次性工伤医疗补助金,由用人单位支付一次性伤残就业补助金。一次性工伤医疗补助金和一次性伤残就业补助金的具体标准由省、自治区、直辖市人民政府规定。

(三) 因工死亡待遇

 直系亲属可以享受工伤死亡待遇吗

小亮今年18岁,是家里的老大,下面还有一个弟弟、一个妹妹在上学。小亮的母亲在生妹妹时去世,父亲由于患病常年卧床不起,全家的重担都落在了小亮的身上。去年,小亮被A建筑公司录用,双方签订了2年的劳动合同。为了多挣点钱贴补家用,小亮总是抢着加班加点,干赚钱多的体力活。某日,小亮在从事高空作业时不慎跌下,摔伤致死。A建筑公司为了逃避法律责任,希望能够私了,与小亮的父亲协商给予5万元作为补偿。小亮的死使得全家失去了生活的支柱,父亲要求A建筑公司支付30万元的生活保障费。双方为此争执不下,来到当地的劳动争议仲裁委员会申请仲裁。

工作任务

(1) 请你分析本案中的用人单位对职工因工伤亡待遇的处理是否规范。
(2) 请你解读我国关于劳动者因公伤亡赔付标准的法律规定。

根据《工伤保险条例》第三十九条和第四十一条的规定,职工因工死亡,其近亲属按照下列规定从工伤保险基金领取丧葬补助金、供养亲属抚恤金和一次性工亡补助金:

(1) 丧葬补助金为6个月的统筹地区上年度职工月平均工资。

(2) 供养亲属抚恤金按照职工本人工资的一定比例发给由因工死亡职工生前提供主要生活来源、无劳动能力的亲属。标准为:配偶每月40%,其他亲属每人每月30%,孤寡老人或者孤儿每人每月在上述标准的基础上增加10%。核定的各供养亲属的抚恤金之和不应高于因工死亡职工生前的工资。供养亲属的具体范围由国务院社会保险行政部门规定。

(3) 一次性工亡补助金标准为上一年度全国城镇居民人均可支配收入的20倍。

(4) 特别规定。另外,职工因工外出期间发生事故或者在抢险救灾中下落不明的,从事故发生当月起3个月内照发工资,从第4个月起停发工资,由工伤保险基金向其供养亲属按月支付供养亲属抚恤金。生活有困难的,可以预支一次性工亡补助金的50%。

职工被人民法院宣告死亡的,按照《工伤保险条例》中有关职工因工死亡的规定处理。

依据《工伤保险条例》第三十九条的规定,伤残职工在停工留薪期内因工伤导致死亡的,其近亲属享受 6 个月的统筹地区上年度职工月平均工资的丧葬补助金;一级至四级伤残职工在停工留薪期满后死亡的,其近亲属可以享受 6 个月的丧葬补助金和规定比例的供养亲属抚恤金。

五、工伤待遇的停止与承继

(一) 工伤待遇的停止

根据《工伤保险条例》第四十二条的规定,工伤职工有下列情形之一的,停止享受工伤保险待遇:

(1) 丧失享受待遇条件的;

(2) 拒不接受劳动能力鉴定的;

(3) 拒绝治疗的。

(二) 工伤待遇的承继

根据《工伤保险条例》第四十三条的规定,工伤职工所在的用人单位发生特殊变化的,按下列标准由承继单位承担相应责任:

(1) 用人单位分立、合并、转让的,承继单位应当承担原用人单位的工伤保险责任;原用人单位已经参加工伤保险的,承继单位应当到当地经办机构办理工伤保险变更登记。

(2) 用人单位实行承包经营的,工伤保险责任由职工劳动关系所在单位承担。

(3) 职工被借调期间受到工伤事故伤害的,由原用人单位承担工伤保险责任,但原用人单位与借调单位可以约定补偿办法。

(4) 企业破产的,在破产清算时依法拨付应当由单位支付的工伤保险待遇费用。

六、劳务派遣工伤待遇制度

根据《劳务派遣暂行规定》第十条的规定,被派遣劳动者在用工单位遭受事故伤害的,劳务派遣单位应当依法申请工伤认定,用工单位应当协助工伤认定的调查核实工作。劳务派遣单位承担工伤保险责任,但可以与用工单位约定补偿办法。

(一) 劳务派遣单位承担的责任

依法申请工伤认定、劳动能力鉴定,提供被派遣劳动者职业病诊断、鉴定所需的其他材料,依法申请、申领工伤保险待遇,对用工单位的责任依法承担连带赔偿责任。

(二) 用工单位承担的责任

被派遣劳动者在申请进行职业病诊断、鉴定时,用工单位应当负责处理职业病诊断、鉴定事宜,并如实提供职业病诊断、鉴定所需的劳动者职业史和职业危害接触史、工作场所职业病危害因素检测结果等资料,协助工伤认定的调查核实工作。

不论被派遣劳动者的劳动合同到期与否,用工单位退回工伤职工时,均应当依法向劳务派遣单位结清一次性伤残就业补助金。劳务派遣单位不论在何时与该职工解除或终止劳动关系,都应当按照解除或终止劳动关系时的标准支付一次性伤残就业补助金。

思考与训练

一、单项选择题

1. 在我国法定社会保险五大险种中,不用劳动者缴纳保险费的是( )。
   A. 基本养老保险   B. 基本医疗保险   C. 失业保险   D. 生育保险
2. 下列说法正确的是( )。
   A. 用人单位可以不为男职工缴纳生育保险费
   B. 用人单位可以只为女职工缴纳生育保险费
   C. 用人单位必须为所有的职工缴纳生育保险费
   D. 劳动者同意的,用人单位可以不为职工缴纳生育保险费
3. 失业保险金领取期限自( )起计算。
   A. 解除或者终止劳动合同日   B. 档案转移日
   C. 办理失业登记日   D. 申请日
4. 用人单位按规定缴纳工伤保险后,职工因工伤发生的费用,下列按照国家规定由用人单位支付是( )。
   A. 劳动能力鉴定费用
   B. 因工死亡的,其遗属领取的丧葬补助金
   C. 五级、六级伤残职工按月领取的伤残津贴
   D. 一次性伤残补助金和一级至四级伤残职工按月领取的伤残津贴
5. 参加基本养老保险的个人,达到法定退休年龄时累计缴费满( )年的,按月领取基本养老金。
   A. 10   B. 15   C. 20   D. 25

二、拓展训练

案情简介

工伤保险医疗费用由基金先行垫付

张祥是某建筑公司的吊车工。一天,由于司机操作失误,吊车上的钢筋捆撞倒了张祥,造成他右脚的踝骨骨折。张祥说:"当时老板把我送到医院后只是草草处理了一下。没过多久我感觉受伤处疼得越来越厉害,最后右脚疼得连路都走不了。这时,我再去找老板,老板已不愿掏钱给我治病了。听说因为老板没有给我上工伤保险,按规定钱全得由他出,他想把这个钱赖掉。"直到第二年的3月,张祥找到了市农民工法律援助工作站寻求帮助,没想到这场官司打了近2年的时间。

考虑到手术费太高,张祥忍着病痛,想等拿到赔偿后再做手术。他没有想到由于拖得太久又引发了创伤性关节炎等并发症,伤情越来越严重。等劳动能力鉴定下来已是7月份,他被鉴定为八级伤残。7月中旬,张祥去区劳动争议仲裁委员会申请仲裁,2个多月后裁决书下来,支持张祥要求赔偿7万多元的请求。

老板不服仲裁裁决,起诉到人民法院。一审判决老板付给张祥6.9万元。老板不服

一审判决,又上诉到中级人民法院。张祥收到二审维持原判的判决书。

人民法院在强制执行时又遇到了麻烦,虽然原建筑公司还在,但公司的法定代表人和账号都变了,新的法定代表人因回老家联系不上。经人民法院辗转协调,最终为张祥要到了2.5万元的赔偿金。

法理评析

根据《社会保险法》第四十一条、第四十二条的规定,职工所在用人单位未依法缴纳工伤保险费,发生工伤事故的,由用人单位支付工伤保险待遇。用人单位不支付的,从工伤保险基金中先行支付,随后再由用人单位偿还。另外,由于第三人的原因造成工伤,第三人不支付工伤医疗费用或者无法确定第三人的,由工伤保险基金先行支付,随后再向第三人追偿。

工伤保险医疗费先行垫付制度从制度设计上真正实现了工伤保险制度本应具有的统筹资金、共担风险的功能,这是现代国家实行工伤保险制度的根本意义所在,使工伤职工尤其是农民工能真正得到工伤保险基金的保障。即使用人单位未参加工伤保险,农民工发生工伤后同样可以向工伤保险基金申请工伤治疗费,其工伤也能得到及时治疗。

法条链接

> 《社会保险法》第四十一条:职工所在用人单位未依法缴纳工伤保险费,发生工伤事故的,由用人单位支付工伤保险待遇。用人单位不支付的,从工伤保险基金中先行支付。
>
> 从工伤保险基金中先行支付的工伤保险待遇应当由用人单位偿还。用人单位不偿还的,社会保险经办机构可以依照本法第六十三条的规定追偿。
>
> **第四十二条**:由于第三人的原因造成工伤,第三人不支付工伤医疗费用或者无法确定第三人的,由工伤保险基金先行支付。工伤保险基金先行支付后,有权向第三人追偿。

项目八

劳动争议处理途径

学习情境 1　劳动争议的协商与调解

教学目标

【能力目标】 通过学习,能够规范解读法律、法规、政策,与劳动争议当事人进行良性沟通;能够参与劳动争议的协商与调解,及时化解劳资矛盾,促进企业和谐劳动关系的建设;能够参与劳动争议仲裁与诉讼。

【知识目标】 通过学习,能够把握劳动争议调解的方法与技巧;掌握劳动争议仲裁与诉讼程序的规定。

知识与实践

一、劳动争议概述

2016年8月1日,万某入职 A 食品公司从事检验工作,双方口头约定万某的月工资为3000元。万某入职时,公司负责人告知他3个月试用期后签订书面劳动合同,但是双方一直未签订书面劳动合同。2018年7月31日,万某与 A 食品公司解除劳动关系。万某要求 A 食品公司支付从2017年8月至2018年7月期间未与其签订无固定期限劳动合同的2倍工资,A 食品公司拒绝支付。万某申请劳动仲裁,要求 A 食品公司支付2017年8月至2018年7月期间未签订无固定期限劳动合同的2倍工资3.6万元。劳动争议仲裁委员会裁决驳回万某的仲裁请求。

工作任务

(1) 请你分析:本案中谁是劳动争议的当事人?他们可以通过哪些途径来处理劳动争议。

(2) 请你解读我国关于劳动争议协商、调解、仲裁和诉讼的法律规定。

(3) 假设你是用人单位的人力资源管理工作人员,你将用什么理由来说服劳动者?

在现实中,由于我国的用人单位有企业、事业单位等性质的区分,所以通常将企业因劳动关系发生的争议称为劳动争议,事业单位因聘用关系发生的争议称为人事争议。2008年国家实施机构改革,将原人事部(局)、原劳动和社会保障部(局)合并组建为人力资源和社会保障部(局),原劳动争议仲裁院与人事争议仲裁院也随之合并为劳动人事争议仲裁院。因此,由于历史的原因,劳动争议和人事争议也合称为劳动人事争议,本节将二者简称为劳动争议。

(一)劳动争议的含义

劳动争议又称劳动人事争议,是指劳动关系双方当事人(即劳动者和用人单位)在执行劳动法律、法规或履行劳动合同过程中,就劳动权利和劳动义务关系所产生的纠纷。劳动争议是现实中较为常见的纠纷。劳动争议的发生不仅使正常的劳动关系得不到维护,还会使劳动者的合法利益受到损害,不利于社会的稳定。因此,不论是用人单位还是劳动者,都应当正确把握劳动争议的特点,积极预防劳动纠纷的发生。

(二)劳动争议的特征

劳动争议在一定意义上就是劳动者与用人单位之间的利益矛盾,具有以下特征:

(1)劳动争议的当事人,一方为劳动者或其团体,另一方为用人单位或其团体;

(2)劳动争议的内容涉及劳动权利和劳动义务,劳动权利和劳动义务依据劳动法律、集体合同和劳动合同而确定;

(3)劳动争议的形式,表现为当事人一方或双方向国家机关、劳动争议仲裁机构和有关团体提出给予保护和处理争议的主张或要求。

(三)劳动争议的分类

本书根据劳动争议的劳动者人数、劳动争议的内容以及劳动争议是否具有涉外因素等,将劳动争议分为:个别争议、集体争议和团体争议;权利争议和利益争议;国内劳动争议和涉外劳动争议。

1. 个别争议、集体争议和团体争议

个别争议是指单个劳动者与用人单位之间的劳动争议。个别争议是关于单个劳动关系的争议。个别争议的劳动者当事人仅限于一人或二人,争议处理活动必须由劳动者当事人本人参加,而不得由他人代表参加。劳动者当事人为二人时,其中任何一人不得作为另一人的代表。

集体争议又称群体性争议,是指多个或部分劳动者当事人基于共同理由与用人单位发生的劳动争议。集体争议是关于同一类劳动关系的争议,其中当事人一方为达到三人以上的特定部分劳动者,当事人具有与用人单位发生劳动争议的共同理由,劳动者当事人应当推举代表参加争议处理程序。劳动者代表在争议处理过程中的行为只代表部分劳动者的利益和意志,对争议以外的劳动者不具有法律意义。

团体争议又称集体合同争议,是指工会与用人单位或其团体之间因集体合同而发生的争议。团体争议是关于集体合同的争议,其中当事人一方为工会,另一方为用人单位或其团体。团体争议以全体劳动者的整体利益为争议标的,工会所代表的是全体劳动者的利益,对全体劳动者具有法律意义。

2. 权利争议和利益争议

权利争议又称既定权利的争议,是指因实现《劳动法》、集体合同和劳动合同所规定的权利和义务而发生的争议。当事人一方如果不按规定行使劳动合同约定的权利和义务,侵犯另一方既定的合法权益,或者双方当事人对如何行使权利和义务存在理解上的

分歧,劳动争议就会发生。

利益争议又称确定权利的争议,是指劳动关系当事人因主张有待确定的权利和义务所发生的争议。在当事人的权利和义务尚未确定的情况下,如果双方对权利和义务有不同的主张,就会发生争议。利益争议的所争利益一般超出法律规定之外,虽不违法,但也缺乏直接的法律依据,因此,一般不是通过调节、仲裁、诉讼程序解决的,而是在政府的干预下由双方当事人协商解决。

3. 国内劳动争议和涉外劳动争议

国内劳动争议是指具有中国国籍的劳动者与用人单位之间的劳动争议。国内劳动争议包括我国在国外设立的机构与我国派往该机构工作的人员、外商投资企业与中国劳动者之间所发生的劳动争议。

涉外劳动争议是指当事人一方或双方具有外国国籍或无国籍的劳动争议。涉外劳动争议包括中国用人单位与外籍劳动者之间、外籍雇主与中国劳动者之间、在华外籍雇主与外籍劳动者之间的劳动争议。涉外劳动争议的处理,应当按照国际惯例,适用雇主所在地的法律。凡用人单位在我国境内的涉外劳动争议,都应当适用我国的法律进行处理。

(四)劳动争议处理的基本体制、机构与原则

1. 劳动争议处理的基本体制

根据《劳动争议调解仲裁法》第四条和第五条的规定,一般情况下,劳动争议发生后,当事人可以协商解决,协商不成的可以申请调解;也可以不经过调解,直接申请仲裁;对仲裁结果不服的,在法定期间内提起诉讼。

因此,协商、调解、仲裁和诉讼是劳动争议处理的基本体制。其中,仲裁是诉讼的必经程序,也即劳动仲裁前置程序。劳动争议未经仲裁程序不得向人民法院提起诉讼。由此,"一调一裁两审"形成了我国劳动争议处理的基本体制(参见图 8-1)。

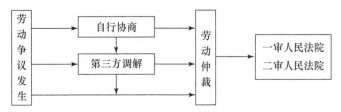

图 8-1 我国劳动争议处理的基本体制

2. 劳动争议处理的机构

劳动争议处理的机构主要有三种,即调解机构、仲裁机构和司法机构。

(1)调解机构。

调解机构主要包括三种:① 企业劳动争议调解委员会;② 依法设立的基层人民调解组织;③ 在乡镇、街道设立的具有劳动争议调解职能的组织。

调解机构处理劳动争议不是法定必经程序,当事人可以选择直接申请劳动仲裁。

（2）仲裁机构。

仲裁机构是指劳动争议仲裁委员会，即根据法律规定处理用人单位与劳动者之间发生的劳动争议的组织机构。劳动争议仲裁委员会不按行政区划层层设立。劳动争议仲裁委员会由劳动行政部门代表、工会代表和企业方面代表组成。劳动争议仲裁委员会组成人员应当是单数。

劳动争议仲裁委员会依法履行下列职责：

① 聘任、解聘专职或者兼职仲裁员；
② 受理劳动争议案件；
③ 讨论重大或者疑难的劳动争议案件；
④ 对仲裁活动进行监督。

（3）司法机构。

劳动争议处理的司法机构是指在劳动争议双方当事人和其他诉讼参与人的参加下，依法审理和解决劳动争议案件的司法机关，也即人民法院。劳动争议诉讼是劳动仲裁后的重新处理方式，是解决劳动争议的最后阶段。在我国，劳动诉讼是人民法院以民事诉讼的方式来审理和解决劳动争议案件的一种方式，在实体上适用《劳动法》，在程序上适用《民事诉讼法》。

3．劳动争议处理的原则

根据我国法律的规定，劳动争议处理机构处理劳动争议案件应当遵循两个基本原则：(1) 合法、公正、及时原则；(2) 着重调解原则。

（五）劳动争议的风险与处理方法

在实践中，劳动争议的风险主要体现在：(1) 违法行为的风险；(2) 时效超过的风险；(3) 管辖不当的风险；(4) 请求不当的风险；(5) 代理不当的风险；(6) 举证不能的风险；(7) 开庭未到的风险；(8) 送达不到的风险；(9) 执行不到的风险。

处理劳动争议应把握以下处理方法：

（1）确定当事人的权利和义务的实体依据，主要包括：① 劳动法律、法规的规定；② 用人单位的规章制度、集体合同；③ 当事人的劳动合同约定。

（2）确定当事人争议事实的依据，主要包括：① 争议事实的各种证据；② 确定举证责任。

（3）确定处理劳动争议的程序依据，主要有《劳动争议调解仲裁法》《民事诉讼法》等。

（4）确定处理劳动争议的法律依据，如《劳动法》《劳动合同法》《劳动合同法实施条例》《工会法》和《中华人民共和国仲裁法》（以下简称《仲裁法》）等。

二、劳动争议的范围

（一）劳动争议的法定范围

本书的劳动争议主要从法律界定的受案范围来讲。根据《劳动争议调解仲裁法》第二条的规定，劳动争议主要包括我国境内的用人单位与劳动者发生的下列劳动争议：

（1）因确认劳动关系发生的争议。如当事人因无法确认是劳动关系还是劳务关系发生争执的，可以作为劳动争议处理。

（2）因订立、履行、变更、解除和终止劳动合同发生的争议。如大学生与用人单位因履行就业协议发生的纠纷、用人单位在招工招聘时的就业歧视等有关就业权的争议可以作为劳动争议处理。

（3）因除名、辞退和辞职、离职发生的争议。

（4）因工作时间、休息休假、社会保险、福利、培训以及劳动保护发生的争议。

（5）因劳动报酬、工伤医疗费、经济补偿或者赔偿金等发生的争议。

（6）法律、法规规定的其他劳动争议。

《劳动争议调解仲裁法》第五十二条规定："事业单位实行聘用制的工作人员与本单位发生劳动争议的，依照本法执行；法律、行政法规或者国务院另有规定的，依照其规定。"因此，事业单位因聘用关系发生的人事争议属于《仲裁法》所规定的劳动争议范畴。

人力资源和社会保障部自2017年7月1日起施行的《劳动人事争议仲裁办案规则》第二条作了更为细致的规定，即劳动争议仲裁的范围包括：

（1）企业、个体经济组织、民办非企业单位等组织与劳动者之间，以及机关、事业单位、社会团体与其建立劳动关系的劳动者之间，因确认劳动关系，订立、履行、变更、解除和终止劳动合同，工作时间、休息休假、社会保险、福利、培训以及劳动保护，劳动报酬、工伤医疗费、经济补偿或者赔偿金等发生的争议；

（2）实施《公务员法》的机关与聘任制公务员之间、参照《公务员法》管理的机关（单位）与聘任工作人员之间因履行聘任合同发生的争议；

（3）事业单位与其建立人事关系的工作人员之间因终止人事关系以及履行聘用合同发生的争议；

（4）社会团体与其建立人事关系的工作人员之间因终止人事关系以及履行聘用合同发生的争议；

（5）军队文职人员用人单位与聘用制文职人员之间因履行聘用合同发生的争议；

（6）法律、法规规定由劳动人事争议仲裁委员会处理的其他争议。

（二）不属于劳动争议的范围

根据《最高人民法院关于审理劳动争议案件适用法律若干问题的解释（一）》第二条的规定，下列纠纷不属于劳动争议：

（1）劳动者请求社会保险经办机构发放社会保险金的纠纷；

（2）劳动者与用人单位因住房制度改革产生的公有住房转让纠纷；

（3）劳动者对劳动能力鉴定委员会的伤残等级鉴定结论或者对职业病诊断鉴定委员会的职业病诊断鉴定结论的异议纠纷；

（4）家庭或者个人与家政服务人员之间的纠纷；

（5）个体工匠与帮工、学徒之间的纠纷；

（6）农村承包经营户与受雇人之间的纠纷。

三、劳动争议协商

 如何快速处理拖欠农民工工资集体劳动争议

2018年,王某等142名农民工与A汽车配件公司(以下简称A公司)签订劳动合同,从事汽车配件制作、销售等工作。2019年4月,A公司全面停工停产,并开始拖欠工资。2019年9月3日以后,A公司陆续邮寄了书面解除劳动合同通知,但其内容未涉及拖欠工资事项。2019年9月15日,王某等142名农民工向劳动争议仲裁委员会申请仲裁,请求裁决A公司支付拖欠的工资等。

劳动争议仲裁委员会及时引入社会力量,会同当地的工会、工商联等,启动集体劳动争议应急预案,由工会、工商联派人与农民工代表、A公司反复沟通,从经济成本、时间成本、社会诚信以及和谐劳动关系等角度引导双方当事人进行协商。最终,双方就工资支付数额、期限和方式达成一致,王某等142名农民工与A公司达成调解协议,由A公司于调解书生效后10日内支付工资共计145万元。

工作任务

(1) 请你分析:农民工追索劳动报酬发生的争议是否属于劳动争议?农民工的维权渠道有哪些途径?

(2) 请你解读我国《劳动争议调解仲裁法》关于劳动争议处理途径的规定。

(3) 假设你是用人单位的人力资源管理工作人员,请你设计一个协商调解处理劳动争议的方案。

劳动争议协商是指发生劳动争议的双方当事人在尊重事实、明辨是非、依据法律并充分考虑对方利益的情况下,通过谈判、磋商,在双方达成共识的基础上解决纠纷的形式。协商的前提是双方自愿,协商的基础是意思表示取得一致。对协商后达成的一致协议,没有强制执行力,争议双方可以执行,也可以不执行。

(一)劳动争议协商的特征

1. 自愿性

自愿性表现在是否通过协商解决劳动争议,必须是发生劳动争议的双方当事人自愿;经协商达成的协议必须是双方意志的体现,一方不能强迫另一方接受其不愿意接受的条件;协议是否履行必须是双方自觉自愿的,一方不能强迫另一方履行。

2. 灵活性

与劳动争议其他的解决方式相比,协商具有灵活、简便和快捷的特点。

3. 可选择性

协商不是处理劳动争议的法定必经程序。劳动争议发生了,双方当事人可以选择,也可以不选择协商这种劳动争议的解决方式。

(二)劳动争议协商的方法

协商处理劳动争议时,根据劳动争议问题所涉及的范围或参与协商的主体,双方当事人可以选择不同的协商方法。

1. 个别协商和集体协商

根据劳动争议问题涉及范围的大小,双方当事人处理劳动争议可以选择个别协商或集体协商。

(1)个别协商。

凡涉及范围比较小,属于企业经营者与个别劳动者之间产生的劳动争议,主持协商的第三方应分别了解劳动争议双方当事人引发劳动争议问题的原因,找出其中的重点和难点;切准双方当事人对处理劳动争议问题的迫切"需要",围绕"需要"进行面对面的协商、调解,达成一致性处理意见。

(2)集体协商。

凡涉及范围大,与大多数职工切身利益有关的劳动争议,应先由劳动关系主体的双方代表(用人单位和企业工会)通过协商谈判,形成双方共同认可的协商工作程序。按照协商工作程序,召开有劳动争议代表参加的集体协商会议,对劳动争议中的问题进行充分的协商,形成双方当事人共同接受的和解协议,然后双方当事人在和解协议上签字认可。

2. 自行协商和三方协商

根据协商的主体的情况,当事人处理劳动争议可以选择自行协商或三方协商。

(1)自行协商。

针对劳动争议的焦点问题,劳动者与用人单位双方自己可以进行协商。自行协商和解成功后,双方当事人应当签订和解协议。这一程序完全是建立在双方当事人平等、自愿的基础上的,任何一方都不得强迫另一方当事人进行协商。

(2)三方协商。

考虑到劳动者与用人单位相比通常处于弱势地位,如果仅仅由劳动者与用人单位进行协商,双方存在地位上的不平等,通常很难达成和解协议,因此《劳动争议调解仲裁法》第四条增加了劳动者可以请工会或者第三方帮助共同与用人单位进行协商的规定,目的是通过工会和第三方的加入,促成用人单位与劳动者能够平等、自愿地坐下来进行协商,进而达成和解协议,充分发挥"协商"这一方式在处理劳动争议方面的作用。这里的"第三方",可以是本单位的人员,也可以是本单位以外的双方都信任的人员。

(三)劳动争议协商的优点

双方当事人通过协商解决劳动争议,有利于使劳动争议在比较平和的气氛中得到解决,防止矛盾激化,促进劳动关系和谐稳定;有利于矛盾及时解决又不伤和气,同时可以避免走司法程序时可能出现的"打赢了官司保不住饭碗"的情况,其优点具体表现如下:

1. 简单

协商的程序相对比较简单,没有复杂的手续和程序,便于及时解决劳动争议。

2. 成本低

与选择劳动争议调解、仲裁、诉讼等其他解决争议的方式相比,协商做到了"四省",

即省时、省力、省钱、省心。

3. 有利于和谐

通过协商达成的和解协议易于履行,因为协商是双方当事人自愿进行的,和解协议也是双方当事人自愿达成的。

四、劳动争议调解

劳动争议调解是指劳动争议调解组织对双方当事人自愿申请调解的劳动争议,在查明事实、分清是非的前提下,依据法律、法规、政策的规定和劳动合同、集体合同的约定,通过说服、劝导和教育,促使双方当事人在平等协商、互谅互让的基础上自愿达成解决劳动争议的协议。

(一)劳动争议调解的特点

(1)劳动争议调解的调解机构是社会组织,不是国家机关。

(2)劳动争议调解活动具有任意性,基本上不受固定程序和固定形式的约束,也可以将道德规范、社会习惯作为调解的依据。

(3)调解书仅具有合同的性质,不具有强制执行的效力。

(二)劳动争议调解的原则

调解劳动争议,应当遵循平等、自愿、合法的原则,具体包括以下三个方面:

(1)在双方当事人平等、自愿的基础上进行调解;

(2)调解内容和程序不能违背法律、法规和国家政策;

(3)尊重当事人的权利,不得因调解而阻止当事人依法通过仲裁、行政、司法等途径维护自己的权利。

(三)劳动争议调解组织

根据《劳动争议调解仲裁法》第十条的规定,发生劳动争议,当事人可以到下列调解组织申请调解:

1. 企业劳动争议调解委员会

根据《劳动争议调解仲裁法》第十条第二款的规定,企业劳动争议调解委员会由职工代表和企业代表组成。职工代表由工会成员担任或者由全体职工推举产生,企业代表由企业负责人指定,其人数不得超过企业劳动争议调解委员会成员人数的1/3。女职工较多的单位,劳动争议调解委员会中应当有女职工代表。企业劳动争议调解委员会主任由工会成员或者双方推荐的人员担任。其办事机构设在企业工会。

2. 依法设立的基层人民调解组织

基层人民调解组织是指人民调解委员会,它是村民委员会和居民委员会下设的调解民间争议的群众性组织,在基层人民政府和基层人民法院的指导下进行工作。人民调解制度属于我国司法制度的组成部分,司法行政机关对人民调解委员会的工作进行相应的指导和管理。同时,基层人民法院对人民调解委员会的工作进行指导和监督,保证调解工作的依法进行。

国务院于1989年6月17日发布的《人民调解委员会组织条例》第二条第二款规定，基层人民政府及其派出机关指导人民调解委员会的日常工作由司法助理员负责。该条例第三条第一款、第二款、第四款和第五款规定，人民调解委员会由委员3～9人组成，设主任1人，必要时可以设副主任。人民调解委员会委员除由村民委员会成员或者居民委员会成员兼任的以外由群众选举产生，每3年改选1次，可以连选连任。人民调解委员会委员不能任职时，由原选举单位补选。人民调解委员会委员严重失职或者违法乱纪的，由原选举单位撤换。

3．乡镇、街道设立的具有劳动争议调解职能的组织

区域性、行业性劳动争议调解组织和乡镇、街道设立的劳动争议调解中心等具有劳动争议调解职能的组织，在劳动争议解决方面发挥了重要作用。但是，与企业劳动争议调解委员会和人民调解委员会相比，后二者都有明确的法律依据，也有比较丰富的社会实践，而前者还缺乏相应的法律和行政法规进行规范。因此，《劳动争议调解仲裁法》既没有拒绝这一具有巨大潜力的调解组织形式，也没有作出更多的细致规定。

（四）劳动争议调解程序

1．申请调解

《劳动争议调解仲裁法》第十二条规定："当事人申请劳动争议调解可以书面申请，也可以口头申请。口头申请的，调解组织应当当场记录申请人基本情况、申请调解的争议事项、理由和时间。"

发生劳动争议的职工一方在10人以上，并有共同请求的，可以推举代表参加调解、仲裁和诉讼活动。

2．申请受理

劳动争议调解委员会接到调解申请后，应当审查劳动争议案件是否属于其受理范围及是否符合受理条件：

（1）审查双方当事人发生的争议是否属于劳动争议，是否属于劳动争议调解委员会的受理范围；

（2）审查提出调解的一方是否是该劳动争议的当事人；

（3）审查申请人填写的《劳动争议调解申请书》及有关材料是否齐备并符合要求。

劳动争议调解委员会应征询对方当事人的意见，对方当事人不愿意调解的，应做好记录，在3日内以书面形式通知申请人。只有双方当事人都同意调解，才能受理。

劳动争议调解委员会应在4日内作出受理或不受理申请的决定：如果同意受理，应填写《受理决定通知书》，告知调解的时间、地点等事项，以便双方当事人做好调解准备；对于不受理的，应填写《不受理决定意见书》，向申请人说明理由，并告知其解决劳动争议的方法和途径。对劳动争议调解委员会无法决定是否受理的案件，由劳动争议调解委员会主任决定是否受理。

3．进行调解

劳动争议调解委员会按下列程序进行调解：

（1）劳动争议调解委员会接到调解申请后，对属于劳动争议受理范围且双方当事人同意调解的，应当在3个工作日内受理。

（2）劳动争议调解委员会根据案件情况指定调解员或者调解小组进行调解，在征得当事人同意后，也可以邀请有关单位和个人协助调解。

（3）经调解达成调解协议的，由劳动争议调解委员会制作调解协议书，并由双方当事人签名或者盖章，经调解员签名并加盖劳动争议调解委员会印章后生效。调解协议书一式三份，双方当事人和调解委员会各执一份。

（4）劳动争议调解委员会调解劳动争议，应当自受理调解申请之日起15日内结束，双方当事人同意延期的可以延长，到期未结束的，视为调解不成。劳动争议调解委员会应当做好记录，由双方当事人签名或者盖章，并书面告知当事人可以向劳动争议仲裁委员会申请仲裁。

（五）调解协议书的内容要素

调解协议书应当写明以下内容：双方当事人的基本情况；调解请求事项；调解的结果和协议履行期限、履行方式等。

（六）劳动争议调解的效力

调解的效力是指调解协议是否具有法律上的强制执行效力。

1. 协议履行

劳动争议经调解达成协议的，应当制作调解协议书，由双方当事人和调解员签名或者盖章，加盖调解组织印章后生效，当事人应当履行。15日内未达成调解协议的，视为调解不成。

2. 申请仲裁

劳动争议达成调解协议后，当事人反悔或者在15日内不履行调解协议的，可以依法申请仲裁。

3. 申请支付令

因支付拖欠劳动报酬、工伤医疗费、经济补偿或者赔偿金事项达成调解协议，用人单位在协议约定期限届满不履行的，当事人可以持调解协议书依法向人民法院申请支付令。人民法院应当依法发出支付令。

《劳动争议调解仲裁法》只是规定劳动争议双方当事人应当履行达成的调解协议，但没有规定必须履行的义务，也没有赋予劳动争议调解协议以强制执行力。

（七）企业工会在劳动争议调解中的作用

企业工会通过其在劳动争议调解委员会中的代表进行劳动争议调解工作。工会组织在劳动争议调解中，既要维护劳动者的合法权益，也要依法维护用人单位的合法权益；工会组织要在以事实为根据、以法律为准绳的原则下进行劳动争议调解工作。

需要注意的是，企业工会不能替代劳动争议调解委员会的工作，对劳动争议事项的具体调解工作应当由劳动争议调解委员会进行。

思考与训练

一、是非判断题

1. 劳动争议的仲裁是在调解失败的基础上进行的程序。（　　）
2. 劳动争议的调解应当在内容合法、当事人自愿的基础上进行。（　　）
3. 因订立、履行、变更、解除和终止劳动合同发生的争议是劳动争议。（　　）
4. 法律规定在企业内部设立劳动争议调解委员会，确定劳动争议不需要由第三方，而由劳动关系双方当事人就可以自行调解的机制。（　　）

二、单项选择题

1. 发生劳动争议的劳动者一方在（　　）人以上，并有共同请求的，可以推举代表参加调解、仲裁或者诉讼活动。
   A. 8　　　　B. 10　　　　C. 20　　　　D. 30

2. 发生劳动争议，当事人不可以到（　　）申请调解。
   A. 企业劳动争议调解委员会
   B. 依法设立的基层人民调解组织
   C. 乡镇、街道设立的具有劳动争议调解职能的组织
   D. 人民政府

3. 自（　　）年5月1日起，《劳动争议调解仲裁法》实施。
   A. 1995　　　　B. 1987　　　　C. 1986　　　　D. 2008

4. （　　）是劳动争议当事人协商制度维持良好劳动关系的必要条件。
   A. 合同履行过程中的自身协商　　B. 合同履行过程
   C. 合同履行过程后的第三方调解　　D. 合同履行过程后的解除行为

5. 在企业内部设立劳动争议调解委员会，强调劳动关系双方的（　　）是劳动关系双方协商机制的延续。
   A. 自行调解　　　　B. 第三方调解
   C. 仲裁调解　　　　D. 单方调解

学习情境2　劳动争议的法律救济

教学目标

【能力目标】 通过学习，能够及时决定劳动争议处理途径；能够规范撰写劳动争议仲裁与诉讼文书；能够规范应用证据规则；能够参与劳动争议仲裁、诉讼程序。

【知识目标】 通过学习，能够了解我国劳动争议仲裁、诉讼程序；熟悉劳动争议仲裁与诉讼的受案范围；掌握证据规则。

知识与实践

一、劳动争议仲裁概要

 职工分期付款,是劳动争议还是借贷纠纷

王某与在外国注册的 A 公司签订劳动合同,受聘于该公司的中国办事处工作。在劳动合同的履行过程中,双方达成劳动合同补充协议:鉴于王某是 A 公司的高级职员,为鼓励王某全身心地投入工作,A 公司为王某提供 84.8 万元人民币的住房资金,王某购房后每月向 A 公司支付住房资金的 1/240(即约人民币 3533 元)。A 公司希望并经王某本人的同意,劳动合同至少要履行 10 年。劳动合同及其补充协议还特别约定劳动合同的有效性及争议的解决应依照我国法律的相关规定。

劳动合同履行 5 年后,A 公司决定解除与王某的劳动合同,王某对此不能接受。在双方交涉沟通不成之后,A 公司向人民法院起诉,要求王某偿还全部的住房资金。王某以本案属于劳动争议,未经仲裁不应直接向人民法院起诉为由提出管辖异议。随后,王某申请劳动仲裁。劳动争议仲裁委员会立案后经审理认为,A 公司是在外国注册的,不具备我国企业法人的主体资格,于是以该劳动争议不适用《劳动法》为由驳回了王某的仲裁请求。

工作任务

(1) 本案是劳动争议还是借贷纠纷?
(2) 用人单位的注册地在外国,能否适用我国的法律?
(3) 本案没有经过劳动争议仲裁委员会的仲裁,人民法院能否受理本案?
(4) 王某是否应当返还 A 公司的住房资金及银行同期利息?

劳动争议仲裁是指劳动争议仲裁机构对当事人请求解决的劳动争议,依法居中公断的执法行为,包括对劳动争议依法审理并进行调解、裁决的一系列活动。劳动争议仲裁是劳动争议诉讼前的法定必经程序,是处理劳动争议的一种主要方式。

劳动争议仲裁是一种兼有行政性和准司法性的执法行为。其行政性表现为:劳动行政部门的代表在仲裁机构组成中居于首席地位;仲裁机构的办事机构设在劳动行政部门;仲裁行为中含有行政仲裁的某些因素。其准司法性表现为:仲裁机构的设立、职责、权限、组织活动原则和方式具有与司法机关特别是审判机关共同或类似的特点。例如,劳动争议仲裁机构是国家依法设立的处理劳动争议的专门机构,具有依法独立行使仲裁权,不受行政机关、团体和个人干涉的法律地位,审理案件必须实行仲裁庭、时效、回避等制度,采取调查取证、辩论、调解、裁决等方式。

二、劳动争议仲裁机构和参加人

(一) 劳动争议仲裁委员会

劳动争议仲裁委员会是依法设立的,经国家授权依法独立仲裁处理劳动争议案件的专门机构。

1. 劳动争议仲裁委员会的设置

劳动争议仲裁委员会按照统筹规划、合理布局和适应实际需要的原则设立,不按行政区划设立。各级劳动争议仲裁委员会相互之间不存在行政隶属关系,各自独立仲裁本行政区域内发生的劳动争议案件,各自向同级政府负责并报告工作。省级劳动行政部门对本行政区域的劳动争议仲裁工作进行指导。

2. 劳动争议仲裁委员会的组成

劳动争议仲裁委员会由劳动行政部门代表、工会代表和企业方面代表组成。其组成人员应当是单数,且三方代表的人数相等。主任由劳动行政部门负责人担任,副主任由劳动争议仲裁委员会委员协商产生。至于每方代表的具体人数则由三方协商确定,其组成不符合规定的由同级政府予以调整,其委员的确认或者更换需报同级政府批准。

3. 劳动争议仲裁委员会的职责

劳动争议仲裁委员会实行集体领导,在召开会议决定有关事项时应有2/3以上的委员参加,并且应当按照少数服从多数的原则作出决定。劳动争议仲裁委员会依法履行下列职责:

(1) 聘任、解聘专职或者兼职仲裁员;
(2) 受理劳动争议案件;
(3) 讨论重大或者疑难的劳动争议案件;
(4) 对仲裁活动进行监督。

(二) 劳动争议仲裁委员会的办事机构

劳动争议仲裁委员会作为处理案件的议事机构,其下设有办事机构,负责办理劳动争议仲裁委员会的日常工作。劳动人事争议仲裁院既是劳动争议仲裁委员会的办事机构,也是劳动行政部门的职能机构,在劳动争议仲裁委员会的领导下,处理劳动争议案件的日常工作,是劳动争议调解、仲裁业务管理机构,根据劳动争议仲裁委员会的授权负责管理仲裁员,组成具体办理案件的仲裁庭,管理劳动争议仲裁委员会的文书、档案、印鉴,负责劳动争议及其处理方面的法律、法规和政策咨询,向劳动争议仲裁委员会汇报、请示工作,办理劳动争议仲裁委员会授权或交办的其他事项。

(三) 劳动争议仲裁庭

仲裁庭是劳动争议仲裁委员会处理劳动争议案件的基本形式。仲裁庭的组织形式可以分为独任制仲裁庭和合议制仲裁庭两种。

1. 独任制仲裁庭

独任制仲裁庭是由劳动争议仲裁委员会指定1名仲裁员独任审理仲裁。它适用于事实清楚、案情简单、法律适用明确的劳动争议案件。

2. 合议制仲裁庭

合议制仲裁庭是由劳动争议仲裁委员会指定3名或3名以上单数仲裁员共同审理仲裁。除简单的劳动争议案件外,均应组成合议仲裁庭。仲裁庭由1名首席仲裁员和2名仲裁员组成,首席仲裁员由劳动争议仲裁委员会负责人或授权其办事机构负责人指定,另2

名仲裁员由劳动争议仲裁委员会授权其办事机构负责人指定或者由双方当事人各选1名。

(四) 劳动争议仲裁员

1. 仲裁员

仲裁员是指由劳动争议仲裁委员会依法聘任的,可以成为仲裁庭组成人员而从事劳动争议处理工作的职员。仲裁员有专职仲裁员和兼职仲裁员两种。

(1) 专职仲裁员。

专职仲裁员由劳动争议仲裁委员会从劳动行政部门内专门从事劳动争议处理工作,并具有仲裁员资格的人员中聘任。

(2) 兼职仲裁员。

兼职仲裁员由劳动争议仲裁委员会从具有仲裁员资格的劳动行政部门或其他行政部门工作人员或工会工作人员、专家、学者、律师中聘任。

劳动争议仲裁委员会成员也可以由仲裁委员会聘为专职仲裁员或兼职仲裁员。兼职仲裁员与专职仲裁员在执行公务时,享有同等的权利,但兼职仲裁员从事仲裁活动应当征得所在单位的同意,所在单位应当给予支持。

2. 仲裁员的条件

仲裁员应当公道正派并符合下列条件之一:

(1) 曾任审判员的;

(2) 从事法律研究、教学工作并具有中级以上职称的;

(3) 具有法律知识、从事人力资源管理或者工会等专业工作满5年的;

(4) 律师执业满3年的。

经省级以上劳动行政部门考核认定,具备上述条件的才赋予仲裁员资格。

3. 仲裁员的职责

仲裁员的职责主要包括以下十个方面:

(1) 接受劳动争议仲裁委员会办事机构交办的劳动争议案件,参加仲裁庭;

(2) 进行调查取证,有权以调阅文件或档案、询问证人、现场勘查、技术鉴定等方式向当事人及有关单位、人员进行调查;

(3) 根据有关法规和政策提出处理方案;

(4) 对争议双方当事人进行调解工作,促使其达成调解协议;

(5) 审查申诉人的撤诉申请;

(6) 参加仲裁庭合议,对案件提出裁决意见;

(7) 案件处理终结时,填报《结案审批表》;

(8) 及时做好调解、仲裁的文书工作及案卷的整理归档工作;

(9) 宣传劳动法规政策;

(10) 对案件涉及的秘密和个人隐私应当保密。

仲裁员私自会见当事人、代理人,或者接受当事人、代理人的请客送礼的,或者有索贿受贿、徇私舞弊、枉法裁决行为的,应当依法承担法律责任,劳动争议仲裁委员会应当将其解聘。

(五) 劳动争议仲裁的参加人

1. 劳动争议当事人

劳动争议当事人是指发生劳动争议的劳动者和用人单位。劳务派遣单位或者用工单位与劳动者发生劳动争议的,劳务派遣单位和用工单位为共同当事人。

2. 代表人

用人单位由其法定代表人或主要负责人参加仲裁活动;职工方当事人在10人以上并有共同理由的,应当推举代表参加仲裁活动,代表人数由劳动争议仲裁委员会确定。

3. 代理人

当事人可以委托代理人参加仲裁活动。委托他人参加仲裁活动,应当向劳动争议仲裁委员会提交有委托人签名或者盖章的委托书,委托书应当载明委托人、委托事项和委托权限。丧失或者部分丧失民事行为能力的劳动者,由其法定代理人代为参加仲裁活动;无法定代理人的,由劳动争议仲裁委员会为其指定代理人。劳动者死亡的,由其近亲属或者代理人参加仲裁活动。

4. 第三人

与劳动争议案件的处理结果有利害关系的第三人,可以申请参加仲裁活动或者由劳动争议仲裁委员会通知其参加仲裁活动。

三、劳动争议仲裁管辖

劳动争议仲裁管辖是指各级劳动争议仲裁委员会之间、同级劳动争议仲裁委员会之间,受理劳动争议案件的分工和权限。它向当事人表明,劳动争议发生后应当向哪一级和哪一个劳动争议仲裁委员会申请仲裁。

(一) 地域管辖

地域管辖是指同级劳动争议仲裁委员会之间依行政区域确定的仲裁管辖。

1. 一般地域管辖

一般地域管辖是指劳动争议仲裁委员会负责管辖本区内发生的劳动争议案件。

2. 特殊地域管辖

特殊地域管辖是指劳动争议由劳动合同履行地或者用人单位所在地的劳动争议仲裁委员会管辖;双方当事人分别向劳动合同履行地和用人单位所在地的劳动争议仲裁委员会申请仲裁的,由劳动合同履行地的劳动争议仲裁委员会管辖;发生劳动争议的用人单位与劳动者不在同一个劳动争议仲裁委员会管辖地域内的,由劳动者工资关系所在地的劳动争议仲裁委员会管辖。

(二) 级别管辖

级别管辖是指各级劳动争议仲裁委员会受理劳动争议案件的特定范围。它主要是根据案件的性质、影响范围和繁简程度来确定的。通常规定,省级劳动争议仲裁委员会和设区的市劳动争议仲裁委员会负责处理外商投资企业发生的劳动争议案件和在全省、全市有重大影响的劳动争议案件。

（三）移送管辖

移送管辖是指劳动争议仲裁委员会将已受理的自己无权管辖或不便管辖的劳动争议案件,依法移送给有管辖权和便于审理此案件的劳动争议仲裁委员会受理。受移送的劳动争议仲裁委员会对接受的移送案件不得自行再送移;如果认为自己对接受的移送案件确无管辖权,可以报告劳动行政部门决定是否由其管辖。

（四）指定管辖

指定管辖是指劳动争议仲裁委员会之间因管辖权发生争议,由双方协商解决,协商不成时,由共同的上级劳动行政部门指定管辖。

四、劳动争议仲裁时效

 仲裁时效期限延长至1年

大学毕业后,吴某被A鞋业公司(以下简称A公司)聘用为技术员,并与该公司签订了3年的劳动合同。刚进入A公司时,A公司的产品试销对路,又恰逢市场需求旺季,所以吴某的奖金很高,工作也比较忙,吴某对工作感到非常满意。到了第三年的2月份,因A公司准备不足、抢占市场失力以及错误地估计了当年的流行趋势,导致设计的皮鞋滞销。A公司因资金周转困难,奖金已停发2个月,工资发放也成问题,吴某也整日无事可做。于是,A公司与吴某协商,希望能够提前解除劳动合同。吴某认为自己才刚刚大学毕业,有的是机会,在这里待着也是耗时间,没有什么发展。于是,吴某同意与A公司解除劳动合同,但他提出根据法律规定,A公司应该向他支付经济补偿。A公司回复说:"咱们是协商一致才解除劳动合同,且解除劳动合同的原因是客观、正当的,公司没有必要给你补偿。再说你又不是不清楚公司目前的情况,公司也没钱给你。"吴某虽然知道自己应得到经济补偿,但是想到A公司现在的困境也就没有继续坚持。

半年后,吴某与原公司的同事张某一起聚餐,提起此事,得知A公司支付了其余几个同事的经济补偿。吴某越想越气:"这不是明摆着欺负我吗?明天我就找公司说理去。"第二天,吴某来到A公司,要求补发经济补偿,被A公司拒绝。吴某很是气愤,为了维护自己的合法权益,他打算向劳动争议仲裁委员会申请仲裁,可是吴某的心中也有一些疑问:"事情都过去半年多了,我还能申请仲裁吗?"

工作任务

(1)在本案中,吴某是否还能申请劳动争议仲裁?用人单位与劳动者协商解除劳动合同是否应当支付经济补偿?

(2)请你解读我国关于诉请劳动争议仲裁法定时效的法律规定。

(3)请你为吴某撰写一份劳动争议仲裁申请书,其中要注意仲裁时效的说明和证据的罗列。

劳动争议仲裁时效(以下简称仲裁时效)是指劳动者和用人单位因劳动争议要求保

护其合法权利,应当在法定的期限向具有管辖权的劳动争议仲裁委员会提出仲裁申请,否则丧失胜诉权的一种时效制度。

(一)仲裁时效的起点和期间

仲裁时效期间从当事人知道或者应当知道其权利被侵害之日起计算,为期1年。劳动关系存续期间因拖欠劳动报酬发生争议的,劳动者申请仲裁不受此时效期间的限制。但是,劳动关系终止的,应当自劳动关系终止之日起1年内提出。

根据我国法律的规定,下列劳动争议申请仲裁的时效期间为1年:

(1)企业、个体经济组织、民办非企业单位等组织与劳动者之间,以及机关、事业单位、社会团体与其建立劳动关系的劳动者之间,因确认劳动关系,订立、履行、变更、解除和终止劳动合同,工作时间、休息休假、社会保险、福利、培训以及劳动保护,劳动报酬、工伤医疗费、经济补偿或者赔偿金等发生的争议;

(2)事业单位与其建立人事关系的工作人员之间因终止人事关系以及履行聘用合同发生的争议;

(3)社会团体与其建立人事关系的工作人员之间因终止人事关系以及履行聘用合同发生的争议;

(4)军队文职人员用人单位与聘用制文职人员之间因履行聘用合同发生的争议;

劳动人事关系存续期间因拖欠劳动报酬发生争议的,劳动者申请仲裁不受争议发生起1年的仲裁时效期间的限制。但是,劳动人事关系终止的,应当自劳动人事关系终止之日起1年内提出。

(二)仲裁时效的中断、中止

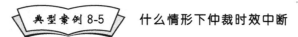

典型案例 8-5　什么情形下仲裁时效中断

宋先生在深圳 A 食品有限公司(以下简称 A 公司)工作,与 A 公司签订了 5 年的劳动合同。工作到第三年,宋先生由于工作能力突出,被 A 公司安排到一所著名的高校攻读 EMBA,以进一步提升自己的管理水平。A 公司与宋先生签订了培训协议,约定由 A 公司承担学习费用的 70%,共计 15 万元;学费先由宋先生垫付,待学成以后 A 公司再将学费支付给宋先生。1 年后,宋先生完成了 EMBA 的学习,可这时正赶上企业改制,随后 A 公司与宋先生解除了劳动关系。宋先生拿到了经济补偿,但是对于自己已经垫付的学费,A 公司一直没有提及。于是,宋先生向 A 公司发送了一份书面材料,要求按培训协议的约定支付自己已垫付的学习费用。A 公司却一直没有回应此事。宋先生多次找到 A 公司的领导讨要,但 A 公司却总是以资金困难为由拒绝支付。很快 1 年就过去了,1 年的追讨没有任何结果,宋先生仍然没有得到 A 公司应支付的学习费用。看到 A 公司根本没有想为自己支付学费的意思,宋先生很气愤,他非常无奈地向 A 公司的领导发出最后通牒:"要是公司再不支付学习费用,我将向劳动争议仲裁委员会申请仲裁。"谁知 A 公司的领导回复道:"你申请仲裁的时效已超过 1 年,劳动争议仲裁委员会不会受理你的申请,公司也决定不再支付你的学习费用。"

难道宋先生就向 A 公司讨要学费一事申请仲裁真的已经超过时效了吗?他的权利还能得到保护吗?

☑ **工作任务**

(1) 劳动合同解除 1 年以后,宋先生是否还有劳动争议的法律救济机会?

(2) 请你解读《劳动争议调解仲裁法》中关于仲裁时效中断的法律规定。

(3) 请你为宋先生撰写延迟劳动争议仲裁时效的申诉书,并注意相关证据的举证。

典型案例 8-6　什么情况下仲裁时效中止

王女士和她的丈夫张先生都在 A 外资公司工作。王女士是 A 外资公司人力资源部的培训主管,张先生是销售部的经理。他们两个人工作认真负责,A 外资公司对他们的工作都非常满意。尤其是张先生的工作业绩非常好,经常有单位来"挖墙脚"。经朋友介绍,某知名国企希望张先生到该企业工作,并且承诺会提供非常好的待遇。经过王女士和张先生的再三商量,张先生决定跳槽到该国企工作。

张先生向 A 外资公司提出 30 天后解除劳动合同,并提交了解除劳动合同的通知书。A 外资公司一直在努力争取希望张先生能够留下来,但是都没有成功。张先生离职后,A 外资公司随即给王女士下发了停发工资的通知书,决定从其丈夫离职那天起停发王女士的工资。王女士认为 A 外资公司的行为非常无理,多次与 A 外资公司进行协商,要求及时足额地支付工资,均遭到 A 外资公司的拒绝。A 外资公司认为:当初与王女士续订劳动合同,是为了能够留住张先生。此后,王女士又继续工作了 3 个月,A 外资公司果然没有给她发放工资,王女士很气愤,向 A 外资公司提出了辞职,并很快在 B 外资公司找到了一份满意的工作。

来到 B 外资公司工作 6 个月后,王女士想起了 A 外资公司克扣自己工资的事,于是打算向劳动争议仲裁委员会申请仲裁。可是,第二天王女士就因患急性肺炎住进了医院,没有来得及申请仲裁。经过 2 个月的治疗,王女士出院。但由于身体状况还没有完全恢复,张先生希望王女士能辞掉工作安心在家休养。王女士听从了丈夫的建议,辞掉了工作。在家休养期间,王女士想起了申请仲裁的事,可是一算时间,从与原单位 A 外资公司解除劳动合同到现在时间过了 1 年,已经超过了仲裁时效。王女士很沮丧,后悔自己没有及时维护自己的合法权益。晚上吃饭时,王女士向张先生提及此事。张先生听后赶紧安慰王女士:"你先别急,按照《劳动争议调解仲裁法》的规定,你患病住院无法申请仲裁属于仲裁时效中止的情形,住院治疗的 2 个月不算在仲裁时效期间内,因此现在还没有超过 1 年的仲裁时效,今天晚上我帮你起草一份仲裁申请书,明天就交到劳动争议仲裁委员会去。"

☑ **工作任务**

(1) 劳动合同解除 1 年后,王女士是否还能通过仲裁获得法律救济的机会?

(2) 请你解读我国《劳动争议调解仲裁法》中关于仲裁时效中止的法律规定。

(3) 在本案中,A 外资公司停付王女士工资的行为是否合法?王女士单方解除劳动合同是否可以主张经济补偿?

仲裁时效的中断是指在仲裁时效进行期间,因当事人一方向对方当事人主张权利,或者向有关部门请求权利救济,或者对方当事人同意履行义务而中断时效期间。待时效中断的事由消除后,仲裁时效期间重新计算。

仲裁时效的中止是指在仲裁时效进行期间,因不可抗力或者有其他正当理由,当事人不能在仲裁时效期间申请仲裁的,仲裁依法暂时停止进行,并在法定事由消失之日起继续进行的情况。从中止时效的原因消除之日起,仲裁时效期间继续计算。

实际时效的中断和中止起到了时效的延长效果。

(三)仲裁时效完成的法律后果

仲裁时效完成是指仲裁时效期间已经届满而当事人仍未向劳动争议仲裁委员会提出要求仲裁的书面请求。仲裁时效完成具体表现为以下两种情形:

(1)自当事人知道或者应当知道其权利被侵害之日起经过1年又不存在引起仲裁时效中断、中止和延长的法定事由,当事人仍不申请仲裁;

(2)仲裁时效期间在依法中断、中止和延长后届满,当事人仍不申请仲裁。

对于超过仲裁时效的仲裁申请,劳动争议仲裁委员会可以作出不予受理的书面决定,当事人不服而依法向人民法院起诉的,人民法院应当受理;对确已超过仲裁时效期间的,依法驳回其诉讼请求。

五、劳动争议仲裁程序

 部分劳动争议案件可先予执行

28岁的王明是A建筑公司的职工,工作虽然比较辛苦,但是他对工作感到很满意。某日,工程队施工时,王明不慎从脚手架上掉下来摔成重伤,妻子取出家里仅有的积蓄为王明支付了医疗费。王明度过危险期后,因家中无力再继续支付医疗费,医院停止了对王明的手术治疗。王明的右腿是粉碎性骨折,如果不及时进行手术很容易留下后遗症。情急之下,王明的妻子来到A建筑公司寻求帮助,希望A建筑公司尽快支付医疗费,但是遭到A建筑公司的拒绝。

王明得知情况后,委托妻子到当地的劳动争议仲裁委员会申请仲裁,要求A建筑公司支付医疗费、生活费,以及工作期间的加班费、奖金等。在仲裁审理过程中,医院发出通知称如果王明不能及时支付医疗费,医院将停止治疗。这样会导致王明因错过治疗时机而终身残废。王明的妻子赶紧来到劳动争议仲裁委员会,出示了医院的通知书,希望劳动争议仲裁委员会能够裁定A建筑公司先行支付医药费。劳动争议仲裁委员会认为,本案的性质属于追索工伤医疗费,当事人王明与A建筑公司之间的权利义务关系明确,不先予执行将严重威胁到当事人的生活。由此,在王明医疗期未满的情况下,仲裁庭对王明的医疗费问题作出先予执行的裁决,要求A建筑公司先行支付王明的医疗费,并移送人民法院执行,待王明的医疗期满后,再依法定程序进行伤残程度等级鉴定的劳动争议处理。

工作任务

(1)请你分析:本案是否符合先予执行的法定条件?

(2)请你解读我国劳动争议仲裁程序中关于劳动争议先予执行的法律规定。

(3)请你试为本案中的王明撰写一份先予执行申请书。

(一)仲裁申请

劳动争议发生后,不愿自行协商解决或协商不成的,不愿申请调解或调解不成的,当事人均可在仲裁时效期间内,向有管辖权的劳动争议仲裁委员会提出解决劳动争议的书面申请。申请人申请仲裁应当提交书面仲裁申请,并按照被申请人人数提交副本。委托他人代理参加仲裁的,还需要提交授权委托书。仲裁申请书应当载明下列事项:

(1)劳动者的姓名、性别、年龄、职业、工作单位和住所,用人单位的名称、住所和法定代表人或者主要负责人的姓名、职务;

(2)仲裁请求和所根据的事实、理由;

(3)证据和证据来源、证人姓名和住所。

书写仲裁申请确有困难的,可以口头申请,由劳动争议仲裁委员会记入笔录,并告知对方当事人。

(二)仲裁受理

1. 受理审查

劳动争议仲裁委员会收到仲裁申请后应依法进行审查。审查内容包括:

(1)申诉人是否与本案有直接利害关系;

(2)申请仲裁的争议是否属于劳动争议;

(3)是否属于劳动争议仲裁委员会受理内容;

(4)是否属于本劳动争议仲裁委员会管辖;

(5)申请书及有关材料是否齐备并符合要求;

(6)申诉时间是否符合仲裁时效规定。

对申诉材料不齐备和有关情况不明确的,应指导申请人补齐;主要证据不齐的,要求申诉人补齐。

2. 受理通知

(1)劳动争议仲裁委员会收到仲裁申请之日起5日内,认为符合受理条件的,应当受理,并通知申请人;认为不符合受理条件的,应当书面通知申请人不予受理,并说明理由。对劳动争议仲裁委员会不予受理或者逾期未作出决定的,申请人可以就该劳动争议事项向人民法院提起诉讼。

(2)劳动争议仲裁委员会受理仲裁申请后,应当在5日内将仲裁申请书副本送达被申请人。被申请人收到仲裁申请书副本后,应当在10日内向劳动争议仲裁委员会提交答辩书。劳动争议仲裁委员会收到答辩书后,应当在5日内将答辩书副本送达申请人。被申请人未提交答辩书的,不影响仲裁程序的进行。

(三)仲裁准备与回避

劳动争议仲裁委员会对决定受理的案件,应当在受理仲裁申请之日起5日内依法组成仲裁庭,并将仲裁庭的组成情况书面通知当事人。

仲裁员有下列情形之一的,应当回避,当事人也有权以口头方式或者书面方式提出回避申请：

(1) 是本案当事人或者当事人、代理人的近亲属的；
(2) 与本案有利害关系的；
(3) 与本案当事人、代理人有其他关系，可能影响公正裁决的；
(4) 私自会见当事人、代理人，或者接受当事人、代理人的请客送礼的。

劳动争议仲裁委员会对回避申请应当及时作出决定，并以口头或者书面方式通知当事人。劳动争议仲裁委员会主任的回避由劳动争议仲裁委员会决定，其他人员的回避由劳动争议仲裁委员会主任决定。

仲裁庭应当在开庭5日前将开庭日期、地点书面通知当事人。当事人有正当理由的，可以在开庭3日前请求延期开庭。是否延期，由劳动争议仲裁委员会决定。

(四) 开庭

1. 开庭的形式

劳动争议仲裁公开进行，但当事人协议不公开进行或者涉及国家秘密、商业秘密和个人隐私的除外。

2. 专门性问题鉴定

仲裁庭对专门性问题认为需要鉴定的，可以交由当事人约定的鉴定机构鉴定；当事人没有约定或者无法达成约定的，由仲裁庭指定的鉴定机构鉴定，根据当事人的请求或者仲裁庭的要求，鉴定机构应当派鉴定人参加出席。当事人经仲裁庭许可，可以向鉴定人提问。

3. 质证和辩论

当事人在仲裁过程中有权进行质证和辩论，终结时首席仲裁员或者独任仲裁员应当征询当事人的最后意见。

4. 证据的意义

当事人提供的证据经查证属实的，仲裁庭应当将其作为认定事实的根据。

5. 用人单位的举证责任

劳动者无法提供由用人单位掌握的与仲裁请求有关的证据，仲裁庭可以要求用人单位在指定期限内提供。用人单位在指定期限内不提供的，应当承担不利后果。

6. 开庭笔录

仲裁庭应当将开庭情况记入笔录。当事人和其他仲裁参加人认为对自己陈述的记录有遗漏或者差错的，有权申请补正。如果不予补正，应当记录该申请。笔录由仲裁员、记录员、当事人和其他仲裁参加人签名或者盖章。

(五) 和解与调解

当事人申请劳动争议仲裁后，可以自行和解。达成和解协议的，可以撤回仲裁申请。

仲裁庭在作出裁决前，应当先行调解，即在查明事实的基础上促使双方当事人自愿达成协议。经调解达成协议的，仲裁庭应当根据协议内容制作仲裁调解书。调解书应当写明仲裁请求和当事人协议的结果,由仲裁员签名,加盖仲裁委员会印章,送达双方当事人。调解书经双方当事人签收后,发生法律效力。

(六) 结案

仲裁庭裁决劳动争议案件,应当自劳动争议仲裁委员会受理仲裁申请之日起45日内结束。案情复杂需要延期的,经劳动争议仲裁委员会主任批准,可以延期并书面通知当事人,但是延长期限不得超过15日。逾期未作出裁决的,当事人可以就该劳动争议事项向人民法院提起诉讼。

(七) 裁决效力

1. 终局裁决

(1) 终局裁决的适用范围。

下列劳动争议,除《劳动争议调解仲裁法》另有规定的外,仲裁裁决为终局裁决,裁决书自作出之日起发生法律效力:

① 追索劳动报酬、工伤医疗费、经济补偿或者赔偿金,不超过当地月最低工资标准12个月金额的争议;

② 因执行国家的劳动标准在工作时间、休假休息、社会保险等方面发生的争议。

(2) 终局裁决生效的条件。

劳动者未因不服仲裁裁决而依法起诉,且用人单位未依法申请撤销裁决的,裁决书自作出之日起发生法律效力。

(3) 终局裁决的司法监督形式。

劳动者对仲裁终局裁决不服的,可以自收到仲裁裁决书之日起15日内向人民法院提起诉讼。

用人单位有证据证明仲裁终局裁决适用法律、法规确有错误,劳动争议仲裁委员会无管辖权,违反法定程序,裁决所根据的证据是伪造,对方当事人隐瞒了足以影响公正裁决的证据,仲裁员在仲裁该案时有索贿受贿、徇私舞弊、枉法裁决行为的,可以自收到仲裁裁决书之日起30日内向劳动争议仲裁委员会所在地的中级人民法院申请撤销裁决。人民法院经组成合议庭审查核实后应当裁定撤销。仲裁裁决被人民法院裁定撤销的,当事人可以自收到裁定书之日起15日内就该劳动争议事项向人民法院提起诉讼。

2. 其他裁决

当事人对拖欠争议、执行劳动标准争议以外的其他劳动争议案件的仲裁裁决不服的,可以自收到仲裁裁决书之日起15日内向人民法院提起诉讼;期满不起诉的,裁决书发生法律效力。

仲裁调解书自送达当事人之日起生效。仲裁裁决书在法定起诉期满后生效,即自当事人收到裁决书之日起15日内,当事人若不向人民法院起诉,裁决书即生效。生效的调解书和裁决书,当事人必须执行;一方当事人若不执行,另一方当事人可以申请人民法院强制执行。

(八) 强制执行

当事人对发生法律效力的调解书、裁决书，应当依照规定的期限履行。一方当事人逾期不履行的，另一方当事人可以依照《民事诉讼法》的有关规定申请执行。受理申请的人民法院应当依法执行。

劳动争议仲裁处理途径参见图 8-2。

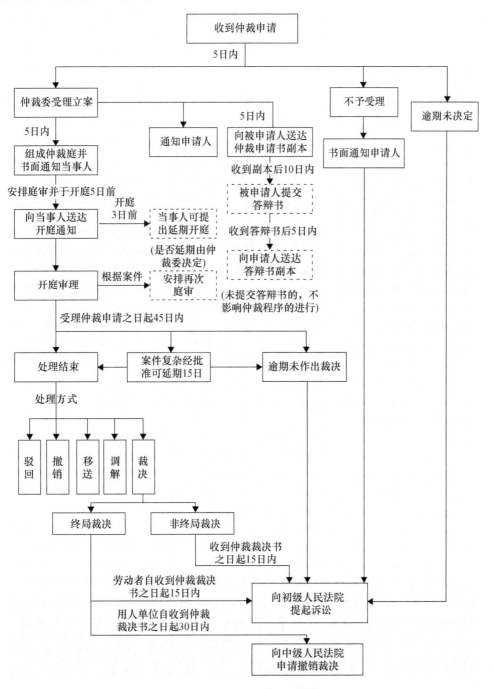

图 8-2 劳动争议仲裁处理途径

六、劳动诉讼

劳动诉讼是指人民法院在劳动争议双方当事人和其他诉讼参与人的参加下,依法审理和解决劳动争议案件的活动。在我国,劳动诉讼是人民法院以民事诉讼的方式来审理和解决劳动争议案件,实体上适用劳动法律,程序上适用《民事诉讼法》的规定。

在劳动争议处理过程中,劳动诉讼作为解决劳动争议的最后阶段,与仲裁的关系可概括为:仲裁是诉讼前的必经处理方式,诉讼是仲裁后的重新处理方式,二者既相互联系又彼此独立。

(一)仲裁结局与起诉

(1)仲裁以当事人撤回申诉或达成调解协议而结案的,当事人无权起诉。

(2)仲裁以裁决结案的,当事人不服仲裁裁决,有权在收到仲裁裁决书之日起15日内起诉。

(3)劳动争议仲裁机构以超过仲裁时效等为理由决定不予受理的,当事人有权在收到不予受理的书面通知或决定之日起15日内起诉。

(4)劳动争议仲裁委员会作出仲裁裁决后,当事人对裁决中的部分事项不服,依法向人民法院起诉的,仲裁裁决不发生法律效力。

(5)劳动争议仲裁委员会对多个劳动者的劳动争议作出仲裁裁决后,部分劳动者对仲裁裁决不服,依法向人民法院起诉的,仲裁裁决对提出起诉的劳动者不发生法律效力;对未提出起诉的部分劳动者,发生法律效力。

(二)受案范围

1. 人民法院受理劳动争议案件的一般范围

劳动者与用人单位之间发生的《劳动争议调解仲裁法》第二条规定的劳动争议,当事人不服劳动争议仲裁委员会作出的裁决,依法向人民法院起诉的,人民法院应当受理,即:

(1)因确认劳动关系发生的争议;

(2)因订立、履行、变更、解除和终止劳动合同发生的争议;

(3)因除名、辞退和辞职、离职发生的争议;

(4)因工作时间、休息休假、社会保险、福利、培训以及劳动保护发生的争议;

(5)因劳动报酬、工伤医疗费、经济补偿或者赔偿金等发生的争议;

(6)法律、法规规定的其他劳动争议。

2. 人民法院受理劳动争议案件的特殊情形

(1)劳动争议仲裁委员会以当事人申请仲裁的事项不属于劳动争议为由,作出不予受理的书面裁决、决定或者通知,当事人不服,依法向人民法院起诉的,属于劳动争议案件,应当受理;虽不属于劳动争议案件,但属于人民法院主管的其他案件的,应当依法受理。

(2)劳动争议仲裁委员会根据《劳动争议调解仲裁法》第二十七条的规定,以当事人的仲裁申请超过1年仲裁时效期间为由,作出不予受理的书面裁定,当事人不服,依法向人民法院起诉的,人民法院应当受理。

（3）劳动争议仲裁委员会以申请仲裁的主体不适格为由，作出不予受理的书面裁决、决定或者通知，当事人不服，依法向人民法院起诉的，经审查，确属主体不适格的，裁定不予受理或者驳回起诉。

（4）劳动争议仲裁委员会为纠正原仲裁裁决错误重新作出裁决，当事人不服，依法向人民法院起诉的，人民法院应当受理。

（5）劳动争议仲裁委员会仲裁的事项不属于人民法院受理的案件范围，当事人不服，依法向人民法院起诉的，裁定不予受理或者驳回起诉。

（三）审理范围

1. 劳动争议中混合民事争议的处理

如果劳动争议当事人的诉讼请求中包括有与劳动权利义务事项相联系的其他民事权利义务事项，人民法院应当将其与劳动权利义务事项一并审理，并适用不同的实体法。而在仲裁审理范围中，其他不具有劳动权利义务性质的事项，虽然与争议的劳动权利义务事项相联系，仲裁机构也无权处理。

2. 当事人增加请求事项的处理

人民法院受理劳动争议案件后，当事人增加诉讼请求的，若该诉讼请求与讼争的劳动争议具有不可分性，应当合并审理；若属独立的劳动争议，应当告知当事人向劳动争议仲裁委员会申请仲裁。

（四）诉讼管辖

劳动争议案件由用人单位所在地或者劳动合同履行地的基层人民法院管辖。劳动合同履行地不明确的，由用人单位所在地的基层人民法院管辖。双方当事人就同一仲裁裁决分别向有管辖权的人民法院起诉的，由先受理的人民法院管辖，后受理的人民法院应当将案件移送给先受理的人民法院。

（五）诉讼主体

1. 一般主体

诉讼当事人（原告与被告）与仲裁当事人（申诉人与被诉人）一样，都只限于劳动者和用人单位。不服仲裁裁决的劳动者或用人单位，只能以仲裁阶段的对方当事人为被告向人民法院起诉，而不能以仲裁机构为被告。双方当事人不服劳动争议仲裁委员会作出的同一仲裁裁决，均向同一人民法院起诉的，先起诉的一方当事人为原告，但对双方的诉讼请求，人民法院应当一并作出裁决。

2. 特殊主体

（1）用人单位与其他单位合并的，合并前发生的劳动争议，由合并后的单位为当事人。

（2）用人单位分立为若干单位的，其分立前发生的劳动争议，由分立后的实际用人单位为当事人。

（3）用人单位分立为若干单位后，对承受劳动权利义务的单位不明确的，分立后的单位均为当事人。

(4) 用人单位招用尚未解除劳动合同的劳动者,原用人单位与劳动者发生的劳动争议,可以列新的用人单位为第三人。

(5) 原用人单位以新的用人单位侵权为由向人民法院起诉的,可以列劳动者为第三人。

(6) 原用人单位以新的用人单位和劳动者共同侵权为由向人民法院起诉的,新的用人单位和劳动者列为共同被告。

(7) 劳动者在用人单位与其他平等主体之间的承包经营期间,与发包方和承包方双方或者一方发生劳动争议,依法向人民法院起诉的,应当将承包方和发包方作为当事人。

(六) 诉讼结局

当事人不服仲裁裁决而在法定期限内向人民法院起诉,仲裁裁决就处于尚未生效状态。如果以当事人撤诉结案,那么仲裁裁决在法定期限届满后生效;如果以调解或判决结案,那么仲裁裁决就不生效。

用人单位对劳动者作出的开除、除名、辞退等处理,或者因其他原因解除劳动合同确有错误的,人民法院可以依法判决予以撤销。对于追索劳动报酬、养老金、医疗费以及工伤保险待遇、经济补偿、培训费及其他相关费用等案件,给付数额不当的,人民法院可以予以变更。

(七) 强制执行

当事人申请人民法院执行已经发生法律效力的劳动仲裁裁决书、调解书,被申请人提出证据证明仲裁裁决有下列情形之一,经人民法院组成合议庭审查核实,可以依据《民事诉讼法》第二百三十七条的规定,裁定不予执行:

(1) 当事人在合同中没有订有仲裁条款或者事后没有达成书面仲裁协议的;
(2) 裁决的事项不属于仲裁协议的范围或者仲裁机构无权仲裁的;
(3) 仲裁庭的组成或者仲裁的程序违反法定程序的;
(4) 裁决所根据的证据是伪造的;
(5) 对方当事人向仲裁机构隐瞒了足以影响公正裁决的证据的;
(6) 仲裁员在仲裁该案时有贪污受贿、徇私舞弊、枉法裁决行为的。

人民法院认定执行该裁决违背社会公共利益的,裁定不予执行。仲裁裁决被人民法院裁定不予执行的,当事人可以根据双方达成的书面仲裁协议重新申请仲裁,也可以向人民法院起诉。

七、举证责任与证据规则

典型案例 8-8 劳动争议谁取证

小黄大学毕业后进入 A 信息咨询公司(以下简称 A 公司)成为一名信息收集员。A 公司与她签订了3年的劳动合同。劳动合同约定,小黄的月工资为4800元,A 公司另外给小黄提供住宿。小黄对这一待遇基本感到满意。

一次,小黄与老板因为工作问题发生了争吵,这以后老板经常无故指责她工作不认真,对客户不热情。小黄感到非常委屈,也产生了辞职的念头,但考虑现在找工作非常困难,不得不忍气吞声地继续干下去。令她意想不到的是,A公司在未与她协商的情况下以工作不认真为由将她的工资降到了2800元。此后,小黄多次找A公司进行协商,要求恢复原有的工资待遇,但都没有结果。无奈之下,小黄向当地的劳动争议仲裁委员会申请仲裁,要求A公司恢复自己原有的工资待遇。

小黄积极收集证据,准备开庭。然而,在收集证据的过程中,小黄遇到了一个难题:怎么才能证明自己认真工作了呢?自己上班的考勤记录、客户投诉记录、绩效考核结果等可以用来证明自己工作状况的资料全部都掌握在A公司的手中,自己根本无法拿到。如果她拿不到这些证明自己认真工作的证据,她是不是就输定了?小黄觉得自己很困惑……

工作任务

(1) 请你分析:小黄申请仲裁应提供哪些证据?
(2) 请你解读我国劳动仲裁程序中的举证责任规则规定。
(3) 请你为小黄撰写一份劳动争议仲裁申诉书,其中要注意证据的罗列与说明。

举证责任是指当事人对自己提出的主张有收集或提供证据的义务,并有运用该证据证明主张的案件事实成立或有利于自己的主张的责任,否则将承担其主张不能成立的危险。

我国《民事诉讼法》第六十四条明确规定了当事人的举证责任,即"当事人对自己提出的主张,有责任提供证据"。

目前,我国法定的证据种类主要包括当事人的陈述、书证、物证、视听资料、电子数据、证人证言、鉴定意见、勘验笔录。证据必须查证属实,才能作为认定事实的根据。

(一) 举证责任的原则和例外

在一般证据规则中,"谁主张谁举证"是举证责任分配的一般原则,而举证责任的倒置则是这一原则的例外。所谓举证责任倒置,是指提出主张的一方当事人对自己所提出的主张不负举证责任,法定由对方当事人负举证责任的证据制度。

1. 一般原则

我国现行立法关于劳动争议处理中责任分配的规定,以"谁主张,谁举证"为原则。《劳动争议调解仲裁法》第六条规定:"发生劳动争议,当事人对自己提出的主张,有责任提供证据。与争议事项有关的证据属于用人单位掌握管理的,用人单位应当提供;用人单位不提供的,应当承担不利后果。"

2. 专属用人单位举证的情形

(1) 司法解释的规定。

《最高人民法院关于审理劳动争议案件适用法律问题的解释(一)》第四十四条规定,因用人单位作出的开除、除名、辞退、解除劳动合同、减少劳动报酬、计算劳动者工作年限等决定而发生的劳动争议,用人单位负举证责任。

(2) 实体法的规定。

① 根据《劳动争议调解仲裁法》第六条和第三十九条的规定,与争议事项有关的证

据属于用人单位掌握管理的,用人单位应当提供;劳动者无法提供由用人单位掌握管理的与仲裁请求有关的证据,仲裁庭可以要求用人单位在指定期限内提供。用人单位不提供的,应当承担不利后果。这表明,用人单位负举证责任的要件包括:必须是与争议事项有关的证据;必须是属于用人单位掌握管理的证据;与劳动者的请求事项有关的证据,必须是劳动者无法提供的。

②《职业病防治法》第四十六条第二款规定:"没有证据否定职业病危害因素与病人临床表现之间的必然联系的,应当诊断为职业病。"第五十九条规定:"劳动者被诊断患有职业病,但用人单位没有依法参加工伤保险的,其医疗和生活保障由该用人单位承担。"

③《工伤保险条例》第十九条第二款规定:"职工或者其近亲属认为是工伤,用人单位不认为是工伤的,由用人单位承担举证责任。"用人单位拒不举证的,社会保险行政部门可以根据受伤职工提供的证据依法作出工伤认定结论。

④《工资支付暂行规定》第六条第三款规定:"用人单位必须书面记录支付劳动者工资的数额、时间、领取者的姓名以及签字,并保存2年以上备查。用人单位在支付工资时应向劳动者提供一份其个人的工资清单。"这表明,在工资拖欠案件中,劳动者只需要举证证明自己已经履行劳动义务即可,而对用人单位未支付工资的事实不应当负举证责任。

(二) 证据规则

1. 需要当事人举证的事实

双方当事人对所主张的以下事实需要举证证明:
(1) 对方当事人违约的事实(侵权行为);
(2) 自身受到损害的事实(侵权结果);
(3) 受到的损害与违约之间存在因果关系(侵权行为和侵权结果之间的因果关系);
(4) 违约行为人主观有过错。

2. 无须当事人举证的事实

双方当事人对以下事实无须举证证明:
(1) 已经确定的事实,主要有法律规定、规律定理、生效法律文书;
(2) 双方当事人认可的事实;
(3) 法律上做有利于受害人的推定的事实。

劳动争议处理途径如图8-3所示。

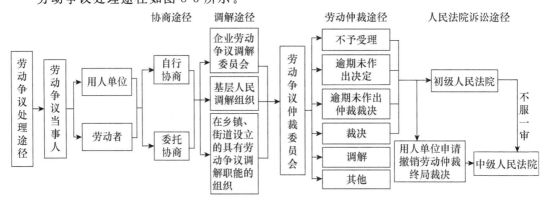

图8-3 劳动争议处理途径

思考与训练

一、是非判断题

1. 当事人因不可抗力或其他障碍致其不能在仲裁时效内提出仲裁申请的,仲裁时效中止。（   ）
2. 当事人不服劳动争议仲裁委员会作出的调解书向人民法院起诉,人民法院不应当受理。（   ）
3. 申诉人接到通知,无正当理由拒不到庭的,按撤诉处理。（   ）
4. 仲裁时效因当事人一方向对方当事人主张权利,或者因不可抗力而中断。从中断时起,仲裁时效期间重新计算。（   ）
5. 劳动争议诉讼适用先裁后审的仲裁前置原则。（   ）
6. 劳动争议当事人在不愿意调解或调解不成的情况下方可提起劳动仲裁。（   ）

二、单项选择题

1. 劳动争议申请仲裁的时效期间为（   ）。
   A. 45天　　　　　B. 60天　　　　　C. 6个月　　　　　D. 1年

2. 发生劳动争议,与争议事项有关的证据属于用人单位掌握管理的,（   ）应当提供。
   A. 劳动者　　　　　　　　　　　B. 用人单位
   C. 劳动仲裁部门　　　　　　　　D. 人民法院

3. 下列纠纷属于劳动争议的是（   ）。
   A. 某民营企业职工与地方社会保险行政部门因工伤认定结论而发生的争议
   B. 某职工因公司债券利息分配而发生的争议
   C. 某退休职工因社保中心养老金发放而发生的争议
   D. 某进城务工农民与其雇主（某个体户）之间因支付工资报酬发生的争议

4. 争议当事人分别向劳动合同履行地和用人单位所在地的劳动争议仲裁委员会申请仲裁的,由（   ）的劳动争议仲裁委员会管辖。
   A. 劳动合同履行地　　　　　　　B. 用人单位所在地
   C. 移送关系　　　　　　　　　　D. 协议管辖

5. 劳动者不服劳动仲裁裁决的,可以自收到仲裁裁决书之日起（   ）内向人民法院提起诉讼。
   A. 5天　　　　　B. 10天　　　　　C. 15天　　　　　D. 30天

附录1 中华人民共和国劳动合同法

第一章 总则

第一条【立法宗旨】 为了完善劳动合同制度,明确劳动合同双方当事人的权利和义务,保护劳动者的合法权益,构建和发展和谐稳定的劳动关系,制定本法。

第二条【适用范围】 中华人民共和国境内的企业、个体经济组织、民办非企业单位等组织(以下称用人单位)与劳动者建立劳动关系,订立、履行、变更、解除或者终止劳动合同,适用本法。

国家机关、事业单位、社会团体和与其建立劳动关系的劳动者,订立、履行、变更、解除或者终止劳动合同,依照本法执行。

第三条【基本原则】 订立劳动合同,应当遵循合法、公平、平等自愿、协商一致、诚实信用的原则。

依法订立的劳动合同具有约束力,用人单位与劳动者应当履行劳动合同约定的义务。

第四条【规章制度】 用人单位应当依法建立和完善劳动规章制度,保障劳动者享有劳动权利、履行劳动义务。

用人单位在制定、修改或者决定有关劳动报酬、工作时间、休息休假、劳动安全卫生、保险福利、职工培训、劳动纪律以及劳动定额管理等直接涉及劳动者切身利益的规章制度或者重大事项时,应当经职工代表大会或者全体职工讨论,提出方案和意见,与工会或者职工代表平等协商确定。

在规章制度和重大事项决定实施过程中,工会或者职工认为不适当的,有权向用人单位提出,通过协商予以修改完善。

用人单位应当将直接涉及劳动者切身利益的规章制度和重大事项决定公示,或者告知劳动者。

第五条【协调劳动关系三方机制】 县级以上人民政府劳动行政部门会同工会和企业方面代表,建立健全协调劳动关系三方机制,共同研究解决有关劳动关系的重大问题。

第六条【集体协商机制】 工会应当帮助、指导劳动者与用人单位依法订立和履行劳动合同,并与用人单位建立集体协商机制,维护劳动者的合法权益。

第二章 劳动合同的订立

第七条【劳动关系的建立】 用人单位自用工之日起即与劳动者建立劳动关系。用人单位应当建立职工名册备查。

第八条【用人单位的告知义务和劳动者的说明义务】 用人单位招用劳动者时,应当如实告知劳动者工作内容、工作条件、工作地点、职业危害、安全生产状况、劳动报酬,以及劳动者要求了解的其他情况;用人单位有权了解劳动者与劳动合同直接相关的基本情况,劳动者应当如实说明。

第九条【用人单位不得扣押劳动者的证件和要求提供担保】 用人单位招用劳动者,不得扣押劳动者的居民身份证和其他证件,不得要求劳动者提供担保或者以其他名义向劳动者收取财物。

第十条【订立书面劳动合同】 建立劳动关系,应当订立书面劳动合同。

已建立劳动关系,未同时订立书面劳动合同的,应当自用工之日起一个月内订立书面劳动合同。

用人单位与劳动者在用工前订立劳动合同的,劳动关系自用工之日起建立。

第十一条【未订立书面劳动合同时劳动报酬不明确的解决】 用人单位未在用工的同时订立书面劳动合同,与劳动者约定的劳动报酬不明确的,新招用的劳动者的劳动报酬按照集体合同规定的标准执行;没有集体合同或者集体合同未规定的,实行同工同酬。

第十二条【劳动合同的种类】 劳动合同分为固定期限劳动合同、无固定期限劳动合同和以完成一定工作任务为期限的劳动合同。

第十三条【固定期限劳动合同】 固定期限劳动合同,是指用人单位与劳动者约定合同终止时间的劳动合同。

用人单位与劳动者协商一致,可以订立固定期限劳动合同。

第十四条【无固定期限劳动合同】 无固定期限劳动合同,是指用人单位与劳动者约定无确定终止时间的劳动合同。

用人单位与劳动者协商一致,可以订立无固定期限劳动合同。有下列情形之一,劳动者提出或者同意续订、订立劳动合同的,除劳动者提出订立固定期限劳动合同外,应当订立无固定期限劳动合同:

(一)劳动者在该用人单位连续工作满十年的;

(二)用人单位初次实行劳动合同制度或者国有企业改制重新订立劳动合同时,劳动者在该用人单位连续工作满十年且距法定退休年龄不足十年的;

(三)连续订立二次固定期限劳动合同,且劳动者没有本法第三十九条和第四十条第一项、第二项规定的情形,续订劳动合同的。

用人单位自用工之日起满一年不与劳动者订立书面劳动合同的,视为用人单位与劳动者已订立无固定期限劳动合同。

第十五条【以完成一定工作任务为期限的劳动合同】 以完成一定工作任务为期限的劳动合同,是指用人单位与劳动者约定以某项工作的完成为合同期限的劳动合同。

用人单位与劳动者协商一致,可以订立以完成一定工作任务为期限的劳动合同。

第十六条【劳动合同的生效】 劳动合同由用人单位与劳动者协商一致,并经用人单位与劳动者在劳动合同文本上签字或者盖章生效。

劳动合同文本由用人单位和劳动者各执一份。

第十七条【劳动合同的内容】 劳动合同应当具备以下条款:

(一)用人单位的名称、住所和法定代表人或者主要负责人;

（二）劳动者的姓名、住址和居民身份证或者其他有效身份证件号码；

（三）劳动合同期限；

（四）工作内容和工作地点；

（五）工作时间和休息休假；

（六）劳动报酬；

（七）社会保险；

（八）劳动保护、劳动条件和职业危害防护；

（九）法律、法规规定应当纳入劳动合同的其他事项。

劳动合同除前款规定的必备条款外，用人单位与劳动者可以约定试用期、培训、保守秘密、补充保险和福利待遇等其他事项。

第十八条【劳动合同对劳动报酬和劳动条件约定不明确的解决】 劳动合同对劳动报酬和劳动条件等标准约定不明确，引发争议的，用人单位与劳动者可以重新协商；协商不成的，适用集体合同规定；没有集体合同或者集体合同未规定劳动报酬的，实行同工同酬；没有集体合同或者集体合同未规定劳动条件等标准的，适用国家有关规定。

第十九条【试用期】 劳动合同期限三个月以上不满一年的，试用期不得超过一个月；劳动合同期限一年以上不满三年的，试用期不得超过二个月；三年以上固定期限和无固定期限的劳动合同，试用期不得超过六个月。

同一用人单位与同一劳动者只能约定一次试用期。

以完成一定工作任务为期限的劳动合同或者劳动合同期限不满三个月的，不得约定试用期。

试用期包含在劳动合同期限内。劳动合同仅约定试用期的，试用期不成立，该期限为劳动合同期限。

第二十条【试用期工资】 劳动者在试用期的工资不得低于本单位相同岗位最低档工资或者劳动合同约定工资的百分之八十，并不得低于用人单位所在地的最低工资标准。

第二十一条【试用期内解除劳动合同】 在试用期中，除劳动者有本法第三十九条和第四十条第一项、第二项规定的情形外，用人单位不得解除劳动合同。用人单位在试用期解除劳动合同的，应当向劳动者说明理由。

第二十二条【服务期】 用人单位为劳动者提供专项培训费用，对其进行专业技术培训的，可以与该劳动者订立协议，约定服务期。

劳动者违反服务期约定的，应当按照约定向用人单位支付违约金。违约金的数额不得超过用人单位提供的培训费用。用人单位要求劳动者支付的违约金不得超过服务期尚未履行部分所应分摊的培训费用。

用人单位与劳动者约定服务期的，不影响按照正常的工资调整机制提高劳动者在服务期期间的劳动报酬。

第二十三条【保密义务和竞业限制】 用人单位与劳动者可以在劳动合同中约定保守用人单位的商业秘密和与知识产权相关的保密事项。

对负有保密义务的劳动者，用人单位可以在劳动合同或者保密协议中与劳动者约定竞业限制条款，并约定在解除或者终止劳动合同后，在竞业限制期限内按月给予劳动者经济补偿。劳动者违反竞业限制约定的,应当按照约定向用人单位支付违约金。

第二十四条【竞业限制的范围和期限】 竞业限制的人员限于用人单位的高级管理人员、高级技术人员和其他负有保密义务的人员。竞业限制的范围、地域、期限由用人单位与劳动者约定,竞业限制的约定不得违反法律、法规的规定。

在解除或者终止劳动合同后,前款规定的人员到与本单位生产或者经营同类产品、从事同类业务的有竞争关系的其他用人单位,或者自己开业生产或者经营同类产品、从事同类业务的竞业限制期限,不得超过二年。

第二十五条【违约金】 除本法第二十二条和第二十三条规定的情形外,用人单位不得与劳动者约定由劳动者承担违约金。

第二十六条【劳动合同的无效】 下列劳动合同无效或者部分无效:

(一)以欺诈、胁迫的手段或者乘人之危,使对方在违背真实意思的情况下订立或者变更劳动合同的;

(二)用人单位免除自己的法定责任、排除劳动者权利的;

(三)违反法律、行政法规强制性规定的。

对劳动合同的无效或者部分无效有争议的,由劳动争议仲裁机构或者人民法院确认。

第二十七条【劳动合同部分无效】 劳动合同部分无效,不影响其他部分效力的,其他部分仍然有效。

第二十八条【劳动合同无效后劳动报酬的支付】 劳动合同被确认无效,劳动者已付出劳动的,用人单位应当向劳动者支付劳动报酬。劳动报酬的数额,参照本单位相同或者相近岗位劳动者的劳动报酬确定。

第三章 劳动合同的履行和变更

第二十九条【劳动合同的履行】 用人单位与劳动者应当按照劳动合同的约定,全面履行各自的义务。

第三十条【劳动报酬】 用人单位应当按照劳动合同约定和国家规定,向劳动者及时足额支付劳动报酬。

用人单位拖欠或者未足额支付劳动报酬的,劳动者可以依法向当地人民法院申请支付令,人民法院应当依法发出支付令。

第三十一条【加班】 用人单位应当严格执行劳动定额标准,不得强迫或者变相强迫劳动者加班。用人单位安排加班的,应当按照国家有关规定向劳动者支付加班费。

第三十二条【劳动者拒绝违章指挥、强令冒险作业】 劳动者拒绝用人单位管理人员违章指挥、强令冒险作业的,不视为违反劳动合同。

劳动者对危害生命安全和身体健康的劳动条件,有权对用人单位提出批评、检举和控告。

第三十三条【用人单位名称、法定代表人等的变更】 用人单位变更名称、法定代表人、主要负责人或者投资人等事项,不影响劳动合同的履行。

第三十四条【用人单位合并或者分立】 用人单位发生合并或者分立等情况,原劳动合同继续有效,劳动合同由承继其权利和义务的用人单位继续履行。

第三十五条【劳动合同的变更】 用人单位与劳动者协商一致,可以变更劳动合同约定的内容。变更劳动合同,应当采用书面形式。

变更后的劳动合同文本由用人单位和劳动者各执一份。

第四章 劳动合同的解除和终止

第三十六条【协商解除劳动合同】 用人单位与劳动者协商一致,可以解除劳动合同。

第三十七条【劳动者提前通知解除劳动合同】 劳动者提前三十日以书面形式通知用人单位,可以解除劳动合同。劳动者在试用期内提前三日通知用人单位,可以解除劳动合同。

第三十八条【劳动者单方解除劳动合同】 用人单位有下列情形之一的,劳动者可以解除劳动合同:

(一)未按照劳动合同约定提供劳动保护或者劳动条件的;

(二)未及时足额支付劳动报酬的;

(三)未依法为劳动者缴纳社会保险费的;

(四)用人单位的规章制度违反法律、法规的规定,损害劳动者权益的;

(五)因本法第二十六条第一款规定的情形致使劳动合同无效的;

(六)法律、行政法规规定劳动者可以解除劳动合同的其他情形。

用人单位以暴力、威胁或者非法限制人身自由的手段强迫劳动者劳动的,或者用人单位违章指挥、强令冒险作业危及劳动者人身安全的,劳动者可以立即解除劳动合同,不需事先告知用人单位。

第三十九条【用人单位单方解除劳动合同(过失性辞退)】 劳动者有下列情形之一的,用人单位可以解除劳动合同:

(一)在试用期间被证明不符合录用条件的;

(二)严重违反用人单位的规章制度的;

(三)严重失职,营私舞弊,给用人单位造成重大损害的;

(四)劳动者同时与其他用人单位建立劳动关系,对完成本单位的工作任务造成严重影响,或者经用人单位提出,拒不改正的;

(五)因本法第二十六条第一款第一项规定的情形致使劳动合同无效的;

(六)被依法追究刑事责任的。

第四十条【无过失性辞退】 有下列情形之一的,用人单位提前三十日以书面形式通知劳动者本人或者额外支付劳动者一个月工资后,可以解除劳动合同:

(一)劳动者患病或者非因工负伤,在规定的医疗期满后不能从事原工作,也不能从事由用人单位另行安排的工作的;

(二)劳动者不能胜任工作,经过培训或者调整工作岗位,仍不能胜任工作的;

(三)劳动合同订立时所依据的客观情况发生重大变化,致使劳动合同无法履行,经用人单位与劳动者协商,未能就变更劳动合同内容达成协议的。

第四十一条【经济性裁员】 有下列情形之一,需要裁减人员二十人以上或者裁减不足二十人但占企业职工总数百分之十以上的,用人单位提前三十日向工会或者全体职工

说明情况,听取工会或者职工的意见后,裁减人员方案经向劳动行政部门报告,可以裁减人员:

(一)依照企业破产法规定进行重整的;
(二)生产经营发生严重困难的;
(三)企业转产、重大技术革新或者经营方式调整,经变更劳动合同后,仍需裁减人员的;
(四)其他因劳动合同订立时所依据的客观经济情况发生重大变化,致使劳动合同无法履行的。

裁减人员时,应当优先留用下列人员:
(一)与本单位订立较长期限的固定期限劳动合同的;
(二)与本单位订立无固定期限劳动合同的;
(三)家庭无其他就业人员,有需要扶养的老人或者未成年人的。

用人单位依照本条第一款规定裁减人员,在六个月内重新招用人员的,应当通知被裁减的人员,并在同等条件下优先招用被裁减的人员。

第四十二条【用人单位不得解除劳动合同的情形】 劳动者有下列情形之一的,用人单位不得依照本法第四十条、第四十一条的规定解除劳动合同:
(一)从事接触职业病危害作业的劳动者未进行离岗前职业健康检查,或者疑似职业病病人在诊断或者医学观察期间的;
(二)在本单位患职业病或者因工负伤并被确认丧失或者部分丧失劳动能力的;
(三)患病或者非因工负伤,在规定的医疗期内的;
(四)女职工在孕期、产期、哺乳期的;
(五)在本单位连续工作满十五年,且距法定退休年龄不足五年的;
(六)法律、行政法规规定的其他情形。

第四十三条【工会在劳动合同解除中的监督作用】 用人单位单方解除劳动合同,应当事先将理由通知工会。用人单位违反法律、行政法规规定或者劳动合同约定的,工会有权要求用人单位纠正。用人单位应当研究工会的意见,并将处理结果书面通知工会。

第四十四条【劳动合同的终止】 有下列情形之一的,劳动合同终止:
(一)劳动合同期满的;
(二)劳动者开始依法享受基本养老保险待遇的;
(三)劳动者死亡,或者被人民法院宣告死亡或者宣告失踪的;
(四)用人单位被依法宣告破产的;
(五)用人单位被吊销营业执照、责令关闭、撤销或者用人单位决定提前解散的;
(六)法律、行政法规规定的其他情形。

第四十五条【劳动合同的逾期终止】 劳动合同期满,有本法第四十二条规定情形之一的,劳动合同应当续延至相应的情形消失时终止。但是,本法第四十二条第二项规定丧失或者部分丧失劳动能力劳动者的劳动合同的终止,按照国家有关工伤保险的规定执行。

第四十六条【经济补偿】 有下列情形之一的,用人单位应当向劳动者支付经济补偿:

（一）劳动者依照本法第三十八条规定解除劳动合同的；

（二）用人单位依照本法第三十六条规定向劳动者提出解除劳动合同并与劳动者协商一致解除劳动合同的；

（三）用人单位依照本法第四十条规定解除劳动合同的；

（四）用人单位依照本法第四十一条第一款规定解除劳动合同的；

（五）除用人单位维持或者提高劳动合同约定条件续订劳动合同，劳动者不同意续订的情形外，依照本法第四十四条第一项规定终止固定期限劳动合同的；

（六）依照本法第四十四条第四项、第五项规定终止劳动合同的；

（七）法律、行政法规规定的其他情形。

第四十七条【经济补偿的计算】 经济补偿按劳动者在本单位工作的年限，每满一年支付一个月工资的标准向劳动者支付。六个月以上不满一年的，按一年计算；不满六个月的，向劳动者支付半个月工资的经济补偿。

劳动者月工资高于用人单位所在直辖市、设区的市级人民政府公布的本地区上年度职工月平均工资三倍的，向其支付经济补偿的标准按职工月平均工资三倍的数额支付，向其支付经济补偿的年限最高不超过十二年。

本条所称月工资是指劳动者在劳动合同解除或者终止前十二个月的平均工资。

第四十八条【违法解除或者终止劳动合同的法律后果】 用人单位违反本法规定解除或者终止劳动合同，劳动者要求继续履行劳动合同的，用人单位应当继续履行；劳动者不要求继续履行劳动合同或者劳动合同已经不能继续履行的，用人单位应当依照本法第八十七条规定支付赔偿金。

第四十九条【社会保险关系跨地区转移接续】 国家采取措施，建立健全劳动者社会保险关系跨地区转移接续制度。

第五十条【劳动合同解除或者终止后双方的义务】 用人单位应当在解除或者终止劳动合同时出具解除或者终止劳动合同的证明，并在十五日内为劳动者办理档案和社会保险关系转移手续。

劳动者应当按照双方约定，办理工作交接。用人单位依照本法有关规定应当向劳动者支付经济补偿的，在办结工作交接时支付。

用人单位对已经解除或者终止的劳动合同的文本，至少保存二年备查。

第五章　特别规定

第一节　集体合同

第五十一条【集体合同的订立和内容】 企业职工一方与用人单位通过平等协商，可以就劳动报酬、工作时间、休息休假、劳动安全卫生、保险福利等事项订立集体合同。集体合同草案应当提交职工代表大会或者全体职工讨论通过。

集体合同由工会代表企业职工一方与用人单位订立；尚未建立工会的用人单位，由上级工会指导劳动者推举的代表与用人单位订立。

第五十二条【专项集体合同】 企业职工一方与用人单位可以订立劳动安全卫生、女职工权益保护、工资调整机制等专项集体合同。

第五十三条【行业性集体合同、区域性集体合同】 在县级以下区域内,建筑业、采矿业、餐饮服务业等行业可以由工会与企业方面代表订立行业性集体合同,或者订立区域性集体合同。

第五十四条【集体合同的报送和生效】 集体合同订立后,应当报送劳动行政部门;劳动行政部门自收到集体合同文本之日起十五日内未提出异议的,集体合同即行生效。

依法订立的集体合同对用人单位和劳动者具有约束力。行业性、区域性集体合同对当地本行业、本区域的用人单位和劳动者具有约束力。

第五十五条【集体合同中劳动报酬、劳动条件等标准】 集体合同中劳动报酬和劳动条件等标准不得低于当地人民政府规定的最低标准;用人单位与劳动者订立的劳动合同中劳动报酬和劳动条件等标准不得低于集体合同规定的标准。

第五十六条【集体合同纠纷和法律救济】 用人单位违反集体合同,侵犯职工劳动权益的,工会可以依法要求用人单位承担责任;因履行集体合同发生争议,经协商解决不成的,工会可以依法申请仲裁、提起诉讼。

第二节 劳务派遣

第五十七条【劳务派遣单位的设立】 经营劳务派遣业务应当具备下列条件:

(一)注册资本不得少于人民币二百万元;

(二)有与开展业务相适应的固定的经营场所和设施;

(三)有符合法律、行政法规规定的劳务派遣管理制度;

(四)法律、行政法规规定的其他条件。

经营劳务派遣业务,应当向劳动行政部门依法申请行政许可;经许可的,依法办理相应的公司登记。未经许可,任何单位和个人不得经营劳务派遣业务。

第五十八条【劳务派遣单位、用工单位及劳动者的权利和义务】 劳务派遣单位是本法所称用人单位,应当履行用人单位对劳动者的义务。劳务派遣单位与被派遣劳动者订立的劳动合同,除应当载明本法第十七条规定的事项外,还应当载明被派遣劳动者的用工单位以及派遣期限、工作岗位等情况。

劳务派遣单位应当与被派遣劳动者订立二年以上的固定期限劳动合同,按月支付劳动报酬;被派遣劳动者在无工作期间,劳务派遣单位应当按照所在地人民政府规定的最低工资标准,向其按月支付报酬。

第五十九条【劳务派遣协议】 劳务派遣单位派遣劳动者应当与接受以劳务派遣形式用工的单位(以下称用工单位)订立劳务派遣协议。劳务派遣协议应当约定派遣岗位和人员数量、派遣期限、劳动报酬和社会保险费的数额与支付方式以及违反协议的责任。

用工单位应当根据工作岗位的实际需要与劳务派遣单位确定派遣期限,不得将连续用工期限分割订立数个短期劳务派遣协议。

第六十条【劳务派遣单位的告知义务】 劳务派遣单位应当将劳务派遣协议的内容告知被派遣劳动者。

劳务派遣单位不得克扣用工单位按照劳务派遣协议支付给被派遣劳动者的劳动报酬。

劳务派遣单位和用工单位不得向被派遣劳动者收取费用。

第六十一条【跨地区派遣劳动者的劳动报酬、劳动条件】 劳务派遣单位跨地区派遣劳动者的,被派遣劳动者享有的劳动报酬和劳动条件,按照用工单位所在地的标准执行。

第六十二条【用工单位的义务】 用工单位应当履行下列义务:

(一)执行国家劳动标准,提供相应的劳动条件和劳动保护;

(二)告知被派遣劳动者的工作要求和劳动报酬;

(三)支付加班费、绩效奖金,提供与工作岗位相关的福利待遇;

(四)对在岗被派遣劳动者进行工作岗位所必需的培训;

(五)连续用工的,实行正常的工资调整机制。

用工单位不得将被派遣劳动者再派遣到其他用人单位。

第六十三条【被派遣劳动者同工同酬】 被派遣劳动者享有与用工单位的劳动者同工同酬的权利。用工单位应当按照同工同酬原则,对被派遣劳动者与本单位同类岗位的劳动者实行相同的劳动报酬分配办法。用工单位无同类岗位劳动者的,参照用工单位所在地相同或者相近岗位劳动者的劳动报酬确定。

劳务派遣单位与被派遣劳动者订立的劳动合同和与用工单位订立的劳务派遣协议,载明或者约定的向被派遣劳动者支付的劳动报酬应当符合前款规定。

第六十四条【被派遣劳动者参加或者组织工会】 被派遣劳动者有权在劳务派遣单位或者用工单位依法参加或者组织工会,维护自身的合法权益。

第六十五条【劳务派遣中解除劳动合同】 被派遣劳动者可以依照本法第三十六条、第三十八条的规定与劳务派遣单位解除劳动合同。

被派遣劳动者有本法第三十九条和第四十条第一项、第二项规定情形的,用工单位可以将劳动者退回劳务派遣单位,劳务派遣单位依照本法有关规定,可以与劳动者解除劳动合同。

第六十六条【劳务派遣的适用岗位】 劳动合同用工是我国的企业基本用工形式。劳务派遣用工是补充形式,只能在临时性、辅助性或者替代性的工作岗位上实施。

前款规定的临时性工作岗位是指存续时间不超过六个月的岗位;辅助性工作岗位是指为主营业务岗位提供服务的非主营业务岗位;替代性工作岗位是指用工单位的劳动者因脱产学习、休假等原因无法工作的一定期间内,可以由其他劳动者替代工作的岗位。

用工单位应当严格控制劳务派遣用工数量,不得超过其用工总量的一定比例,具体比例由国务院劳动行政部门规定。

第六十七条【用人单位不得自设劳务派遣单位】 用人单位不得设立劳务派遣单位向本单位或者所属单位派遣劳动者。

第三节 非全日制用工

第六十八条【非全日制用工的概念】 非全日制用工,是指以小时计酬为主,劳动者在同一用人单位一般平均每日工作时间不超过四小时,每周工作时间累计不超过二十四小时的用工形式。

第六十九条【非全日制用工的劳动合同】 非全日制用工双方当事人可以订立口头协议。

从事非全日制用工的劳动者可以与一个或者一个以上用人单位订立劳动合同;但

是,后订立的劳动合同不得影响先订立的劳动合同的履行。

第七十条【非全日制用工不得约定试用期】 非全日制用工双方当事人不得约定试用期。

第七十一条【非全日制用工的终止用工】 非全日制用工双方当事人任何一方都可以随时通知对方终止用工。终止用工,用人单位不向劳动者支付经济补偿。

第七十二条【非全日制用工的劳动报酬】 非全日制用工小时计酬标准不得低于用人单位所在地人民政府规定的最低小时工资标准。

非全日制用工劳动报酬结算支付周期最长不得超过十五日。

第六章 监督检查

第七十三条【劳动合同制度的监督管理体制】 国务院劳动行政部门负责全国劳动合同制度实施的监督管理。

县级以上地方人民政府劳动行政部门负责本行政区域内劳动合同制度实施的监督管理。

县级以上各级人民政府劳动行政部门在劳动合同制度实施的监督管理工作中,应当听取工会、企业方面代表以及有关行业主管部门的意见。

第七十四条【劳动行政部门监督检查事项】 县级以上地方人民政府劳动行政部门依法对下列实施劳动合同制度的情况进行监督检查:

(一)用人单位制定直接涉及劳动者切身利益的规章制度及其执行的情况;

(二)用人单位与劳动者订立和解除劳动合同的情况;

(三)劳务派遣单位和用工单位遵守劳务派遣有关规定的情况;

(四)用人单位遵守国家关于劳动者工作时间和休息休假规定的情况;

(五)用人单位支付劳动合同约定的劳动报酬和执行最低工资标准的情况;

(六)用人单位参加各项社会保险和缴纳社会保险费的情况;

(七)法律、法规规定的其他劳动监察事项。

第七十五条【监督检查措施和依法行政、文明执法】 县级以上地方人民政府劳动行政部门实施监督检查时,有权查阅与劳动合同、集体合同有关的材料,有权对劳动场所进行实地检查,用人单位和劳动者都应当如实提供有关情况和材料。

劳动行政部门的工作人员进行监督检查,应当出示证件,依法行使职权,文明执法。

第七十六条【其他有关主管部门的监督管理】 县级以上人民政府建设、卫生、安全生产监督管理等有关主管部门在各自职责范围内,对用人单位执行劳动合同制度的情况进行监督管理。

第七十七条【劳动者权利救济途径】 劳动者合法权益受到侵害的,有权要求有关部门依法处理,或者依法申请仲裁、提起诉讼。

第七十八条【工会监督检查的权利】 工会依法维护劳动者的合法权益,对用人单位履行劳动合同、集体合同的情况进行监督。用人单位违反劳动法律、法规和劳动合同、集体合同的,工会有权提出意见或者要求纠正;劳动者申请仲裁、提起诉讼的,工会依法给予支持和帮助。

第七十九条【对违法行为的举报】 任何组织或者个人对违反本法的行为都有权举

报,县级以上人民政府劳动行政部门应当及时核实、处理,并对举报有功人员给予奖励。

第七章　法律责任

第八十条【规章制度违法的法律责任】　用人单位直接涉及劳动者切身利益的规章制度违反法律、法规规定的,由劳动行政部门责令改正,给予警告;给劳动者造成损害的,应当承担赔偿责任。

第八十一条【缺乏必备条款、不提供劳动合同文本的法律责任】　用人单位提供的劳动合同文本未载明本法规定的劳动合同必备条款或者用人单位未将劳动合同文本交付劳动者的,由劳动行政部门责令改正;给劳动者造成损害的,应当承担赔偿责任。

第八十二条【不订立书面劳动合同的法律责任】　用人单位自用工之日起超过一个月不满一年未与劳动者订立书面劳动合同的,应当向劳动者每月支付二倍的工资。

用人单位违反本法规定不与劳动者订立无固定期限劳动合同的,自应当订立无固定期限劳动合同之日起向劳动者每月支付二倍的工资。

第八十三条【违法约定试用期的法律责任】　用人单位违反本法规定与劳动者约定试用期的,由劳动行政部门责令改正;违法约定的试用期已经履行的,由用人单位以劳动者试用期满月工资为标准,按已经履行的超过法定试用期的期间向劳动者支付赔偿金。

第八十四条【扣押劳动者身份等证件的法律责任】　用人单位违反本法规定,扣押劳动者居民身份证等证件的,由劳动行政部门责令限期退还劳动者本人,并依照有关法律规定给予处罚。

用人单位违反本法规定,以担保或者其他名义向劳动者收取财物的,由劳动行政部门责令限期退还劳动者本人,并以每人五百元以上二千元以下的标准处以罚款;给劳动者造成损害的,应当承担赔偿责任。

劳动者依法解除或者终止劳动合同,用人单位扣押劳动者档案或者其他物品的,依照前款规定处罚。

第八十五条【未依法支付劳动报酬、经济补偿等的法律责任】　用人单位有下列情形之一的,由劳动行政部门责令限期支付劳动报酬、加班费或者经济补偿;劳动报酬低于当地最低工资标准的,应当支付其差额部分;逾期不支付的,责令用人单位按应付金额百分之五十以上百分之一百以下的标准向劳动者加付赔偿金:

（一）未按照劳动合同的约定或者国家规定及时足额支付劳动者劳动报酬的;

（二）低于当地最低工资标准支付劳动者工资的;

（三）安排加班不支付加班费的;

（四）解除或者终止劳动合同,未依照本法规定向劳动者支付经济补偿的。

第八十六条【订立无效劳动合同的法律责任】　劳动合同依照本法第二十六条规定被确认无效,给对方造成损害的,有过错的一方应当承担赔偿责任。

第八十七条【违反解除或者终止劳动合同的法律责任】　用人单位违反本法规定解除或者终止劳动合同的,应当依照本法第四十七条规定的经济补偿标准的二倍向劳动者支付赔偿金。

第八十八条【侵害劳动者人身权益的法律责任】　用人单位有下列情形之一的,依法

给予行政处罚;构成犯罪的,依法追究刑事责任;给劳动者造成损害的,应当承担赔偿责任:

(一)以暴力、威胁或者非法限制人身自由的手段强迫劳动的;
(二)违章指挥或者强令冒险作业危及劳动者人身安全的;
(三)侮辱、体罚、殴打、非法搜查或者拘禁劳动者的;
(四)劳动条件恶劣、环境污染严重,给劳动者身心健康造成严重损害的。

第八十九条【不出具解除、终止书面证明的法律责任】 用人单位违反本法规定未向劳动者出具解除或者终止劳动合同的书面证明,由劳动行政部门责令改正;给劳动者造成损害的,应当承担赔偿责任。

第九十条【劳动者的赔偿责任】 劳动者违反本法规定解除劳动合同,或者违反劳动合同中约定的保密义务或者竞业限制,给用人单位造成损失的,应当承担赔偿责任。

第九十一条【用人单位的连带赔偿责任】 用人单位招用与其他用人单位尚未解除或者终止劳动合同的劳动者,给其他用人单位造成损失的,应当承担连带赔偿责任。

第九十二条【劳务派遣单位的法律责任】 违反本法规定,未经许可,擅自经营劳务派遣业务的,由劳动行政部门责令停止违法行为,没收违法所得,并处违法所得一倍以上五倍以下的罚款;没有违法所得的,可以处五万元以下的罚款。

劳务派遣单位、用工单位违反本法有关劳务派遣规定的,由劳动行政部门责令限期改正;逾期不改正的,以每人五千元以上一万元以下的标准处以罚款,对劳务派遣单位,吊销其劳务派遣业务经营许可证。用工单位给被派遣劳动者造成损害的,劳务派遣单位与用工单位承担连带赔偿责任。

第九十三条【无营业执照经营单位的法律责任】 对不具备合法经营资格的用人单位的违法犯罪行为,依法追究法律责任;劳动者已经付出劳动的,该单位或者其出资人应当依照本法有关规定向劳动者支付劳动报酬、经济补偿、赔偿金;给劳动者造成损害的,应当承担赔偿责任。

第九十四条【个人承包经营者的连带赔偿责任】 个人承包经营违反本法规定招用劳动者,给劳动者造成损害的,发包的组织与个人承包经营者承担连带赔偿责任。

第九十五条【不履行法定职责、违法行使职权的法律责任】 劳动行政部门和其他有关主管部门及其工作人员玩忽职守、不履行法定职责,或者违法行使职权,给劳动者或者用人单位造成损害的,应当承担赔偿责任;对直接负责的主管人员和其他直接责任人员,依法给予行政处分;构成犯罪的,依法追究刑事责任。

第八章 附则

第九十六条【事业单位聘用制劳动合同的法律适用】 事业单位与实行聘用制的工作人员订立、履行、变更、解除或者终止劳动合同,法律、行政法规或者国务院另有规定的,依照其规定;未作规定的,依照本法有关规定执行。

第九十七条【过渡性条款】 本法施行前已依法订立且在本法施行之日存续的劳动合同,继续履行;本法第十四条第二款第三项规定连续订立固定期限劳动合同的次数,自本法施行后续订固定期限劳动合同时开始计算。

本法施行前已建立劳动关系,尚未订立书面劳动合同的,应当自本法施行之日起一个月内订立。

本法施行之日存续的劳动合同在本法施行后解除或者终止,依照本法第四十六条规定应当支付经济补偿的,经济补偿年限自本法施行之日起计算;本法施行前按照当时有关规定,用人单位应当向劳动者支付经济补偿的,按照当时有关规定执行。

第九十八条【施行时间】 本法自 2008 年 1 月 1 日起施行。

附录2　中华人民共和国劳动合同法实施条例

第一章　总　则

第一条　为了贯彻实施《中华人民共和国劳动合同法》（以下简称劳动合同法），制定本条例。

第二条　各级人民政府和县级以上人民政府劳动行政等有关部门以及工会等组织，应当采取措施，推动劳动合同法的贯彻实施，促进劳动关系的和谐。

第三条　依法成立的会计师事务所、律师事务所等合伙组织和基金会，属于劳动合同法规定的用人单位。

第二章　劳动合同的订立

第四条　劳动合同法规定的用人单位设立的分支机构，依法取得营业执照或者登记证书的，可以作为用人单位与劳动者订立劳动合同；未依法取得营业执照或者登记证书的，受用人单位委托可以与劳动者订立劳动合同。

第五条　自用工之日起一个月内，经用人单位书面通知后，劳动者不与用人单位订立书面劳动合同的，用人单位应当书面通知劳动者终止劳动关系，无需向劳动者支付经济补偿，但是应当依法向劳动者支付其实际工作时间的劳动报酬。

第六条　用人单位自用工之日起超过一个月不满一年未与劳动者订立书面劳动合同的，应当依照劳动合同法第八十二条的规定向劳动者每月支付两倍的工资，并与劳动者补订书面劳动合同；劳动者不与用人单位订立书面劳动合同的，用人单位应当书面通知劳动者终止劳动关系，并依照劳动合同法第四十七条的规定支付经济补偿。

前款规定的用人单位向劳动者每月支付两倍工资的起算时间为用工之日起满一个月的次日，截止时间为补订书面劳动合同的前一日。

第七条　用人单位自用工之日起满一年未与劳动者订立书面劳动合同的，自用工之日起满一个月的次日至满一年的前一日应当依照劳动合同法第八十二条的规定向劳动者每月支付两倍的工资，并视为自用工之日起满一年的当日已经与劳动者订立无固定期限劳动合同，应当立即与劳动者补订书面劳动合同。

第八条　劳动合同法第七条规定的职工名册，应当包括劳动者姓名、性别、公民身份号码、户籍地址及现住址、联系方式、用工形式、用工起始时间、劳动合同期限等内容。

第九条　劳动合同法第十四条第二款规定的连续工作满10年的起始时间，应当自用人单位用工之日起计算，包括劳动合同法施行前的工作年限。

第十条　劳动者非因本人原因从原用人单位被安排到新用人单位工作的，劳动者在原用人单位的工作年限合并计算为新用人单位的工作年限。原用人单位已经向劳动者支付经济补偿的，新用人单位在依法解除、终止劳动合同计算支付经济补偿的工作年限时,不再计算劳动者在原用人单位的工作年限。

第十一条 除劳动者与用人单位协商一致的情形外,劳动者依照劳动合同法第十四条第二款的规定,提出订立无固定期限劳动合同的,用人单位应当与其订立无固定期限劳动合同。对劳动合同的内容,双方应当按照合法、公平、平等自愿、协商一致、诚实信用的原则协商确定;对协商不一致的内容,依照劳动合同法第十八条的规定执行。

第十二条 地方各级人民政府及县级以上地方人民政府有关部门为安置就业困难人员提供的给予岗位补贴和社会保险补贴的公益性岗位,其劳动合同不适用劳动合同法有关无固定期限劳动合同的规定以及支付经济补偿的规定。

第十三条 用人单位与劳动者不得在劳动合同法第四十四条规定的劳动合同终止情形之外约定其他的劳动合同终止条件。

第十四条 劳动合同履行地与用人单位注册地不一致的,有关劳动者的最低工资标准、劳动保护、劳动条件、职业危害防护和本地区上年度职工月平均工资标准等事项,按照劳动合同履行地的有关规定执行;用人单位注册地的有关标准高于劳动合同履行地的有关标准,且用人单位与劳动者约定按照用人单位注册地的有关规定执行的,从其约定。

第十五条 劳动者在试用期的工资不得低于本单位相同岗位最低档工资的80%或者不得低于劳动合同约定工资的80%,并不得低于用人单位所在地的最低工资标准。

第十六条 劳动合同法第二十二条第二款规定的培训费用,包括用人单位为了对劳动者进行专业技术培训而支付的有凭证的培训费用、培训期间的差旅费用以及因培训产生的用于该劳动者的其他直接费用。

第十七条 劳动合同期满,但是用人单位与劳动者依照劳动合同法第二十二条的规定约定的服务期尚未到期的,劳动合同应当续延至服务期满;双方另有约定的,从其约定。

第三章 劳动合同的解除和终止

第十八条 有下列情形之一的,依照劳动合同法规定的条件、程序,劳动者可以与用人单位解除固定期限劳动合同、无固定期限劳动合同或者以完成一定工作任务为期限的劳动合同:

(一)劳动者与用人单位协商一致的;
(二)劳动者提前30日以书面形式通知用人单位的;
(三)劳动者在试用期内提前3日通知用人单位的;
(四)用人单位未按照劳动合同约定提供劳动保护或者劳动条件的;
(五)用人单位未及时足额支付劳动报酬的;
(六)用人单位未依法为劳动者缴纳社会保险费的;
(七)用人单位的规章制度违反法律、法规的规定,损害劳动者权益的;
(八)用人单位以欺诈、胁迫的手段或者乘人之危,使劳动者在违背真实意思的情况下订立或者变更劳动合同的;
(九)用人单位在劳动合同中免除自己的法定责任、排除劳动者权利的;
(十)用人单位违反法律、行政法规强制性规定的;

（十一）用人单位以暴力、威胁或者非法限制人身自由的手段强迫劳动者劳动的；

（十二）用人单位违章指挥、强令冒险作业危及劳动者人身安全的；

（十三）法律、行政法规规定劳动者可以解除劳动合同的其他情形。

第十九条 有下列情形之一的，依照劳动合同法规定的条件、程序，用人单位可以与劳动者解除固定期限劳动合同、无固定期限劳动合同或者以完成一定工作任务为期限的劳动合同：

（一）用人单位与劳动者协商一致的；

（二）劳动者在试用期间被证明不符合录用条件的；

（三）劳动者严重违反用人单位的规章制度的；

（四）劳动者严重失职，营私舞弊，给用人单位造成重大损害的；

（五）劳动者同时与其他用人单位建立劳动关系，对完成本单位的工作任务造成严重影响，或者经用人单位提出，拒不改正的；

（六）劳动者以欺诈、胁迫的手段或者乘人之危，使用人单位在违背真实意思的情况下订立或者变更劳动合同的；

（七）劳动者被依法追究刑事责任的；

（八）劳动者患病或者非因工负伤，在规定的医疗期满后不能从事原工作，也不能从事由用人单位另行安排的工作的；

（九）劳动者不能胜任工作，经过培训或者调整工作岗位，仍不能胜任工作的；

（十）劳动合同订立时所依据的客观情况发生重大变化，致使劳动合同无法履行，经用人单位与劳动者协商，未能就变更劳动合同内容达成协议的；

（十一）用人单位依照企业破产法规定进行重整的；

（十二）用人单位生产经营发生严重困难的；

（十三）企业转产、重大技术革新或者经营方式调整，经变更劳动合同后，仍需裁减人员的；

（十四）其他因劳动合同订立时所依据的客观经济情况发生重大变化，致使劳动合同无法履行的。

第二十条 用人单位依照劳动合同法第四十条的规定，选择额外支付劳动者一个月工资解除劳动合同的，其额外支付的工资应当按照该劳动者上一个月的工资标准确定。

第二十一条 劳动者达到法定退休年龄的，劳动合同终止。

第二十二条 以完成一定工作任务为期限的劳动合同因任务完成而终止的，用人单位应当依照劳动合同法第四十七条的规定向劳动者支付经济补偿。

第二十三条 用人单位依法终止工伤职工的劳动合同的，除依照劳动合同法第四十七条的规定支付经济补偿外，还应当依照国家有关工伤保险的规定支付一次性工伤医疗补助金和伤残就业补助金。

第二十四条 用人单位出具的解除、终止劳动合同的证明，应当写明劳动合同期限、解除或者终止劳动合同的日期、工作岗位、在本单位的工作年限。

第二十五条 用人单位违反劳动合同法的规定解除或者终止劳动合同，依照劳动合同法第八十七条的规定支付了赔偿金的，不再支付经济补偿。赔偿金的计算年限自用工之日起计算。

第二十六条　用人单位与劳动者约定了服务期,劳动者依照劳动合同法第三十八条的规定解除劳动合同的,不属于违反服务期的约定,用人单位不得要求劳动者支付违约金。

有下列情形之一,用人单位与劳动者解除约定服务期的劳动合同的,劳动者应当按照劳动合同的约定向用人单位支付违约金:

(一)劳动者严重违反用人单位的规章制度的;

(二)劳动者严重失职,营私舞弊,给用人单位造成重大损害的;

(三)劳动者同时与其他用人单位建立劳动关系,对完成本单位的工作任务造成严重影响,或者经用人单位提出,拒不改正的;

(四)劳动者以欺诈、胁迫的手段或者乘人之危,使用人单位在违背真实意思的情况下订立或者变更劳动合同的;

(五)劳动者被依法追究刑事责任的。

第二十七条　劳动合同法第四十七条规定的经济补偿的月工资按照劳动者应得工资计算,包括计时工资或者计件工资以及奖金、津贴和补贴等货币性收入。劳动者在劳动合同解除或者终止前12个月的平均工资低于当地最低工资标准的,按照当地最低工资标准计算。劳动者工作不满12个月的,按照实际工作的月数计算平均工资。

第四章　劳务派遣特别规定

第二十八条　用人单位或者其所属单位出资或者合伙设立的劳务派遣单位,向本单位或者所属单位派遣劳动者的,属于劳动合同法第六十七条规定的不得设立的劳务派遣单位。

第二十九条　用工单位应当履行劳动合同法第六十二条规定的义务,维护被派遣劳动者的合法权益。

第三十条　劳务派遣单位不得以非全日制用工形式招用被派遣劳动者。

第三十一条　劳务派遣单位或者被派遣劳动者依法解除、终止劳动合同的经济补偿,依照劳动合同法第四十六条、第四十七条的规定执行。

第三十二条　劳务派遣单位违法解除或者终止被派遣劳动者的劳动合同的,依照劳动合同法第四十八条的规定执行。

第五章　法律责任

第三十三条　用人单位违反劳动合同法有关建立职工名册规定的,由劳动行政部门责令限期改正;逾期不改正的,由劳动行政部门处2000元以上2万元以下的罚款。

第三十四条　用人单位依照劳动合同法的规定应当向劳动者每月支付两倍的工资或者应当向劳动者支付赔偿金而未支付的,劳动行政部门应当责令用人单位支付。

第三十五条　用工单位违反劳动合同法和本条例有关劳务派遣规定的,由劳动行政部门和其他有关主管部门责令改正;情节严重的,以每位被派遣劳动者1000元以上5000元以下的标准处以罚款;给被派遣劳动者造成损害的,劳务派遣单位和用工单位承担连带赔偿责任。

第六章　附则

第三十六条　对违反劳动合同法和本条例的行为的投诉、举报,县级以上地方人民政府劳动行政部门依照《劳动保障监察条例》的规定处理。

第三十七条　劳动者与用人单位因订立、履行、变更、解除或者终止劳动合同发生争议的,依照《中华人民共和国劳动争议调解仲裁法》的规定处理。

第三十八条　本条例自公布之日起施行。

附录3　中华人民共和国劳动争议调解仲裁法

第一章　总则

第一条【立法目的】　为了公正及时解决劳动争议,保护当事人合法权益,促进劳动关系和谐稳定,制定本法。

第二条【适用范围】　中华人民共和国境内的用人单位与劳动者发生的下列劳动争议,适用本法:

(一)因确认劳动关系发生的争议;

(二)因订立、履行、变更、解除和终止劳动合同发生的争议;

(三)因除名、辞退和辞职、离职发生的争议;

(四)因工作时间、休息休假、社会保险、福利、培训以及劳动保护发生的争议;

(五)因劳动报酬、工伤医疗费、经济补偿或者赔偿金等发生的争议;

(六)法律、法规规定的其他劳动争议。

第三条【劳动争议处理的原则】　解决劳动争议,应当根据事实,遵循合法、公正、及时、着重调解的原则,依法保护当事人的合法权益。

第四条【劳动争议当事人的协商和解】　发生劳动争议,劳动者可以与用人单位协商,也可以请工会或者第三方共同与用人单位协商,达成和解协议。

第五条【劳动争议处理的基本程序】　发生劳动争议,当事人不愿协商、协商不成或者达成和解协议后不履行的,可以向调解组织申请调解;不愿调解、调解不成或者达成调解协议后不履行的,可以向劳动争议仲裁委员会申请仲裁;对仲裁裁决不服的,除本法另有规定的外,可以向人民法院提起诉讼。

第六条【举证责任】　发生劳动争议,当事人对自己提出的主张,有责任提供证据。与争议事项有关的证据属于用人单位掌握管理的,用人单位应当提供;用人单位不提供的,应当承担不利后果。

第七条【劳动争议处理的代表人制度】　发生劳动争议的劳动者一方在十人以上,并有共同请求的,可以推举代表参加调解、仲裁或者诉讼活动。

第八条【劳动争议处理的协调劳动关系三方机制】　县级以上人民政府劳动行政部门会同工会和企业方面代表建立协调劳动关系三方机制,共同研究解决劳动争议的重大问题。

第九条【劳动监察】　用人单位违反国家规定,拖欠或者未足额支付劳动报酬,或者拖欠工伤医疗费、经济补偿或者赔偿金的,劳动者可以向劳动行政部门投诉,劳动行政部门应当依法处理。

第二章　调解

第十条【调解组织】　发生劳动争议,当事人可以到下列调解组织申请调解:

（一）企业劳动争议调解委员会；
（二）依法设立的基层人民调解组织；
（三）在乡镇、街道设立的具有劳动争议调解职能的组织。

企业劳动争议调解委员会由职工代表和企业代表组成。职工代表由工会成员担任或者由全体职工推举产生，企业代表由企业负责人指定。企业劳动争议调解委员会主任由工会成员或者双方推举的人员担任。

第十一条【担任调解员的条件】 劳动争议调解组织的调解员应当由公道正派、联系群众、热心调解工作，并具有一定法律知识、政策水平和文化水平的成年公民担任。

第十二条【调解申请】 当事人申请劳动争议调解可以书面申请，也可以口头申请。口头申请的，调解组织应当当场记录申请人基本情况、申请调解的争议事项、理由和时间。

第十三条【调解方式】 调解劳动争议，应当充分听取双方当事人对事实和理由的陈述，耐心疏导，帮助其达成协议。

第十四条【调解协议】 经调解达成协议的，应当制作调解协议书。

调解协议书由双方当事人签名或者盖章，经调解员签名并加盖调解组织印章后生效，对双方当事人具有约束力，当事人应当履行。

自劳动争议调解组织收到调解申请之日起十五日内未达成调解协议的，当事人可以依法申请仲裁。

第十五条【申请仲裁】 达成调解协议后，一方当事人在协议约定期限内不履行调解协议的，另一方当事人可以依法申请仲裁。

第十六条【支付令】 因支付拖欠劳动报酬、工伤医疗费、经济补偿或者赔偿金事项达成调解协议，用人单位在协议约定期限内不履行的，劳动者可以持调解协议书依法向人民法院申请支付令。人民法院应当依法发出支付令。

第三章 仲裁

第一节 一般规定

第十七条【劳动争议仲裁委员会设立】 劳动争议仲裁委员会按照统筹规划、合理布局和适应实际需要的原则设立。省、自治区人民政府可以决定在市、县设立；直辖市人民政府可以决定在区、县设立。直辖市、设区的市也可以设立一个或者若干个劳动争议仲裁委员会。劳动争议仲裁委员会不按行政区划层层设立。

第十八条【制定仲裁规则及指导劳动争议仲裁工作】 国务院劳动行政部门依照本法有关规定制定仲裁规则。省、自治区、直辖市人民政府劳动行政部门对本行政区域的劳动争议仲裁工作进行指导。

第十九条【劳动争议仲裁委员会组成及职责】 劳动争议仲裁委员会由劳动行政部门代表、工会代表和企业方面代表组成。劳动争议仲裁委员会组成人员应当是单数。

劳动争议仲裁委员会依法履行下列职责：
（一）聘任、解聘专职或者兼职仲裁员；
（二）受理劳动争议案件；

(三)讨论重大或者疑难的劳动争议案件;
(四)对仲裁活动进行监督。

劳动争议仲裁委员会下设办事机构,负责办理劳动争议仲裁委员会的日常工作。

第二十条【仲裁员资格条件】 劳动争议仲裁委员会应当设仲裁员名册。

仲裁员应当公道正派并符合下列条件之一:

(一)曾任审判员的;
(二)从事法律研究、教学工作并具有中级以上职称的;
(三)具有法律知识、从事人力资源管理或者工会等专业工作满五年的;
(四)律师执业满三年的。

第二十一条【仲裁管辖】 劳动争议仲裁委员会负责管辖本区域内发生的劳动争议。

劳动争议由劳动合同履行地或者用人单位所在地的劳动争议仲裁委员会管辖。双方当事人分别向劳动合同履行地和用人单位所在地的劳动争议仲裁委员会申请仲裁的,由劳动合同履行地的劳动争议仲裁委员会管辖。

第二十二条【仲裁案件当事人】 发生劳动争议的劳动者和用人单位为劳动争议仲裁案件的双方当事人。

劳务派遣单位或者用工单位与劳动者发生劳动争议的,劳务派遣单位和用工单位为共同当事人。

第二十三条【仲裁案件第三人】 与劳动争议案件的处理结果有利害关系的第三人,可以申请参加仲裁活动或者由劳动争议仲裁委员会通知其参加仲裁活动。

第二十四条【委托代理】 当事人可以委托代理人参加仲裁活动。委托他人参加仲裁活动,应当向劳动争议仲裁委员会提交有委托人签名或者盖章的委托书,委托书应当载明委托事项和权限。

第二十五条【法定代理和指定代理】 丧失或者部分丧失民事行为能力的劳动者,由其法定代理人代为参加仲裁活动;无法定代理人的,由劳动争议仲裁委员会为其指定代理人。劳动者死亡的,由其近亲属或者代理人参加仲裁活动。

第二十六条【仲裁公开】 劳动争议仲裁公开进行,但当事人协议不公开进行或者涉及国家秘密、商业秘密和个人隐私的除外。

第二节 申请和受理

第二十七条【仲裁时效】 劳动争议申请仲裁的时效期间为一年。仲裁时效期间从当事人知道或者应当知道其权利被侵害之日起计算。

前款规定的仲裁时效,因当事人一方向对方当事人主张权利,或者向有关部门请求权利救济,或者对方当事人同意履行义务而中断。从中断时起,仲裁时效期间重新计算。

因不可抗力或者有其他正当理由,当事人不能在本条第一款规定的仲裁时效期间申请仲裁的,仲裁时效中止。从中止时效的原因消除之日起,仲裁时效期间继续计算。

劳动关系存续期间因拖欠劳动报酬发生争议的,劳动者申请仲裁不受本条第一款规定的仲裁时效期间的限制;但是,劳动关系终止的,应当自劳动关系终止之日起一年内提出。

第二十八条【仲裁申请】 申请人申请仲裁应当提交书面仲裁申请,并按照被申请人人数提交副本。

仲裁申请书应当载明下列事项:

(一)劳动者的姓名、性别、年龄、职业、工作单位和住所,用人单位的名称、住所和法定代表人或者主要负责人的姓名、职务;

(二)仲裁请求和所根据的事实、理由;

(三)证据和证据来源、证人姓名和住所。

书写仲裁申请确有困难的,可以口头申请,由劳动争议仲裁委员会记入笔录,并告知对方当事人。

第二十九条【仲裁申请的受理和不予受理】 劳动争议仲裁委员会收到仲裁申请之日起五日内,认为符合受理条件的,应当受理,并通知申请人;认为不符合受理条件的,应当书面通知申请人不予受理,并说明理由。对劳动争议仲裁委员会不予受理或者逾期未作出决定的,申请人可以就该劳动争议事项向人民法院提起诉讼。

第三十条【仲裁申请送达与仲裁答辩书的提供】 劳动争议仲裁委员会受理仲裁申请后,应当在五日内将仲裁申请书副本送达被申请人。

被申请人收到仲裁申请书副本后,应当在十日内向劳动争议仲裁委员会提交答辩书。劳动争议仲裁委员会收到答辩书后,应当在五日内将答辩书副本送达申请人。被申请人未提交答辩书的,不影响仲裁程序的进行。

第三节 开庭和裁决

第三十一条【仲裁庭组成】 劳动争议仲裁委员会裁决劳动争议案件实行仲裁庭制。仲裁庭由三名仲裁员组成,设首席仲裁员。简单劳动争议案件可以由一名仲裁员独任仲裁。

第三十二条【书面通知仲裁庭组成情况】 劳动争议仲裁委员会应当在受理仲裁申请之日起五日内将仲裁庭的组成情况书面通知当事人。

第三十三条【仲裁员回避】 仲裁员有下列情形之一,应当回避,当事人也有权以口头或者书面方式提出回避申请:

(一)是本案当事人或者当事人、代理人的近亲属的;

(二)与本案有利害关系的;

(三)与本案当事人、代理人有其他关系,可能影响公正裁决的;

(四)私自会见当事人、代理人,或者接受当事人、代理人的请客送礼的。

劳动争议仲裁委员会对回避申请应当及时作出决定,并以口头或者书面方式通知当事人。

第三十四条【仲裁员的法律责任】 仲裁员有本法第三十三条第四项规定情形,或者有索贿受贿、徇私舞弊、枉法裁决行为的,应当依法承担法律责任。劳动争议仲裁委员会应当将其解聘。

第三十五条【开庭通知与延期开庭】 仲裁庭应当在开庭五日前,将开庭日期、地点书面通知双方当事人。当事人有正当理由的,可以在开庭三日前请求延期开庭。是否延期,由劳动争议仲裁委员会决定。

第三十六条【视为撤回仲裁裁决和缺席裁决】 申请人收到书面通知,无正当理由拒不到庭或者未经仲裁庭同意中途退庭的,可以视为撤回仲裁申请。

被申请人收到书面通知,无正当理由拒不到庭或者未经仲裁庭同意中途退庭的,可以缺席裁决。

第三十七条【鉴定】 仲裁庭对专门性问题认为需要鉴定的,可以交由当事人约定的鉴定机构鉴定;当事人没有约定或者无法达成约定的,由仲裁庭指定的鉴定机构鉴定。

根据当事人的请求或者仲裁庭的要求,鉴定机构应当派鉴定人参加开庭。当事人经仲裁庭许可,可以向鉴定人提问。

第三十八条【质证、辩论、陈述最后意见】 当事人在仲裁过程中有权进行质证和辩论。质证和辩论终结时,首席仲裁员或者独任仲裁员应当征询当事人的最后意见。

第三十九条【证据及举证责任】 当事人提供的证据经查证属实的,仲裁庭应当将其作为认定事实的根据。

劳动者无法提供由用人单位掌握管理的与仲裁请求有关的证据,仲裁庭可以要求用人单位在指定期限内提供。用人单位在指定期限内不提供的,应当承担不利后果。

第四十条【仲裁庭审笔录】 仲裁庭应当将开庭情况记入笔录。当事人和其他仲裁参加人认为对自己陈述的记录有遗漏或者差错的,有权申请补正。如果不予补正,应当记录该申请。

笔录由仲裁员、记录人员、当事人和其他仲裁参加人签名或者盖章。

第四十一条【当事人自行和解】 当事人申请劳动争议仲裁后,可以自行和解。达成和解协议的,可以撤回仲裁申请。

第四十二条【仲裁庭调解】 仲裁庭在作出裁决前,应当先行调解。

调解达成协议的,仲裁庭应当制作调解书。

调解书应当写明仲裁请求和当事人协议的结果。调解书由仲裁员签名,加盖劳动争议仲裁委员会印章,送达双方当事人。调解书经双方当事人签收后,发生法律效力。

调解不成或者调解书送达前,一方当事人反悔的,仲裁庭应当及时作出裁决。

第四十三条【仲裁审理时限及先行裁决】 仲裁庭裁决劳动争议案件,应当自劳动争议仲裁委员会受理仲裁申请之日起四十五日内结束。案情复杂需要延期的,经劳动争议仲裁委员会主任批准,可以延期并书面通知当事人,但是延长期限不得超过十五日。逾期未作出仲裁裁决的,当事人可以就该劳动争议事项向人民法院提起诉讼。

仲裁庭裁决劳动争议案件时,其中一部分事实已经清楚,可以就该部分先行裁决。

第四十四条【先予执行】 仲裁庭对追索劳动报酬、工伤医疗费、经济补偿或者赔偿金的案件,根据当事人的申请,可以裁决先予执行,移送人民法院执行。

仲裁庭裁决先予执行的,应当符合下列条件:

(一)当事人之间权利义务关系明确;

(二)不先予执行将严重影响申请人的生活。

劳动者申请先予执行的,可以不提供担保。

第四十五条【作出裁决】 裁决应当按照多数仲裁员的意见作出,少数仲裁员的不同意见应当记入笔录。仲裁庭不能形成多数意见时,裁决应当按照首席仲裁员的意见作出。

第四十六条【裁决书】 裁决书应当载明仲裁请求、争议事实、裁决理由、裁决结果和裁决日期。裁决书由仲裁员签名,加盖劳动争议仲裁委员会印章。对裁决持不同意见的仲裁员,可以签名,也可以不签名。

第四十七条【终局裁决】 下列劳动争议,除本法另有规定的外,仲裁裁决为终局裁决,裁决书自作出之日起发生法律效力:

(一)追索劳动报酬、工伤医疗费、经济补偿或者赔偿金,不超过当地月最低工资标准十二个月金额的争议;

(二)因执行国家的劳动标准在工作时间、休息休假、社会保险等方面发生的争议。

第四十八条【劳动者提起诉讼】 劳动者对本法第四十七条规定的仲裁裁决不服的,可以自收到仲裁裁决书之日起十五日内向人民法院提起诉讼。

第四十九条【用人单位申请撤销终局裁决】 用人单位有证据证明本法第四十七条规定的仲裁裁决有下列情形之一的,可以自收到仲裁裁决书之日起三十日内向劳动争议仲裁委员会所在地的中级人民法院申请撤销裁决:

(一)适用法律、法规确有错误的;

(二)劳动争议仲裁委员会无管辖权的;

(三)违反法定程序的;

(四)裁决所根据的证据是伪造的;

(五)对方当事人隐瞒了足以影响公正裁决的证据的;

(六)仲裁员在仲裁该案时有索贿受贿、徇私舞弊、枉法裁决行为的。

人民法院经组成合议庭审查核实裁决有前款规定情形之一的,应当裁定撤销。

仲裁裁决被人民法院裁定撤销的,当事人可以自收到裁定书之日起十五日内就该劳动争议事项向人民法院提起诉讼。

第五十条【不服仲裁裁决提起诉讼】 当事人对本法第四十七条规定以外的其他劳动争议案件的仲裁裁决不服的,可以自收到仲裁裁决书之日起十五日内向人民法院提起诉讼;期满不起诉的,裁决书发生法律效力。

第五十一条【生效调解书、裁决书的执行】 当事人对发生法律效力的调解书、裁决书,应当依照规定的期限履行。一方当事人逾期不履行的,另一方当事人可以依照民事诉讼法的有关规定向人民法院申请执行。受理申请的人民法院应当依法执行。

第四章 附则

第五十二条【事业单位劳动争议的处理】 事业单位实行聘用制的工作人员与本单位发生劳动争议的,依照本法执行;法律、行政法规或者国务院另有规定的,依照其规定。

第五十三条【仲裁不收费】 劳动争议仲裁不收费。劳动争议仲裁委员会的经费由财政予以保障。

第五十四条【本法生效时间】 本法自2008年5月1日起施行。

附录4　企业职工患病或非因工负伤医疗期规定

第一条　为了保障企业职工在患病或非因工负伤期间的合法权益,根据《中华人民共和国劳动法》第二十六、二十九条规定,制定本规定。

第二条　医疗期是指企业职工因患病或非因工负伤停止工作治病休息不得解除劳动合同的时限。

第三条　企业职工因患病或非因工负伤,需要停止工作医疗时,根据本人实际参加工作年限和在本单位工作年限,给予三个月到二十四个月的医疗期:

(一)实际工作年限十年以下的,在本单位工作年限五年以下的为三个月;五年以上的为六个月。

(二)实际工作年限十年以上的,在本单位工作年限五年以下的为六个月;五年以上十年以下的为九个月;十年以上十五年以下的为十二个月;十五年以上二十年以下的为十八个月;二十年以上的为二十四个月。

第四条　医疗期三个月的按六个月内累计病休时间计算;六个月的按十二个月内累计病休时间计算;九个月的按十五个月内累计病休时间计算;十二个月的按十八个月内累计病休时间计算;十八个月的按二十四个月内累计病休时间计算;二十四个月的按三十个月内累计病休时间计算。

第五条　企业职工在医疗期内,其病假工资、疾病救济费和医疗待遇按照有关规定执行。

第六条　企业职工非因工致残和经医生或医疗机构认定患有难以治疗的疾病,在医疗期内医疗终结,不能从事原工作,也不能从事用人单位另行安排的工作的,应当由劳动鉴定委员会参照工伤与职业病致残程度鉴定标准进行劳动能力的鉴定。被鉴定为一至四级的,应当退出劳动岗位,终止劳动关系,办理退休、退职手续,享受退休、退职待遇;被鉴定为五至十级的,医疗期内不得解除劳动合同。

第七条　企业职工非因工致残和经医生或医疗机构认定患有难以治疗的疾病,医疗期满,应当由劳动鉴定委员会参照工伤与职业病致残程度鉴定标准进行劳动能力的鉴定。被鉴定为一至四级的,应当退出劳动岗位,解除劳动关系,并办理退休、退职手续,享受退休、退职待遇。

第八条　医疗期满尚未痊愈者,被解除劳动合同的经济补偿问题按照有关规定执行。

第九条　本规定自一九九五年一月一日起施行。

附录5　常用损害赔偿计算公式

一、平均工作时间和计薪时间折算公式

1. 制度工作时间（实际工作天数）

年工作日＝365天－104天（休息日）－11天（法定节假日）＝250天

季工作日＝255天÷4季＝62.5天/季

月工作日＝250天÷12月＝20.83天/月

2. 计薪工作时间（计算工资的天数包含支付工资的11天法定节假日）

月计薪天数＝(365天－104天)÷12月＝21.75天

日工资＝月工资收入÷月计薪天数

小时工资＝月工资天数÷（月计薪天数×8小时）

二、解除劳动合同损害赔偿计算公式

1. 协商解除劳动合同的经济赔偿的计算公式：

经济补偿＝工作年限×月工资（工作年限超过12年的，按12年计算）

2. 因病或者非因工负伤解除劳动合同的经济补偿的计算方式：

经济补偿＝工作年限×月工资＋医疗补助费（医疗补助费不低于6个月的工资）

注：患重病和绝症的应当增加医疗补助费。患重病的增加部分不低于医疗补助费的50%，患绝症的增加部分不低于100%。

3. 劳动者不能胜任工作被解除劳动合同的经济补偿的计算公式：

经济补偿＝工作年限×月工资（工作年限超过12年的，按12年计算）

4. 因客观情况发生重大变化解除劳动合同的经济补偿的计算公式：

经济补偿＝工作年限×月工资

5. 因经济性裁员解除劳动合同的经济补偿的计算公式：

经济补偿＝工作年限×月工资

三、人身损害赔偿计算公式

1. 医疗费补偿金额的计算公式：

医疗费＝诊疗费＋医疗费＋住院费

2. 误工费赔偿金额的计算公式：

误工费赔偿金额＝受害人工资（元/天）×误工时间（天）

3. 护理费赔偿金额的计算公式：

$$护理费赔偿金额 = 护理标准(元/天) \times 护理期限(天)$$

4. 交通费赔偿金额的计算公式：

$$交通费赔偿金额 = 就医、转院实际发生的交通费用$$

5. 住宿费赔偿金额的计算公式：

$$住宿费赔偿金额 = 国家机关一般工作人员出差住宿标准 \times 住宿时间$$

6. 住院伙食补助费的计算公式：

$$住院伙食补助费 = 当地国家机关一般工作人员出差伙食补助标准(元/天) \times 住院天数$$

7. 营养费赔偿金的计算公式：

$$营养费 = 实际发生的必要营养费用$$

8. 残疾赔偿金赔偿额的计算公式：

$$残疾赔偿金 = 受诉人民法院所在地上年度城镇居民(农村居民)人均可支配收入 \times 伤残等级系数 \times 赔偿年限$$

9. 残疾辅助器费赔偿额的计算公式：

$$残疾辅助器费 = 普通适用器具的合理费用$$

10. 丧葬费赔偿额的计算公式：

$$丧葬费赔偿额 = 受诉人民法院所在地上一年度职工月平均工资(元/天) \times 6个月$$

11. 被扶养人生活费赔偿额的计算公式：

（1）被扶养人没有其他扶养人的，扶养费用由赔偿义务人承当，在计算时应确定赔偿标准和赔偿年限。

$$被扶养人生活费赔偿额 = 受诉人民法院所在地上一年度城镇居民人均消费性支出(农村居民人均年生活消费支出) \times 伤残系数 \times 赔偿年限$$

（2）被扶养人还有其他扶养人的，则赔偿义务人只赔偿受害人依法应当负担的部分，其计算公式为：

$$被扶养人生活费用赔偿额 = 受害人依法应承担的扶养费用$$

12. 死亡赔偿金的计算公式：

$$死亡赔偿金 = 受诉人民法院所在地上一年度城镇居民人均可支配收入(农村居民人均纯收入) \times 20年$$

附录6 典型案例部分参考答案

项目一 劳动关系鉴别争议处理

学习情境1 劳动关系确认争议处理

典型案例1-1"劳动关系是否建立的争议"的参考观点：(1)小张已年满18周岁，是合法的劳动者，他与A公司依法建立了劳动关系；(2)小李作为在校大学生到A公司实习，不视为与A公司建立了劳动关系，不受《劳动法》的保护，可以按照民事劳务关系通过民事诉讼的渠道获得法律救济；(3)小王被劳务派遣公司派遣至A公司工作，他与劳务派遣公司建立了劳动关系，但并没有与A公司建立劳动关系。

典型案例1-2"不具备合法经营资格的企业能否建立劳动关系"的参考观点：张某的家具厂属无照经营，不具备劳动关系用人单位主体资格，与小黄的劳动关系无效，小黄只能按民事劳务关系通过民事诉讼的渠道获得法律救济。

学习情境2 劳务派遣争议处理

典型案例1-4"用工单位单方退工的做法有效吗"的参考观点：接受劳务派遣用工的单位与被派遣劳动者之间不是劳动关系，可以根据合同约定或法律规定予以退工。劳务派遣单位在被派遣劳动者无工作期间，应当按照所在地人民政府规定的最低工资标准，按月向被派遣劳动者支付报酬。

学习情境3 与劳动关系易混淆的争议处理

典型案例1-6"退休人员被再次聘用应如何认定用工关系"的参考观点：用人单位聘用退休人员，根据有关规定，应当作为劳务关系来处理，而不应作为劳动关系来看待。本案中，江某是已经享受基本养老保险待遇的人员，其被乙单位聘用，双方之间存在的不是劳动关系，而是劳务关系，双方之间的权利和义务不受《劳动合同法》的调整。江某要求乙单位支付解除劳动关系的赔偿金及未签订劳动合同期间2倍工资的请求，都是基于双方之间为劳动关系才存在的，故其请求不能得到支持。

典型案例1-7"承揽安装不幸摔伤应由谁负责"的参考观点：赵某以自己的技术为A电器商行提供空调安装服务，以自己的工作成果完成约定任务，双方是平等关系，既不具有劳动关系所特有的隶属性，也不具有稳定性。根据我国民事法律的有关规定，二者之间应为民事承揽关系，而非劳动关系。

项目二 劳动合同争议处理

学习情境 1 劳动合同的订立

典型案例 2-1 "公司高管学历造假,劳动合同被认定无效"的参考观点:以欺诈的手段使对方在违背真实意思的情况下订立的劳动合同是无效劳动合同。在本案中,因徐女士的学历造假致使劳动合同无效,所以不受法律保护。

典型案例 2-3 "人事行政总监事实劳动关系 2 倍工资纠纷"的参考观点:为了防止劳动者出现恶意不签订劳动合同的现象,用人单位应科学地设计岗位说明书,完善用工管理制度与工作流程。在本案中,人事行政总监以自己的实际行为证明其不符合录用条件,A 公司可以于双方建立劳动关系 1 个月内或试用期内依法终止劳动关系,且无须支付 2 倍工资及经济补偿,以遏制恶意行为者。试用期满后,A 公司可以以王某作为人事行政总监严重失职导致公司遭受重大损失为由与王某终止劳动关系,并可以要求王某赔偿相应的损失。

典型案例 2-4 "如实告知义务和知情权的行使"的参考观点:在本案中,用人单位在招聘劳动者时未履行如实告知义务,明显违反了《劳动合同法》第八条的规定,需要支付劳动合同解除的经济补偿。

典型案例 2-5 "假文凭与劳动合同无效的争议"的参考观点:第一,葛女士提供假文凭在先,因欺诈的行为导致劳动合同无效,与其怀孕与否无关,所以,A 公司与其解除劳动合同合法有效;第二,韩女士在入职时的怀孕事实与劳动合同无关,不属于如实说明的义务范畴,其劳动合同合法有效,所以,A 公司不得解除与韩女士的劳动合同。

典型案例 2-7 "培训期间的工资是否属于专项培训费用"的参考观点:专项培训费用与工资具有明显的区别:(1)专项培训费用是用于培训的直接费用,工资是劳动合同履行期间用人单位支付给劳动者的劳动报酬;(2)专项培训费用是因用人单位安排劳动者参加培训而产生的,工资是依据国家有关规定或劳动合同约定而产生的;(3)专项培训费用由用人单位支付给培训服务单位等,工资由用人单位支付给劳动者本人。根据规定,协议约定的违约金不得超过用人单位提供的专项培训费用、实际要求劳动者支付的违约金数额不得超过服务期尚未履行部分所应分摊的培训费用等。劳动者参加了用人单位提供的专业技术培训,并签订服务期协议的,应当尊重并依法履行该约定,一旦违反,应当依法承担违约责任。

典型案例 2-9 "不及时处理续订与否的后患"的参考观点:A 公司在劳动合同期满前

未及时通知郑某不续订劳动合同,劳动合同期满后郑某继续为A公司提供劳动,劳动合同到期约定即已失效,后来A公司解除了劳动合同应视为违法解除,需按照经济补偿的2倍向郑某支付赔偿金;或可以依《劳动合同法》第三十六条的规定与郑某协商解除劳动合同,但应支付相应的经济补偿。

学习情境2　劳动合同的履行与变更

典型案例2-10"劳动者拒绝用人单位的加班要求而被辞退"的参考观点:用人单位因工作需要安排加班的,应当与劳动者进行协商。在本案中,劳动者李某等人不同意加班,不属于违纪行为,服装厂不得因此而解除劳动合同。

典型案例2-13"因劳动者的过错导致用人单位经济损失的赔偿责任"的参考观点:根据《工资支付暂行规定》第十六条的规定,A燃料厂的做法是不合法的。A燃料厂可以依法扣发小刚月工资的20%部分,但扣发后剩余部分不得低于当地月最低工资标准。因此,A燃料厂应补齐超额扣发部分。

典型案例2-15"用人单位行使用工自主权合法调整劳动者的工作岗位和工作地点"的参考观点:《就业促进法》第八条第一款规定:"用人单位依法享有自主用人的权利。"在实践中,工作岗位或工作地点调整的合理性一般应考虑的因素包括:(1)是否基于用人单位生产经营的需要;(2)是否属于对劳动合同约定的较大变更;(3)是否对劳动者有歧视性、侮辱性;(4)是否对劳动报酬及其他劳动条件产生较大影响;(5)劳动者是否能够胜任调整的岗位。

典型案例2-16"未经协商而变更劳动合同的争议"的参考观点:依据《劳动合同法》第四条第四款的规定,涉及劳动者切身利益的重大事项决定变更时,用人单位应当与工会或者职工代表平等协商并公示后方可生效。所以,本案中的用人单位A公司败诉是具有法律依据的。

学习情境3　劳动合同的解除与终止

典型案例2-24"医疗期内终止劳动合同的争议"的参考观点:根据《劳动合同法》第四十五条的规定,劳动者在医疗期内劳动合同期满,劳动合同应当续延至相应的情形消失时终止。劳动者在医疗期内的工资应由用人单位根据规定的标准支付。

项目四　工时休假争议处理

学习情境1　工作时间争议处理

典型案例4-1"法定工作时间争议处理"的参考观点:根据《劳动法》第四十一条和第

四十四条的规定,实行标准工时制的,因工作需要,劳动者经用人单位安排在工作日8小时之外继续工作的,视为加班,应当依法支付其相应的加班工资。

典型案例4-4"超时加班,自愿也不允许吗"的参考观点:根据《劳动法》第四十一条的规定,用人单位由于生产经营需要,经与工会和劳动者协商后可以延长工作时间,一般每日不得超过1小时;因特殊原因需要延长工作时间的,在保障劳动者身体健康的条件下延长工作时间每日不得超过3小时,但是每月不得超过36小时。本案中,用人单位对不愿加班的职工扣减当月奖金的做法属于变相强迫劳动者加班的行为。同时,劳动者虽然是自愿报名加班,但也违反了法律关于保障劳动者身体健康前提下的加班时间限制性规定,不利于劳动者身体健康的保护。因此,用人单位的做法被劳动监察大队禁止是对的。

典型案例4-5"月加班时间的最高限制"的参考观点:根据《劳动法》第四十一条的规定,用人单位由于生产经营需要延长工作时间的,一般每日不得超过1小时;因特殊原因需要延长工作时间的,且在保障劳动者身体健康的条件下延长工作时间每日不得超过3小时,但是每月不得超过36小时。

项目五　工资报酬争议处理

学习情境1　工资构成争议处理

典型案例5-1"差旅费是否属于工资的范畴"的参考观点:在本案中,差旅费是用人单位根据每月的实际出差情况凭有效凭证报销而支付的费用,不是劳动者每月的固定收入,虽然与工资在一起支付,但不属于每月工资性收入的组成部分。

典型案例5-2"销售提成工资争议处理"的参考观点:根据《关于工资总额组成的规定》第六条的规定:计件工资是指对已做工作按计件单价支付的劳动报酬,包括按营业额提成或利润提成办法支付给个人的工资。因此,本案中田某的销售提成应作为工资组成部分计算在经济补偿的计算基数中。

典型案例5-3"社会保险费的缴费基数与工资总额争议处理"的参考观点:社会保险费的缴费基数应以劳动者本人相应工资年度内的平均工资为基数。

典型案例5-4"企业随意提高劳动定额是变相克扣劳动者的计件工资吗"的参考观点:在本案中,用人单位甲饮料公司在短时间内多次调整劳动定额,致使职工不得不加班加点,依然有绝大多数的职工完不成工作任务,这显然是不合理的劳动定额。劳动合同中"职工完不成劳动定额的,按实际未完成数和单位定额从当月工资中扣发,甲方(指公司)可低于最低工资标准支付乙方(指职工)工资"的约定可以依法认定为无效。

学习情境 2　工资保障争议处理

典型案例 5-10"每月定额报销的差旅费、通信费是否属于工资"的参考观点：不管劳动者每月是否实际发生差旅费、通信费，用人单位每月都按照劳动者提供的固定额度的报销凭证支付给劳动者。这里的差旅费、通信费实际属于用人单位代替本应支付给劳动者的劳动报酬，是用人单位规避关于劳动者实际工资收入的不规范行为。因此，用人单位每月定额报销，且以货币方式支付到劳动者的月收入中，应当作为货币性工资收入。

项目八　劳动争议处理途径

学习情境 1　劳动争议的协商与调解

典型案例 8-1"谁是劳动争议当事人"的参考观点：劳动争议处理途径主要包括协商、调解、仲裁和诉讼。本案中的万某于 2016 年 8 月 1 日入职，A 食品公司一直未与其签订书面劳动合同，自 2017 年 8 月 1 日起，根据法律规定，双方之间视为已订立了无固定期限劳动合同，而非《劳动合同法》第八十二条规定的用人单位违反该法规定不与劳动者订立无固定期限劳动合同的情形。因此，A 食品公司无须向万某支付未依法签订无固定期限劳动合同的 2 倍工资，故依法驳回万某的仲裁请求。

学习情境 2　劳动争议的法律救济

典型案例 8-8"劳动争议谁取证"的参考观点：小黄可以提供劳动合同、企业规章制度、公司降低本人工资证明作为证据，说明考勤记录、客户投诉记录、绩效考核结果等可以用来证明自己工作状况的资料全部都掌握在 A 公司的手中，要求由 A 公司承担举证责任。

附录7 思考与训练部分参考答案

项目一 劳动关系鉴别争议处理

学习情境1 劳动关系确认争议处理
一、单项选择题
参考答案：1．C 2．A 3．D 4．C 5．D

学习情境2 劳务派遣争议处理
一、是非判断题
参考答案：1．√ 2．× 3．√ 4．× 5．×

二、单项选择题
参考答案：1．B 2．D 3．A 4．B 5．A

项目二 劳动合同争议处理

学习情境1 劳动合同的订立
一、是非判断题
参考答案：1．× 2．√ 3．× 4．√ 5．×

二、单项选择题
参考答案：1．D 2．B 3．B 4．C 5．C

学习情境2 劳动合同的履行与变更
一、单项选择题
参考答案：1．A 2．B 3．D 4．D 5．A

学习情境3 劳动合同的解除与终止
一、是非判断题
参考答案 1．× 2．√ 3．× 4．× 5．√

二、单项选择题

参考答案：1. A 2. B 3. C 4. D 5. A

项目三　群体性劳动争议处理

学习情境1　群体性利益争议处理

一、是非判断题

参考答案1. √ 2. × 3. √ 4. × 5. √

二、单项选择题

参考答案：1. B 2. A 3. D 4. B 5. A

学习情境2　企业规章制度争议处理

一、是非判断题

参考答案1. √ 2. × 3. √ 4. √ 5. √

二、单项选择题

参考答案：1. A 2. B 3. D 4. A 5. A

项目四　工时休假争议处理

学习情境1　工作时间争议处理

一、是非判断题

参考答案：1. × 2. × 3. √ 4. × 5. ×

二、单项选择题

参考答案：1. B 2. C 3. B 4. C 5. D

学习情境2　休息休假争议处理

一、单项选择题

参考答案：1. A 2. B 3. C 4. A 5. D

项目五　工资报酬争议处理

学习情境1　工资构成争议处理

一、是非判断题

参考答案：1. ×　2. √　3. ×　4. √　5. ×

学习情境2　工资保障争议处理

一、是非判断题

参考答案：1. ×　2. √　3. ×　4. √　5. √

二、单项选择题

参考答案：1. A　2. D　3. D　4. D　5. C

项目六　特殊劳动保护争议处理

学习情境1　女职工劳动保护

一、是非判断题

参考答案：1. √　2. ×　3. ×　4. ×　5. √

学习情境2　未成年工劳动保护

一、是非判断题

参考答案：1. √　2. √　3. √　4. ×　5. ×

二、单项选择题

参考答案：1. C　2. D　3. A　4. A　5. D

项目七　社会保障争议处理

学习情境2　工伤保险争议处理

一、单项选择题

参考答案：1. D　2. C　3. A　4. C　5. B

项目八　劳动争议处理途径

学习情境1　劳动争议的协商与调解

一、是非判断题
参考答案：1.√　2.√　3.√　4.×

二、单项选择题
参考答案：1．B　2．D　3．D　4．A　5．A

学习情境2　劳动争议的法律救济

一、是非判断题
参考答案：1.√　2.√　3.√　4.×　5.√　6.×

二、单项选择题
参考答案：1．D　2．B　3．D　4．A　5．C

附录8 部分法律、法规的二维码

1. 中华人民共和国劳动法

2. 中华人民共和国社会保险法

3. 劳务派遣暂行规定

4. 职工带薪年休假条例

5. 企业职工带薪年休假实施办法

6. 女职工劳动保护特别规定

7. 关于贯彻执行《中华人民共和国劳动法》若干问题的意见

8. 工资支付暂行规定

9. 关于工资总额组成的规定

10. 企业职工患病或非因工负伤医疗期规定

参 考 文 献

[1] 王全兴.劳动法[M].4版.北京:法律出版社,2017.
[2] 常凯.劳动法[M].北京:高等教育出版社,2011.
[3] 郭捷.劳动法与社会保障法[M].3版.北京:法律出版社,2016.
[4] 李盛荣,马千里.劳动争议案件司法观点集成[M].北京:法律出版社,2017.
[5] 王勤伟.劳动争议实务操作与案例精解[M].增订4版.北京:中国法制出版社,2018.
[6] 刘杰.HR劳动纠纷防范实务指引[M].北京:中国法制出版社,2019.
[7] 国家法官学院案例开发研究中心.中国法院2019年度案例:劳动纠纷(含社会保险纠纷)[M].北京:中国法制出版社,2019.
[8] 郑文睿,等.人人都要知道的劳动法:职场法律常识一本通[M].北京:中国法制出版社,2019.
[9] 郑一珺.从招聘到离职:240个人力资源核心问题与风险提示总梳理[M].北京:法律出版社,2020.
[10] 王勇.劳动争议纠纷实务解决:81个法官提示重点提炼[M].北京:法律出版社,2020.